古典文獻研究輯刊

十八編

潘美月・杜潔祥 主編

第 10 冊

小學要籍引《國語》研究（上）

郭萬青 著

國家圖書館出版品預行編目資料

小學要籍引《國語》研究(上)／郭萬青 著 — 初版 — 新北市：
花木蘭文化出版社，2014〔民103〕
序 4+ 目 2+214 面；19×26 公分
（古典文獻研究輯刊 十八編；第 10 冊）
ISBN：978-986-322-618-5（精裝）
1. 國語 2. 研究考訂
011.08 103001307

ISBN-978-986-322-618-5

9 789863 226185

古典文獻研究輯刊
十八編 第 十 冊 ISBN：978-986-322-618-5

小學要籍引《國語》研究(上)

作 者 郭萬青
主 編 潘美月 杜潔祥
總 編 輯 杜潔祥
副總編輯 楊嘉樂
編 輯 許郁翎
企劃出版 北京大學文化資源研究中心
出 版 花木蘭文化出版社
社 長 高小娟
聯絡地址 235 新北市中和區中安街七二號十三樓
電話：02-2923-1455／傳真：02-2923-1452
網 址 http://www.huamulan.tw 信箱 hml810518@gmail.com
印 刷 普羅文化出版廣告事業
初 版 2014 年 3 月
定 價 十八編 22 冊（精裝）新台幣 40,000 元

小學要籍引《國語》研究（上）

郭萬青　著

作者簡介

郭萬青，山東寧津人，1975 年生。廣西師範大學漢語言文字學碩士畢業，南京師範大學中國古典文獻學博士畢業。現任教於河北省唐山師範學院。著有〈《國語》動詞管窺〉、〈《國語補音》異文研究〉、《論語》（編譯）等書，發表學術論文六十餘篇。近期主要從事唐宋類書徵引《國語》資料的研究、《國語》研究史的研究與《國語》勘校詁正研究。

提　　要

　　本書主要對《原本玉篇殘卷》、玄應《眾經音義》、慧琳《一切經音義》、希麟《續一切經音義》、《切韻》與《唐韻》殘卷、《說文解字繫傳》、《宋本廣韻》、《宋本玉篇》、《集韻》、《類篇》、《韻補》、《六書故》、《古今韻會舉要》等小學要籍中引用的所有《國語》引例進行了斟證。在參考小學要籍較早版本的基礎上，參考小學要籍的各種版本以及相關的校勘成果；同時參照《國語》的各種版本和重要的類書以及群書引《國語》資料進行對勘比較。每一條《國語》引例的辨正都包括四個方面的內容：（一）引小學書各本進行辨正，確定各本引例之是非；（二）以《國語》各本和類書、群書引《國語》資料和引例進行比較，確定小學書引《國語》例與今傳《國語》各本之是非；（三）對相關引例中的有可討論之處的文字、詞語進行文字字形上的辨正和語義疏通與訓詁；（四）凡涉及《國語》舊注之處對《國語》前後注釋的異同原由進行探討。所附〈甘肅藏敦煌殘卷《國語‧周語下》校記〉是對《國語》的早期傳本進行的文字、訓詁的校勘，可藉以瞭解韋注之外其他注本的吉光片羽並有助於今本的比勘。整體而言，本書可以爲《國語》和相關小學要籍的進一步整理與研究提供借鑒與幫助。

自 序

　　最早有這樣一個計劃是在讀碩士的時候，但是全面展開則是 2007 至 2010 這三年之間。關注的主要對象是《國語》，由於感覺自己的學力不足，難以立即進入文本本身的研究，所以就打《國語》的外圍，從群書引《國語》例入手，其意義已經在引言部分中談及，而且這樣做可能更容易發現一些問題。這樣的外圍工作其實談不上什麼研究，祇是花費時間鈔綴了一些資料，或許對於涉及到的幾部小學書的進一步整理和研究有些用處，對於《國語》的整理和研究也有些用處。本書的主要部分已刊諸《敦煌研究》、《古籍整理研究學刊》、《漢語史學報》、《東亞文獻研究》、《人文中國學報》、《長江學術》、《中國俗文化研究》、《鹽城師範學院學報》等刊物，感謝刊物匿評專家的意見和建議，同時也感謝在本書寫作過程中始終給了幫助的蕭旭先生，蕭先生不但慨賜各種資料，還在研究過程中提供了很多修改意見和建議，使之減少了不少的錯誤。俞志慧教授研究《國語》有年，有珍稀資料卻不珍之如秘，慨然惠賜，實在感謝！海內外的一些師友等在資料方面也幫忙不少，一併深致謝忱！〈甘肅藏敦煌寫本殘卷《國語·周語下》校記〉在寫作時得到牛龍菲教授、蕭旭先生、蕭瑜教授的幫助，也表示感謝，此文發表之後發現有些疏漏和錯誤，今茲修訂一過，附於書末。原擬書名作「小學要籍引《國語》例辨正」，現定名為「小學要籍引《國語》研究」。

　　我資質愚鈍，生性懶惰，讀書也遲，知學也晚，畢業後忙於工作，又寄身偏遠，信息閉塞，更復難言向學。但我的碩士生導師王志瑛老師經常關心我的學業，時時郵件激勵。2010 年秋季，又蒙方老師不棄，列入門牆，遂負笈南京，隨從問學，仰承教誨，獲益良多。我本魯人，不通禮數，性復木訥，

寡少言語，四方師友不以爲忤，仍多激勵提攜，或通音問，或惠賜資料，乃未墮其向學之心，仰寶山之富，羨廟堂之美，雖久未得其門徑，輾轉徘徊，亦未嘗忍棄去，日積月累，得以成此，卑之無甚高論〔註1〕，實敝箒而自珍。權當做我學習過程中的一份作業，請師友們批評指正。

我作爲修習傳統學問中一個小門類的一名沒有什麼長進的小學生，很是感謝四方師友的幫助，並希望自己能一直努力學習，能夠繼續向師友們交上一份份的不成熟的作業來請指教。

引錄馬一浮（1883～1967）《泰和會語》兩段話如下：

> 但願諸生亦當具一種信念，信吾國古先哲道理之博大精微，信自己身心修養之深切必要，信吾國學術之定可昌明，不獨要措我國家民族於磐石之安，且當進而使全人類能相生相養而不致有爭奪相殺之事。具此信念乃可以講國學。
>
> 諸生欲治國學，有幾點先須辨明，方能有入：
>
> 一、此學不是零碎斷片的知識，是有體系的，不可當成雜貨；
>
> 二、此學不是陳舊呆板的物事，是活潑潑的，不可目爲骨董；
>
> 三、此學不是勉強安排出來的道理，是自然流出的，不可同於機械；
>
> 四、此學不是憑藉外緣的產物，是自心本具的，不可視爲分外。
>
> 〔註2〕

馬先生的話是在抗戰時期講的，在今日或尤顯示出其意義與價值。

本來，這部書擬在北京一家出版社出版的。延宕三年，到今年上半年，網上已經公布了出版信息，但最後仍舊擱淺。又經朋友之介，轉入臺北花木蘭文化出版社出版。文稿修訂完成，又蒙方師審讀一過，是正訛謬不少，深

〔註1〕 清杭世駿《訂訛類編》卷四「卑之無甚高論」條云：「《史記・張釋之傳》：文帝曰：『卑之（句）無甚高論（句），令今可施行也。』《索隱》曰：『卑，下也。欲令且卑下其志，無甚高談論語，但令依今時事，無説古遠也。』《野客叢書》亦謂卑之、無甚高論是兩句。今作一句讀，解作所論之卑下而不高，上下文義如何聯貫？」（北京：中華書局2006年陳抗點校本，第138頁）本處所用之「卑之無甚高論」即杭世駿所謂「今作一句讀」者，也即《漢語大詞典》所謂「後用來表示見解一般，沒有什麼獨到之處」之義。

〔註2〕 見馬一浮《泰和會語》之「引端」與《泰和會語》之「論治國學先須辨明四點」，載於劉夢溪主編、馬鏡泉編校《中國現代學術經典・馬一浮卷》，石家莊：河北教育出版社1996年版，第5頁。

致謝忱！我做事本來馬虎，錯誤疏漏一定還有不少，祈四方博雅君子不吝賜教！

　　已簡單交待完畢，就此打住！

辛卯上元，火盆陳邨人識於麥望館，
辛卯花朝，再訂於南京隨園
癸巳孟秋廿七日復識於麥望館

目

次

上　冊

自　序

引　言 …………………………………………………………………… 1

壹、《原本玉篇殘卷》引《國語》斠證 ……………………………… 19

貳、《切韻》、《唐韻》殘卷引《國語》斠證 ………………………… 81

參、《一切經音義》三種引《國語》斠證 …………………………… 85

肆、《說文解字繫傳》引《國語》斠證 ……………………………… 145

下　冊

伍、《廣韻》引《國語》斠證 ………………………………………… 215

陸、《宋本玉篇》引《國語》斠證 …………………………………… 239

柒、《類篇》引《國語》斠證 ………………………………………… 257

捌、《集韻》引《國語》斠證 ………………………………………… 273

玖、《韻補》引《國語》斠證 ………………………………………… 281

拾、《六書故》引《國語》斠證 ……………………………………… 289

拾壹、《古今韻會舉要》引《國語》斠證 …………………………… 323

結　語 ………………………………………………………………… 349

附錄　甘肅藏敦煌寫本殘卷《國語‧周語下》校記
…………………………………………………………………………… 359

主要參考文獻 ………………………………………………………… 401

引　言

　　討論《國語》一書的流傳，北宋宋庠（996～1066）是一位關鍵性的人物，也可以說宋庠是《國語》流傳過程中的一個分水嶺。宋庠和他的弟弟宋祁（998～1061）並稱「二宋」，《宋史》本傳說他「以文學名擅天下，儉約不好聲色，讀書至老不倦。善正訛謬，嘗校定《國語》，撰《補音》三卷。又輯《紀年通譜》，區別正閏，爲十二卷。《掖垣叢志》三卷，《尊號錄》一卷，《別集》四十卷。」〔註1〕今天我們能夠見到的宋庠的集子爲《元憲集》三十六卷，是清人編纂《四庫全書》時從《永樂大典》中輯錄出來的。

　　宋庠在《國語補音》自序中說：

　　　　庠家舊藏此書，亦參差不一。天聖初，有同年生緘假庠此書，
　　最有條例。因取官私所藏凡十五六本，校緘之書。其間雖或魯魚，
　　而緘本大體爲詳。〔註2〕

從宋庠的自序可以看到，當時所能參照到的《國語》本子就已經有十五六種之多，可是必定還有十五六種之外的《國語》傳本而爲宋庠所沒有參照到的。可見自漢至宋《國語》傳本的數量還是比較多的。但宋庠校定《國語》之後，其他傳本基本湮沒，唯公序本行世。〔註3〕張以仁（1930～2009）云：「公序

〔註1〕　〔元〕脫脫等：《宋史》卷二八四，北京：中華書局1977年點校本，第9593頁。

〔註2〕　宋庠：〈國語補音敘錄〉，沔陽盧氏慎始基齋據《微波榭叢書》刻《湖北先正遺書》本，第4頁。

〔註3〕　在圖書的流傳過程中，有兩次比較大的轉變，一次是漢人整理圖籍，使得整個的先秦文獻有了一個比較規範或者說符合漢人觀念的文本；另一次是宋代印刷術的大發展，使得宋刻成爲文獻學上的善本書。這兩次事件對中國的圖

本定於一尊之後，既失宋緘本之原貌，亦非任何一種公私本之原貌，而只是一種宋庠以爲綜合了各本之長的本子，他可能校好了，也可能精粹的反而沒有保存下來，也可能採用的反而是不高明的，但由於它的獨行於世而使得諸本盡亡，後人想要知道那些可能是由於校勘者之誤解而誤改的皆無從著手，實在是一件難以彌補的損失。」〔註4〕清黃丕烈（1763～1825）得宋明道二年（1033）重刊天聖七年（1029）本之影抄本並據以寫刻行世，纔使得世人共知《國語》有公序、明道二本。〔註5〕

公序、明道之外的《國語》版本包括宋庠所參照的十五六種本子在內因爲失傳，已無從考究，甚至其版本流傳的過程也不能有一個清晰的脈絡。但圖書在流傳過程中，圖書版本的散佚有一個逐漸的過程，絕對不是一下子就

籍流傳與規範無疑是無尚的功德。但是，由於進行圖籍整理的漢人、進行圖書整理刊刻的宋人沒有把其他本子的異文保留下來，使得今人無法清楚先秦乃至宋以前文獻的實際面貌，很大程度上也無法知道今傳宋刻以外的其他本子的面貌，今人即便意識到了中國圖籍流傳過程中有某些失眞現象卻無法找到確切的憑依佐證，這從某種角度上說也是一種遺憾，故拙稿〈《國語補音》版本說略〉中有「有宋一代，官私校書不遺餘力，既對以前歷代的古籍進行了一次規模宏大的總結，又爲後世留下了眾多善本。然而宋人理書而宋前之本亡」之慨（見刊於《舊書信息報》2005年8月15日，又以〈《國語舊音》與《國語補音》〉的題目作爲附錄見收於拙著《〈國語〉動詞管窺》第312頁～318頁，成都：四川大學出版社2008年版）。

〔註4〕 張以仁：〈淺談《國語》的傳本〉，見載於《張以仁語文學論集》，上海古籍出版社2012年版，第199～202頁。

〔註5〕 明道本一直行於世，祇是沒有公序本那樣廣泛而已。如黃刊明道本《周語下》：「犯則陵人，迂則誣人，伐則掩人。」明金李澤遠堂本《國語》、清章氏式訓堂本董增齡《國語正義》作「揜」，汪遠孫《國語明道本攷異》云：「《舊音》作『揜』，《補音》云：通作『掩』。」明金李澤遠堂本《國語》、清章氏式訓堂本董增齡《國語正義》作「揜」，張以仁《國語斠證》則云：「《永樂大典》二九七八引作『掩』。」是《永樂大典》所引與明道本同，可以推斷這裏面有兩個原因：其一，《永樂大典》用的是常用字，「掩」比「揜」更常用；其二，《永樂大典》所據爲明道本《國語》。若屬於後者，則明人刊刻都是公序本而《永樂大典》參照還有可能是明道本或者是明道本、公序本之外的版本。當然通過《永樂大典》引《國語》用例的綜合考察，我們認爲《永樂大典》引《國語》例更接近公序本，但是是否就一定是公序本系列，有沒有可能是公序本之外的和公序本比較接近、和明道本也比較接近的一個版本，今檢日本國立國會圖書館所藏朝鮮活字本爲正統年間之本，即是和公序本、明道本都有較多相同之處的本子，當然從親緣關係上而言，今傳黃刊明道本與活字本更近（關於此一點，可參看拙稿《〈國語〉明本四種校勘記》）。因此對於明道本的脈絡源流恐怕還需要進一步推求考究。

湮沒無蹤。關於這一點可以以《國語》、《左傳》各家注存佚爲例。今天我們看到的最早的完整注本祇有韋昭（204～273）的《國語解》和杜預（222～284）的《春秋經傳集解》，但是在韋、杜之前，早有鄭眾、賈逵、服虔等爲《國語》、《左傳》作注，鄭、服姑置勿論，此處祇就賈逵（30～101）注爲說。賈逵比韋、杜早一百餘年，又是經學大家，在這一百餘年的時間段中賈逵注絕對有比較大的權威性和傳播範圍，《後漢書·賈逵傳》云：「逵悉傳父業，弱冠能誦《左氏傳》及《五經》本文，以《大夏侯尚書》教授，雖爲古學，兼通五家《穀梁》之說。自爲兒童，常在太學，不通人間事。身長八尺二寸，諸儒爲之語曰：『問事不休賈長頭。』性愷悌，多智思，俶儻有大節，尤明《左氏傳》、《國語》，爲之《解詁》五十一篇，永平中，上疏獻之。顯宗重其書，寫藏秘館。」〔註6〕由此可見賈逵注在當時的權威程度。即便是韋昭、杜預的注問世之後的很多年，賈逵注也還是各訓詁專著和經史訓詁著作的權威參證。這一點可以從唐代的訓詁著作所引通家之說看出來。以各書所引《國語》注爲例，《慧琳音義》、《希麟音義》〔註7〕總共引賈逵《國語》注 600 餘處 230 條之多，而引韋昭注祇 2 次 2 條，且其中一條爲韋昭《漢書音義》，而且《慧琳音義》引的韋注還很有可能轉引自稍前的《玄應音義》。根據研究，《玄應音義》成書於貞元（627～649）末年，《慧琳音義》成書於元和二年（807）或五年（810），去賈逵、韋昭皆幾百年，可還是以《國語》賈注作爲主要的訓詁參證。如果認爲這祇是一個個別現象的話，還可以以《文選》李善注爲例。根據我們初步統計，李善（約 630～689）注引賈逵注 188 條，引韋昭注 91 條，仍然以賈逵注爲主。可見即便韋昭注問世之後的數百年間，韋昭《國語解》仍然無法抵得過賈逵《國語解詁》的風行。

　　至於爲甚麼後來韋昭注卻完整地流傳下來而賈逵注卻湮沒了，這裏面除了偶然性因素之外，應該和學術的傳承有很大的關係。這一點曾經和紹興俞志慧進行過探討。經由葛兆光《中國思想史導論》「有意識的價值確認」這一觀念的啓發，我認爲是政府確立學術規範的有意識認定使得賈亡而韋存。爲什麼這麼說呢？因爲唐代確立了《五經正義》，其中《左傳》的注取的是杜預

〔註6〕　〔南朝宋〕范曄撰、〔唐〕李賢等注：《後漢書》卷三六，北京：中華書局 1965年點校本，第 1235 頁。

〔註7〕　《希麟音義》本不屬唐代，由於統計時沒有單獨把《希麟音義》拿出來，故作一起計算。

的而不是賈逵的，而杜預的注在徵引舊說的時候很大程度上在徵引韋昭《國語解》，這一點，清人洪亮吉（1746～1809）《春秋左傳詁》已經指出了，洪亮吉往往在杜注與韋注相同之處注明「杜取此」或「杜本此」以明韋、杜之間的前後繼承性。韋昭被殺在公元 273 年，杜預的《集解》「比老乃成」（參見《晉書》本傳），公元 278 年杜預代羊祜（221～278）爲征南將軍，280 年破吳，284 年以 63 歲而卒，杜預完全有時間和精力參酌韋注申說《左傳》。這樣韋昭、杜預之間就有一種學術上的繼承或者更確切地講是源流關係。既然唐人取杜注，那麼在對待杜預的學術淵源上也應該取韋注而不是賈注。事實上，祇要是想在眾說中確立一說並且讓眾人接受的話，大都要經歷有意識確立、有意識推行暨有意識廢棄、接受者的被迫接受、接受者的主觀認同與接受這樣幾個階段。賈逵注的失傳和韋昭注的獨樹一幟其實就是這樣一種過程的體現。唐代政府選定了杜預注作爲《左傳》的正本，並且請孔穎達（574～648）爲之作疏，尤其要注意的一點是孔穎達自己習的是服虔《春秋傳》而非杜傳，可是在他們那個時代，整個儒林有一個說法，就是「杜征南、顏秘書，左丘明、班孟堅之忠臣」（《新唐書·顏師古傳》），可見選擇杜注是時代傾向和官方認定，不是學者自己所能左右的。疏之例不破注，事實上就是申杜，這樣，《左傳》這一部經的範本就出來了，《左傳》杜預注的地位得到確立了。然後官方推行，當時也有士子、有學校，包括官方的學校和私學，你要進官方的學術話語體系，你就要接受《左傳》杜預注，這是有意識地推行，帶有強制性。而在接受者則是被迫的，或者講是被動的。這種被動接受的過程一旦成了一種群體性行爲而這種行爲持續上幾代人之後就會成爲一種自然行爲，自然行爲也就是一種主觀接受和認同了。這樣就完成了賈逵注的淡出過程和杜預注的確立過程。而韋昭的注實際上也就這樣被確立了。《臺大中文學報》的匿名專家和俞志慧曾經提過疑問，會不會是偶然呢？我個人傾向於否認這種偶然性，因爲韋昭也注過《漢書》、《小爾雅》等等，今天我們看《國語》韋注的水平並不低，那麼他的《漢書音義》和《小爾雅注》等也不會差到哪兒去，何以那些書就沒有完本呢？另外，鄭玄（127～200）遍注羣經，可是傳下來的鄭注都是《十三經》以鄭注爲範本的，如三《禮》的鄭注，而在《十三經》中沒有以鄭注爲範本的就沒有完整地流傳下來，如《論語》鄭注等就沒有完本。這裏面體現出中國傳統學術在發展過程中受到非學術性因

素的干預，而且這種干預破壞了學術發展流程的完整性和學術本身自身發展的規律性。

　　再以黃刊明道本的流布爲例，乾嘉學者錢大昕（1728～1804）、段玉裁（1735～1815）等一大批學者都說明道本是最好的版本，如段玉裁在黃刊士禮居叢書本的《國語》序中說：「《國語》善本無逾此。」〔註8〕所以汪遠孫（1789～1835）、陳瑑（1792～1850）、吳曾祺（1852～1929）以及晚近的沈鎔（1886～1949）等人爲《國語》作注以及今人點校《國語》都選擇明道本爲底本。黃刊在嘉慶五年（1800），學者尤其從事《國語》研究的學者已經土動接受了明道本〔註9〕。黃丕烈之後的很多版刻家、官私書局也都在相當範圍內覆刻黃刊明道本，黃刊明道本確實有了很大的流布空間和人群，即便如此，黃刊明道本還是無法抵得過公序本七八百年的流播廣度與影響深度。晚清學者馬建忠（1845～1900）的《馬氏文通》引用《國語》94 條例句〔註10〕，從徵引的例句文字異同上完全可以看出，《馬氏文通》所據的《國語》是公序本不是明道本，直到後來朱起鳳（1874～1948）編纂《辭通》，其《國語》的引例也還是公序本。明道本的眞正普及要到王雲五（1888～1979）主編的《叢書集成新編》、《國學基本叢書》和中華書局《四部備要》發行之後〔註11〕，

〔註8〕　〔清〕段玉裁：〈重刊明道二年國語序〉，見載於氏著《經韻樓集》卷八，《續修四庫全書》第 1453 冊，第 74 頁。

〔註9〕　關於公序、明道二本優劣，楊守敬已言之，其《日本訪書記》云：「自國朝黃蕘圃士禮居刻天聖明道本，而公序本遂微。不知明道本固有勝公序本處，而公序之得者十居六、七，即如卷一『昔我先王世后稷』，公序本無『王』字，錢遵王、顧千里、汪小米皆以明道本有此字爲奇貨，而許宗彥云：『韋解於先王不空，始釋王字，則此唯云「先世」，可知明道本未必是。」瀋陽：遼寧教育出版社 2003，第 65 頁。

〔註10〕　這是根據張萬起〈《馬氏文通》用例小計〉一文中的統計，張文原刊《語文研究》1984 年第 2 期，此處根據張編《《馬氏文通》研究資料》（北京：中華書局 1987 年版，第 341 頁）。我個人也曾進行過《馬氏文通》引《國語》例的統計，並做《《馬氏文通》引《國語》例辨正》一文（本文初以《《馬氏文通》引《國語》例校札》發布於超星讀書社區，後以本題刊於《學燈》2008 年第 1 期，又作爲附錄見收於拙著《《國語》動詞管窺》第 345～352 頁）祇得 65 例，後來通過瀚堂典藏檢索，也祇得 91 例。可能我的統計有所疏漏，故以張所統計數據作爲參考。

〔註11〕　按：王氏《叢書集成初編》本《國語》爲小三二開三冊，附黃丕烈《校刊札記》，1937 年出版，編號爲 3680、3681、3682。《國學基本叢書》本《國語》爲小三二開一冊精、平裝，後附黃丕烈《校刊札記》一卷、汪遠孫《國語明道本考異》三卷，1935 初版，關於二書頒行大略，拙著《《國語》動詞管窺》

這三套叢書都收錄了同治己巳（1869）年間湖北崇文書局重刻的黃刊明道本。由於商務印書館的影響和王雲五主編的這三套叢書的普及與傳播廣度，到這個時候，明道本的普及度大約纔能夠和公序本相抗衡了。1978 年上海師範大學古籍整理組以明道本爲底本整理出版了校點本《國語》，此後的《國語》新校點、譯注本莫不以上古本爲宗，而字、詞典的引例基本上都出自上古的點校本，如吳文祺（1901～1991）等編著的《辭通續編》、徐中舒（1898～1991）主編《漢語大字典》、羅竹風（1911～1996）主編《漢語大詞典》以及其他的工具資料以及以《國語》爲參證的研究著作基本上都以上海古籍出版社出版的點校本作爲參照〔註12〕，這樣明道本在折中的基礎上纔取得獨尊地位，真正的公序系本除了舊刻影印之外，沒有出現過新的點校本，普通讀者已很難見到〔註13〕。從嘉慶五年（1800）到 1978 年，歷時將近 200 年。

同樣，從賈逵以來一直到宋庠的公序本問世之間有一個很長的時間過程，在這個時間段中，宋庠校訂《國語》所依據的十五六種《國語》版本理

引言中曾言之，見拙著《〈國語〉動詞管窺》第 4、5 頁，成都：四川大學出版社 2008 年版。另王氏還編有《萬有文庫》，頒行在 1929 年～1937 年，其中《國語》編號爲 JW10084，葉玉麟選注本，其本亦以明道本爲底本。中華書局版《四部備要》亦當是自崇文書局本而非黃刊明道本。

〔註12〕 目前上海師範大學古籍整理研究所點校的這個本子也存在兩個版本，拙著《〈國語〉動詞管窺》引言中曾約略言之，此處做一下較爲詳盡的說明。這兩個版本之第一個就是 1978 年點校的本子，於 1978 年 3 月印刷第一次，署名爲「上海師範大學古籍整理組校點」，由上海中華印刷廠印刷，此時的上海古籍出版社社址在上海紹興路 5 號；1981 年由初次參加點校的徐光烈和吳紹烈分任上下冊做了部分修訂，並於 1982 年 9 月進行了第二次印刷，署名爲「上海師範學院古籍整理組校點」，由江蘇句容印刷廠印刷，此時的社址已經在上海瑞金二路 272 號。這兩者都在封面上右下題署「上海古籍出版社」字樣。但是我個人所搜集到的 1988 年上海東方紅印刷廠印刷的本子，爲 1988 年第 1 版第 1 印本，發行 7 千冊，無字數，署名爲「上海師範大學古籍整理研究所校點」，封面和 1978 年的也不同，封一題「國語」二字比較大且封面綠色無底紋，無出版社署名，右有四獸，自上而下排開，封四正中有「上海古籍出版社」篆印一方。目前坊間通行的基本都是 1981 年修訂的本子。經過粗略對照，1988 年出版的這個本子版式、內容和前此出版的《國語》並無區別，至於爲什麼獨立版次，則不可知。

〔註13〕 公序本衹有上海商務印書館《四部叢刊》影金李澤遠堂本、北京國家圖書館出版社《中華再造善本工程》影宋刻宋元遞修本等影印本。明道本倒是出了兩種新式點校，其一爲齊魯書社 2006 年出版的鮑思陶點校本；其二爲上海世紀出版集團上海古籍出版社 2008 年出版的明潔輯評梁毅整理本。前者大體參照明道本而行（見本書引言部分談論所依據版本部分所記），後者在借鑒上海師大整理本的基礎上加了清人如王引之、俞樾等人的若干條研究成果。

所當然地會被這個時間段中問世的一些書籍引用到。而從宋庠公序本問世到
公序本的眞正地被認同、其他《國語》版本徹底湮沒也需要一個比較長的時
間段。在這個時間段中，公序本《國語》之外的其他《國語》版本或多或少
地一定會被一些典籍引用到。

　　引用量比較大的典籍文獻無非是類書、小學書和傳注三種。清人《國語》
異文辨正和舊注輯佚的著述中更多地運用了類書和傳注。清人進行《國語》
異文和舊注輯考的有王懋竑（1668～1741）、王謨（1731～1817）、汪中（1745
～1794）、劉台拱（1751～1805）、汪遠孫（1794～1836）、馬國翰（1794～1857）、
黃奭（1809 或 1810～1853）、勞格（1819～1864）、李慈銘（1829～1894）、
蔣曰豫（1830～1875）〔註14〕等數家，近則有張以仁（1930～2009）《國語斠
證》於四部書引用《國語》條目辨析甚多，又有《《國語》舊注輯校》對《國
語》舊注進行總結性輯錄，另外日本學者新美寬編、鈴本隆一補的《本邦殘
存典籍による輯佚資料集成》輯錄《國語》舊注也復不少，參證資料比較繁
富。下面是各家《國語》舊注輯佚的引據資料以及輯佚所得條目數量的基本
情況〔註15〕：

〔註14〕　蔣曰豫的《國語》輯錄資料我個人並沒有見到，這裏根據孫啓治、陳建華編
　　　　《古佚書輯本目錄》所著錄，孫、陳《目錄》爲北京中華書局 1997 年版。其
　　　　他各家分別見〔清〕王謨：《漢魏遺書鈔》，《續修四庫全書》第 1200 冊，第
　　　　185～194 頁。〔清〕黃奭：《子史鉤沈》，《續修四庫全書》第 1209 冊，第 580
　　　　～612 頁。〔清〕勞格：《讀書雜識》，《續修四庫全書》第 1163 冊，第 255 頁。
　　　　〔清〕馬國翰：《玉函山房輯佚書》，上海古籍出版社 1989 年版，第 2939～2971
　　　　頁。王仁俊：《玉函山房輯佚書續編》，上海古籍出版社 1989 年版，第 58～64
　　　　頁。張以仁：《國語舊注輯校》，見載於氏著《張以仁先秦史論集》，上海古籍
　　　　出版社 2010 年版，第 159～346 頁。日本學者新美寬編、鈴本隆一補《本邦
　　　　殘存典籍による輯佚資料集成》，日本京都大學人文科學研究所 1968 年版，
　　　　本處用網絡在線版，路徑爲 http://www.zinbun.kyoto-u.ac.jp/~takeda/edo_min/
　　　　edo_bunka/syuitu.html。劉師培：《劉申叔遺書》，南京：江蘇古籍出版社 1997
　　　　年版，第 1220～1222 頁。另據陳鴻森考證，清人臧庸、陳鱣亦有《國語》舊
　　　　注輯佚之作，因未曾刊刻，故亦未見有傳本遺世。

〔註15〕　當時進行統計時並未見張以仁〈《國語》舊注的輯佚工作及其產生的問題〉（見
　　　　載於《張以仁語文學論集》，第 203～227 頁）一文。今見張先生的文章，其
　　　　中統計與我的統計不盡相同。另外，蔣曰豫的舊注輯佚我沒有見到，而王仁
　　　　俊以及日本學者新美寬等的輯佚張以仁的論文也沒有提及。今錄張先生對各
　　　　家《國語》舊注輯佚條目的統計如下：馬國翰《玉函山房輯佚書》輯鄭眾 5
　　　　條，賈逵 267 條，虞氏 36 條，唐氏 94 條，孔氏 45 條；王謨《漢魏遺書鈔》
　　　　輯賈逵 200 條，唐固 45 條；黃奭《黃氏逸書考》輯鄭眾 17 條，又附錄 12 條，
　　　　賈逵 200 條，唐固 87 條，附錄 18 條，王肅 8 條，孔晁 47 條，附錄 9 條，虞

輯佚者	書 名	注者	條數	材 料 來 源
王謨	漢魏遺書鈔	賈逵	197	《文選註》、《史記集解》、《藝文類聚》、《北堂書鈔》、《國語解》、《經典釋文》、《初學記》、《後漢書注》、《書正義》
		唐固	37	《國語解》、《史記集解》、《藝文類聚》
勞格	讀書雜識	賈逵	2	《文選注》
黃奭	黃氏逸書考	賈逵	201	《國語解》、《文選注》、《史記集解》、《史記索隱》、《藝文類聚》、《北堂書鈔》、《初學記》、《後漢書注》、《經典釋文》
		鄭眾	30	《國語解》、《文選注》
		唐固	105	《史記集解》、《初學記》、《太平御覽》、《國語解》、《史記索隱》、《禮記正義》、《文選注》、《詩正義》、《孟子疏》、《國語舊音》
		王肅	8	《左傳正義》、《史記集解》
		孔晁	55	《國語舊音》、《詩正義》、《太平御覽》、《左傳正義》、《禮記正義》、《周禮正義》
		虞翻	31	《國語解》、《初學記》、《史記集解》、《水經注》、《玉海》
馬國翰	玉函山房輯佚叢書	賈逵	277	《文選注》、《一切經音義》、《史記集解》、《禮記正義》、《國語補音》、《玉篇》、《北堂書鈔》、《太平御覽》、《開元占經》、《左傳正義》、《後漢書注》、《書正義》、《初學記》、《列子釋文》、《通志》、《廣韻》、《經典釋文》
		鄭眾	5	《國語解》、《詩正義》
		虞翻	36	《國語解》、《初學記》、《左傳正義》、《史記集解》、《後漢書注》、《水經注》
		唐固	94	《史記集解》、《國語解》、《國語補音》、《詩正義》、《後漢書注》、《文選注》、《太平御覽》、
		孔晁	38	《國語補音》、《左傳正義》、《經典釋文》

翻 31 條；蔣曰豫《蔣侑石遺書》輯賈逵 236 條，鄭眾 20 條，虞翻 23 條，唐固 65 條，孔晁 17 條；汪遠孫《國語三君注輯存》輯鄭眾 5 條，賈逵 322 條，王肅 11 條，虞翻 29 條，唐固 77 條，三君注 12 條，服虔 11 條，孔晁 47 條，注 75 條，說 13 條，或曰 1 條，呂叔玉曰 1 條。此爲張先生統計各家《國語》舊注輯佚條目。在具體數據上，和我的統計不盡一致。然前輩學者之精細仍可見一斑，故錄存以致敬仰之意。

		賈逵	106	《唐玉篇》（103） 《姓解》（3）
王仁俊	玉函山房輯 佚叢書續編 〔註16〕	虞翻	1	《姓解》
汪遠孫	國語三君注 輯存	賈逵	330	《文選注》、《北堂書鈔》、《史記正義》、《一切經音義》、《國語解》、《史記集解》、《國語舊音》、《唐類函鈔本》、《禮記正義》、《史記索隱》、《太平御覽》、《開元占經》、《論語疏》、《初學記》、《左傳正義》、《經典釋文》、《書正義》、《周禮注疏》、《荀子注》、《廣韻》、《通鑒注》、《列子釋文》、《後漢書注》、《詩正義》、《孟子疏》
		唐固	89	《史記集解》、《國語解》、《詩正義》、《通典》、《禮記正義》
		孔晁	47	《經典釋文》、《左傳正義》、《周禮疏》、《禮記正義》、《國語解》、《國語舊音》、《詩正義》、《太平御覽》
		虞翻	37	《史記集解》、《國語解》、《水經注》、《初學記》、《玉海》、《史記索隱》、《史記正義》、《左傳正義》、《文選注》
		鄭眾	5	《國語解》、《文選注》、《北堂書鈔》
		服虔	10	《周禮·春官·序官疏》、《詩正義》、《儀禮疏》
		呂叔玉	1	《周禮》杜子春注
		王肅	1	《左傳正義》
		或說曰	1	《國語解》
		注《國語》 者	1	《左傳正義》
		注曰	64	《禮記正義》、《太平御覽》、《周禮疏》、《文選注》、《北堂書鈔》、《書正義》、《元和郡縣志》、《藝文類聚》、《玉篇》、《玉海》
		說曰	10	《國語解》
		《國語》曰	1	《左傳釋文》
		或曰	1	《國語解》
		無標示	3	《國語解》

〔註16〕張以仁〈《國語》舊注的輯佚工作及其產生的問題〉云：「清人輯有賈逵的《國語解詁》，此書傳係手稿，現存上海圖書館，無法取得，自然無法討論。」（氏著《張以仁語文學論集》，第 207 頁）可見張已知王仁俊《國語》舊注之輯佚，唯海峽阻隔，而傳唯手稿，故未能參詳。

新美寬 鈴本隆一	本邦殘存典籍による輯佚資料集成	賈逵	350	《原本玉篇》、《玄應音義》、《慧琳音義》、《希麟音義》、《漢和年號字抄》、《文選》、《令集解》、《五行大義》、《法華經》並《法華經釋文》、《三教指歸覺明注》、《切韻》、《中論》
		孔晁	9	《玉燭寶典》
		唐固	15	《玉燭寶典》
劉師蒼 劉師培	國語賈注補輯	賈逵	600 餘 〔註17〕	《一切經音義》
張以仁	《國語》舊注的界定及其佚失情形 〔註18〕	服虔	11	《儀禮》疏、《周禮》注疏
張以仁	《國語》舊注輯校	賈逵	481 條	《玄應音義》、《慧琳音義》、《希麟音義》、《慧苑音義》、《文選》注、《國語解》、《經典釋文》、《書》疏、《通鑒》注、《國語舊音》、《初學記》、《太平御覽》、《北堂書鈔》、《詩》疏、《禮》疏、《書》疏、《史記正義》、《後漢書》注、《列子》注、《玉篇》（張的《玉篇》即《宋本玉篇》）、《廣韻》以及王、黃、蔣、汪的舊注輯佚等
		唐固	73 條	《國語解》、《史記集解》、《通典》、《初學記》
		虞翻	25 條	《史記集解》、《史記索隱》、《史記正義》、《初學記》、《水經注》、《玉海》
		孔晁	46 條	《左傳》疏、《禮記》疏、《詩》疏、《周禮》疏、《國語舊音》、《太平御覽》、《事類賦》
		鄭眾注	7 條	《國語解》、《文選》注、《北堂書鈔》
		王肅	1 條	《左傳》疏
		三君注	12 條	《國語解》、《史記索隱》
		無名注	139 條	《國語解》、《初學記》、《太平御覽》、《北堂書鈔》、《藝文類聚》、《通鑒》注、《慧琳音義》、《玉海》、《玉篇》、《國語舊音》、《周禮》疏、《禮記》疏、《文選》注

〔註17〕 這個統計實就《一切經音義》中引用的賈逵注總條目而言，若汰其重複，則《一切經音義》實引賈逵注二百餘條而已。

〔註18〕 該文見載於張以仁《國語左傳論集》（東昇出版事業公司 1980 年版，第 163～182 頁），與其《〈國語〉舊注的輯佚工作及其產生的問題》（《張以仁語文論集》，上海古籍出版社 2012 年版，第 203～227 頁）一文並不相同。

　　從上表可見《國語》輯佚所依據資料以類書、傳注爲主，小學專書則祇有《玉篇》、《切韻》等幾部，而這僅有的幾部小學書在《國語》的異文辨正中幾乎就沒有涉及，即便是涉及到的，也祇是列異文，少有以明是非者。這一點，從黃丕烈《明道本國語札記》、汪遠孫《國語明道本攷異》和張以仁《國語斠證》引據當中就可以看得出來，如《札記》所據文獻通人爲惠棟說、《國語補音》、錢曾《讀書敏求記》、戴震說、《史記》、《字林》、盧文弨說、《史記集解》、《墨子》、段玉裁說、《山海經》、《禮記》、《呂氏春秋》及注、《後漢書》注、《爾雅》疏、《玉篇》、《廣韻》、《說文》等，《攷異》所據文獻通人爲《史記》、《漢書》、《說文》、《國語補音》、《左傳正義》、《史記索隱》、《書正義》、《詩正義》、《太平御覽》、公序本、漢碑、《文選》及注、《荀子》、《周禮》、《禮記》、重刻許金本、《國語舊音》、《呂氏春秋》及注、《經義述聞》、《北堂書鈔》、《攷正》、《說苑》、《國語校譌》、《公羊傳》、《說文》、《經典釋文》等。所據小學書很少，即便是引據的幾種小學書，也祇有寥寥數條。這裏面有著對小學書徵引資料是否忠實反映原著面貌方面的一些考慮，因爲小學書不是爲了保存舊典，很多地方可能是簡略引用或者是轉述，再就是古人著書引用資料很多時候憑藉記憶而不是一一核對原書，祇求意達、不求文確，那麼小學書引用的一些《國語》的例子就不便用來直接檢測今傳《國語》的得失。但是我們通過對幾部小學書引用《國語》例句的考察發現，並不是所有的引例都是節略或轉述，即便是轉述節略引用的例句也並不是沒有任何價值的。

　　從鄭眾、賈逵以至於晚近，爲《國語》作注的學者是可以數得過來的。唐代以前的，張以仁〈《國語》舊注的界定及其佚失情形〉、〈《國語》舊注的輯佚工作及其產生的問題〉和李步嘉〈唐以前《國語》舊注考述〉〔註 19〕已經考證得比較清楚。把唐代一直到晚近的《國語》研究者全部算上，也祇有鄭眾、賈逵、服虔、虞翻、唐固、韋昭、王肅、孔晁、宋庠、黃模、董增齡、陳瑑、王引之、汪遠孫、汪中、王煦、陳樹華（1730～1801）、姚鼐、秦鼎、劉台拱、俞樾、吳曾祺、沈鎔、徐元誥、楊樹達等人而已，而且有的研究祇

〔註 19〕〈《國語》舊注的界定及其佚失情形〉見載於氏著《國語左傳論集》，臺北：東昇出版事業公司 1980 年版，163～182 頁。〈《國語》舊注的輯佚工作及其產生的問題〉見載於《屈萬里先生七十榮慶論文集》，聯經出版事業公司 1978 年版，第 129～139 頁；復見載於氏著《張以仁語文論集》，上海古籍出版社 2012 年版，第 203～227 頁。〈唐以前《國語》舊注考述〉見刊於《文史》2001 年第 4 輯，第 85～94 頁。

是寥寥數條，並非專門著作。可是回過頭來看《詩》、《書》、《左傳》等經部要籍的研究狀況，《詩》自毛傳一直到晚近有多少人在研究呢？四川大學向熹教授編有一部《詩經詞典》，附錄中有〈歷代《詩經》研究的重要著作目錄〉〔註20〕，唐以前就收錄了30家，明代通常被認爲中國學術史上尤其中國訓詁學史上的衰落期，可是明代的《詩經》主要研究著作還收錄了21家，清代收錄了105家，所有的《詩經》研究著作大多動輒幾卷十幾卷甚而至於幾十卷。這些還是「重要著作」，還不是全部的統計數據。《書》的研究情況可以以《四庫全書》和《續修四庫全書》收錄的《書》的研究資料爲依據，《四庫全書》經部收《書》研究著作63種，《續修四庫全書》收93種，合共156種，著作是一卷者僅有20餘種。《左傳》的歷代研究著作更不可計數，《左傳》研究一直是中國經學系統中的顯學，山東大學楊端志《訓詁學》後附有一個〈歷代傳注訓詁書目〉〔註21〕，《左傳》研究著作東漢、魏代皆收12家，晉代11家，南北朝隋8家，唐3家，宋2家，這就已經48家；還不算宋代以後，而且楊氏的這個書目絕對是不全面的統計。再看當代，《左傳》研究就更多，僅臺灣一地就有相當多，「臺灣各大學研究所之選題，專攻《左傳》學而取得博士碩士學位者，五十年來共約71人次。」〔註22〕在中國知網中國學術文獻網絡總庫題名中輸入「左傳」檢索，截止到2011年2月13日能夠檢索到的《左傳》論文1406條，這當然不包括那些內容本身是研究《左傳》而在題名中沒有顯示出來的，僅僅大陸方面《左傳》的語言學研究專著就有不下十部。回過頭來再看《國語》的歷代研究狀況，存世的《國語》研究著作中，截止到清代，在二卷以上（不包括二卷，近代的不計）的衹有韋昭《國語解》、宋庠《補音》、黃模《國語補韋》、陳瑑《國語翼解》、于鬯《香草校書》、董增齡《國語正義》、陳樹華《春秋外傳考正》〔註23〕、汪遠孫《發正》和《攷異》、王煦《國語釋文》等十數種而已。以偌大的研究數量與陣容，《詩》、《左傳》等要籍的問題即便是訓詁問題到今天也還沒有完全弄清楚，也還有不少的學人不斷發現新

〔註20〕 向熹：《詩經詞典》，成都：四川人民出版社1986年版，第923～934頁。

〔註21〕 楊端志：《訓詁學》，濟南：山東文藝出版社1992年版，第679～714頁。

〔註22〕 張高評：〈臺灣五十年來《春秋》經傳研究綜述（上）〉，《漢學研究通訊》第23卷第3期（2004年8月），第1頁。

〔註23〕 陳氏此書爲盧文弨鈔本，二十一卷，分上下兩冊，現藏北京中國國家圖書館，中國國家圖書館網上的檢索信息著錄爲「10行20字，小字雙行同，白口，左右雙邊。」汪遠孫等人在著作當中曾經引及。

問題，何況研究數量和陣容如此之少的《國語》？而小學書在引用《國語》的例句作證據的本身實際上也是在給所引用例句的具體語詞作解釋，這種解釋可能和韋注及其他《國語》注釋相同，也可能不同。尤其是那些和韋注以及其他《國語》傳注解釋不同的地方，會給我們探討《國語》文本訓詁本身提供一個角度。同時，魏晉一直到唐宋甚至到金元時期的小學書所引用的《國語》中的一些例句可能爲我們了解公序本、明道本之外的《國語》版本的一鱗半爪提供一些線索或參照。其所引用《國語》的例句文字和今傳《國語》不同的地方，經過分析探討，也藉此能夠得出一個是非，況且未必就一定是今傳《國語》爲是而小學書所引爲非。

另外，小學書的編纂過程往往是一個繼承過程，即後代小學書在前代小學書基礎上的累加，從釋義到例句全盤繼承或者部分繼承，在本專題中可以見到相關的用例，由《說文》發端引用，《玉篇》、《類篇》等繼承《說文》沿襲引用的例子比比皆是，字書、韻書莫不如此。如果前代小學書釋義、引文正確而被後世小學書繼承了，這當然是後人的福分。但是如果前代小學書釋義未妥、引文有誤，比如引用中出現誤以注爲正文、誤以正文爲注、出處錯誤、文字訛脫衍倒等錯誤，姑且不管這種錯誤是否是由於前代引用者憑記憶引用造成或者其他原因，後代小學書也照樣繼承下來的話，那就是沿襲錯誤，就會給使用者造成麻煩，以訛傳訛，自誤誤人，這是應該糾正過來的。我們在考察的過程當中把那些引用不當的例句辨正過來，對於小學書本身來講，是去其微疵，微疵除而大德彰，不亦樂乎？這也是本專題之所以開展的一個目的所在。

因此本書在考察了元代及其以前的所有小學書引用《國語》用例的基礎上，選定《原本玉篇殘卷》、《切韻》與《唐韻》殘卷、《一切經音義》三種〔註24〕、《說文繫傳》、《宋本玉篇》、《類篇》、《廣韻》、《集韻》、《韻補》、《六書故》、《古今韻會舉要》等小學書〔註25〕，以這幾部小學書引用的《國語》

〔註24〕關於《一切經音義》的文獻學價值，有徐時儀及其及門弟子的一系列文章，如徐《〈一切經音義〉與古籍整理研究》（《古籍整理研究學刊》2009 年第 1期）一文專門談《一切經音義》和古籍的考校，云「《一切經音義》在流傳中由寫本到刻本形成的異文爲考校其早期傳本的面貌提供了線索」（第 13 頁）、「《一切經音義》所引古籍多爲今所不見的古本，大量引文與今本頗多殊異，可用來和今本互校，校補有關古籍。」（第 14 頁），凡此，不僅是爲《一切經音義》立論，且亦爲本專題研究之合理性下一註腳也。
〔註25〕清人對於《說文》引經籍文字考證著作頗多，《續修四庫全書》收錄的就有吳

用例爲考察對象，限定在明確標明爲《國語》的例句，而不是各小學書引《國語》例的考證。在考察這些小學書引用《國語》的用例時，注意盡量運用這些小學書的最早或者較早版本，在此基礎上參照這些小學書的其他版本。並廣泛吸收小學書的研究成果和《國語》的研究成果。在這個基礎上定其是非。

用於勘校的今傳《國語》各本根據其版本系統等爲三類，如下：

第一類是公序系本。關於公序本的版本系統以及流傳過程，有日本學者大野峻〈国語公序本の再評価〉〔註26〕、李佳〈《國語》宋公序本刊刻考〉和〈《國語》版本考論〉〔註27〕以及拙稿〈《國語》金李本、張一鯤本、穆文熙本、秦鼎本之關係〉〔註28〕等四篇文章可以參考。本專題所涉及到的公序系本包括：（1）宋刻宋元遞修本，這個本子是目前所能見到的《國語》最早的版本，國家圖書館啓動的《中華善本再造工程》第二輯 2006 年影印，經折裝，共 6 冊；（2）明嘉靖戊子（1528）吳郡金李澤遠堂翻宋本（簡稱「金李本」），此本爲上海商務印書館涵芬樓借自杭州葉景葵（1874～1949）處，影印入《四部叢刊》雜史類中，且後者有《四部叢刊》電子圖像版，頗便檢索；（3）浙江圖書館藏明隆慶元年（1567）含山縣儒學刻本《百家類纂》本，此本所收《國語》文字不全，雖然有些篇章沒有選入，但由於其是明本中刊刻較早的，仍具一定參照價值；（4）明萬曆年間四川張一鯤刻本，潘景鄭（1907～2003）以爲該本「字體臃腫，漸失正、嘉摹古之風」〔註29〕，以宋本相較，潘言是。張一鯤本將《補音》散入

玉撝《説文引經考》、邵鍈《説文解字羣經正字》、程際盛《説文引經考》、吳雲蒸《説文引經異字》、承培元《説文引經證例》、柳榮宗《説文引經攷異》、雷浚《説文引經例辨》、陳瑑《説文引經考證》、楊廷瑞《説文經斠》等 9 部之多。由於《四庫全書》把《國語》從經部春秋類移到了史部雜史類，因此並不是所有學者的《説文》引經專著裏都涉及《國語》。又由於有的學者是按照《説文》字序排列，檢索起來沒有按照經典排列那么容易。這裏僅參照程際盛和承培元的本子。程際盛在他的《説文引經考》中首書《説文》引《國語》句子，後小字附某部，後列今傳《國語》本文相關語句，一共辨正 31 處，承培元可補程氏 4 處，合共 35 處。凡此皆可以參看相關研究資料。因此本書不再把《説文》引《國語》作爲一個獨立的專題進行考察，祇在相關條目分析時涉及。

〔註26〕〔日〕大野峻：〈国語公序本の再評価〉，《東海大學紀要文學部》第 22 輯（1974 年）。

〔註27〕李文〈《國語》宋公序本刊刻考〉見刊於《安徽史學》2009 年第 1 期，第 125～128 頁。《國語》版本考論〉見刊於《國學研究》第二十三卷，第 367～387 頁，後者也及明道本之源流等事，然探討未如公序本流傳詳盡。

〔註28〕拙稿〈《國語》金李本、張一鯤本、穆文熙本、秦鼎本之關係〉，《長江學術》2012 年第 2 期，第 138～141 頁。

〔註29〕潘景鄭：《著硯樓書跋》，北京：古典文學出版社 1957 年版，第 54 頁。

《國語》正文之下，極便觀覽，流通較廣。域內出現過好幾種張一鯤刻本的翻刻本，如乾隆文盛堂刊行《國語國策合注》、嘉慶姑蘇書業堂刊行《國語國策合注》、光緒蘇州綠蔭堂刊行的《國語國策合注》以及單行的《國語》，雖然聲稱是南宋鮑彪校本，而其實際卻是張一鯤本的翻刻，因爲書首還刊有張一鯤的《校刻國語序》以及《校刻國語凡》，晚近書估已知其誣，故雖在書目上標注鮑彪校本，而售價則至廉；（5）明穆文熙《國語評苑》本，明萬曆二十年（1592）鄭以厚光裕堂刻本，此本亦當是張一鯤本的翻刻，與張一鯤本同，日本學者秦鼎（1761～1831）著的《春秋外傳國語定本》就是仿刻穆文熙的本子，因爲穆文熙既有六卷本的《國語評苑》，也還有二十一卷本的《國語》，其二十一卷本《國語》未曾寓目，故《定本》是否就是自《國語評苑》翻刻還未可知，但其本文字在《國語》各本中更接近於《國語評苑》，這是沒有任何疑問的，在某種程度上可以認爲秦鼎《國語定本》就是翻刻自穆文熙的評本；（6）明萬曆四十七年（1619）烏程閔齊伋（1575～1657）裁注本（簡稱「閔《裁注》本」），此本翻刻較多，各家記載有三色套印、四色套印、五色套印等，《四庫未收書輯刊》收錄；（7）《四庫薈要》本，《四庫薈要》本和文淵閣《四庫全書》本理論上講是一個本子，即都鈔自孔傳鐸詩禮堂本，但就目前所對照的結果看，四庫薈要本和文淵閣四庫本還是有一定差別的；（8）清光緒庚辰（1880）章壽康（1850～1906）式訓堂刻清代中期烏程南潯籍學者董增齡《國語正義》本，董增齡自序云：「宋公序《補音》本及天聖本兩家並行，近曲阜孔氏所刻用《補音》本。今兼收二家之長，而用《補音》本者十之七八云。」〔註30〕則仍以公序本爲主，故可歸入公序本系列；（9）日本學者秦鼎《春秋外傳國語定本》，秦鼎當係是穆文熙評本的重刊本，穆文熙本有兩種，一種爲《國語評苑》六卷，一種爲穆文熙評《國語》二十一卷，後者有日本寶曆十一年（1761）京都越後屋多助重印江戶新校正再板刻本，推測該二十一卷本就是《國語評苑》的覆刻，僅僅依照《國語》卷次而行。此外秦鼎還參照了黃刊明道本、《古文析疑》、陳仁錫（1581～1636）評點本等《國語》的幾種版本。總體上講，秦鼎本屬於公序本系列中的張一鯤本系列。秦鼎《定本》於日本文化五年（1808）年刊行，此後文化六年（1809）、文化七年（1810）、文政二年（1819）、文政六年（1823）、天保十三年（1842）、嘉永七年（1854）、明治十七年（1884）續有刊行，多爲日本大阪、名古屋等地的書鋪刻本，皆依據秦氏滄浪居原刊翻刻。據筆者看到

〔註30〕〔清〕董增齡：〈國語正義序〉，成都：巴蜀書社 1985 影式訓堂本，本序第 3 頁。

的三種本子而言，文政二年刊本每冊卷數與文化七年、嘉永七年等本不同，這個區別乃本於明清《國語》刻本冊卷之例，內容則無異。把公序本的這些本子一一羅列，是因爲這些本子雖然屬於同一個版本系列，但文字上也頗有異同。〔註31〕

第二類是明道系本。包括：（1）清嘉慶五年（1800）黃丕烈讀未見書齋重雕寫刻宋明道本（簡稱「黃刊明道本」），這個本子是黃丕烈請顧廣圻全權負責刊刻而成的。顧廣圻請長洲李福寫刻上版，後人輯入《士禮居叢書》中。該本又有上海蜚英館光緒三年（1877）景黃氏本、石竹山房景黃氏本、上海博古齋1913年景黃氏本、掃葉山房本、會文堂本、錦章書局本、上海古籍出版社《四部精要》景蜚英館本、同治己巳（1869）湖北崇文書局重雕本、《四部備要》聚珍版本，其中蜚英館本實際上從崇文書局本來，博古齋本則是黃刊明道本的覆刻，黃刊明道本的幾個翻刻本之間也還是有一些區別的；（2）商務印書館由王雲五主編的1935年初版和1958年再版《國學基本叢書》本及商務印書館1937《叢書集成初編》本（簡稱「商務本」或「《叢書集成初編》本」），二者皆從崇文書局刻本而來，號稱是依據黃氏士禮居叢書本。《國學基本叢書》本附《札記》、《攷異》，《初編》本則祇附有《札記》，上海書店1987年又重新出版了一次《國學基本叢書》本；（3）齊魯書社2006年出版的以明道本爲底本的鮑思陶點校本（簡稱鮑校本），鮑氏雖爲新校，祇是改正了明道本中明顯的訛脫，維持了明道本的原貌，故附屬於此。

第三類是新校點本。包括：（1）上古本，即由上海師範大學古籍整理研究所點校、上海古籍出版社出版的《國語》，1978年初版。又於1981年由原來校點組的徐光烈和吳紹烈進行修訂，於1988年出版修訂本，皆爲平裝二冊。1998年上海古籍出版社又根據修訂本出版精裝一冊本；（2）李維琦

〔註31〕這些本子經過刊刻者的重新校訂，已非公序本之舊。世間往往以金李澤遠堂翻刻公序本爲公序本，如焦傑點校本《國語》就稱《四部叢刊》所收金李澤遠堂本爲「《四部叢刊》影印宋庫本（簡稱宋本）」（見該書《出版說明》，瀋陽：遼寧教育出版社1997年版），實際上金李刻本已經改動不少，和公序本比起來已經有了一些不同，如宋本《太平御覽》卷一九六引《國語》曰：「火見而清風戒寒而修城郭。」以今傳《國語》各本相比照，遞修本字作「脩」，黃刊明道本、金李本、秦鼎本作「修」。遞修本和金李本、秦鼎本雖然都是公序本系列，但是金李本、秦鼎本和遞修本用字不一樣。再如《魯語上》遞修本作「爲有司之班命事也」，而金李本和黃刊明道本則作「爲有司之以班命事也」，凡此種種，在本書有些條目中皆可以看出。所以《國語》各本即便是公序本、明道本內部也還是要嚴格區分，不能混同的。

校點本，李維琦的點校本基本上參照上海古籍出版社的點校本，由嶽麓書社1988 年出《國語》、《戰國策》的合訂本，仿照上古本體例，在書後附有人名索引，2006 年嶽麓書社出版新一版《國語》、《戰國策》的合訂本，刪去書後的人名索引，其他未作任何更動。（3）焦傑校點本，焦傑點的本子爲遼寧教育出版社 1997 年推出的新世紀萬有文庫叢書的一種。這一類中祇有上海古籍出版社的本子普及度很高，影響很大，後來的《國語》的各種譯注本或者點校本大體上都以上海師大的整理本爲參照，但也祇是一個通行本子，可以做個參照〔註 32〕。此外也參照了《國語》的一些其他譯注本和相關研究成果，已經一一在文中注明。

　　關於明道本和公序本這兩種版本孰是孰非的問題，實質上有一個認識過程。當黃氏刊刻明道本之初，段玉裁、錢大昕等人盛言明道本之是，多斥公序本之非。實際上公序本、明道本各有是非，楊守敬（1839～1915）的《日本訪書志》就對學者多推舉明道本貶抑公序本的做法提出不同意見，他在「明刊本《國語》二十一卷」中說：「明道本未必是，公序本未必非。」〔註 33〕李慈銘也持相同的觀點，他在校勘《國語》時每每以公序本校明道本之失。張以仁云：「世人對二本的評價，各有褒貶，如許宗彥即以爲明道本个如公序本（見《鑑止水齋集》卷十一〈天聖明道本國語跋〉），而顧千里則謂明道本出，『宋公序以後本當以覆瓿矣』（見《思適齋集》卷十四〈跋影宋本國語後〉）。我個人認爲，這兩種本子，實互有長短，並存則雙美。讀者參比其間，擇其善者從之，實有百利而無一弊。何義門說：『若盡執此廢彼，則又失之，要在求其是而已。』於我心有戚戚焉。」〔註 34〕俞志慧通過對《李慈銘讀書簡端記》中《國語》條目的認眞分析發現：比起公序本來，明道本衍 39 處，脫58 處，倒 9 處，誤 110 處，凡 216 處（同條不重複計），而這 216 處，李慈銘大抵說得有理有據。〔註 35〕可見明道本與公序本各有優劣，足可印證諸賢所

〔註32〕 張以仁〈國語的傳本〉一文云：「坊間又有標點本《國語》，兼採明道、公序二本，並間採汪氏《考異》的意見，前列分段名目，末附人名索引，頗便於初學。可惜擅自增改，而泯其痕跡，使人不能據以追循二本之舊貌。」（見載於氏著《張以仁語文論集》，第 199～202 頁）當即針對上海古籍出版社出版之點校本而言。

〔註33〕 楊守敬：《日本訪書志》卷五，上海：上海古籍出版社 2002 年輯印《續修四庫全書》第 930 冊，第 541 頁。

〔註34〕 張以仁：〈淺談國語的傳本〉，《孔孟月刊》第 21 卷第 3 期，第 21～23 頁。復見載於氏著《張以仁語文論集》，第 199～202 頁。

〔註35〕 俞志慧：《國語韋注辨正》前言，北京：中華書局 2009 年。復刊於《紹興文

云。各種本子一一羅列，是爲了提供一種方便，對小學書引用《國語》例句進行斠正的同時，可以了解《國語》各本異同去取以及前後的繼承關係，給讀者在選擇《國語》讀本時做一個參考。

最後，交待幾句和本書內容有關的話：

一、小學要籍十一種大體依作者或撰著時代爲序；

二、每篇之首大體言小學書之研究狀況，識見所限，有詳略不同，未能盡求體例一致；

三、每條引文後俱注明卷次，原刊頁碼或者影本頁碼；

四、引自通常典籍者，如《十三經》、《二十四史》、諸子等凡不涉及其注解或異文考校者一般不出注，其他徵引俱於腳註中注明。徵引在線資源，悉出其路徑；

五、本書於前哲時賢之說多所徵引，姓名之後一般不出先生，爲求體例一致，非不尊重，特此揭明；

六、各篇寫作時間不一，故凡已斠正詳盡者，他條出現則略，注明見某條，不再詳出。

理學院學報》2009 年第 3 期，第 66～70 頁。另，拙撰有〈李慈銘《讀國語簡端記》補箋〉（《中央大學人文學報》第 52 期，第 1 頁～第 34 頁），亦可參。

壹、《原本玉篇殘卷》引《國語》斠證

　　《玉篇》為南朝顧野王（519～581）所撰，書成之後進呈梁簡文帝蕭綱
（503～551），簡文帝嫌其繁蕪，既命蕭愷（506～549）等人進行刪削，後
又經過幾次增字減注，到宋代經陳彭年（961～1017）等重修，成《大廣益
會玉篇》，顧本原書面貌幾無。清末，黎庶昌（1837～1896）、羅振玉（1866
～1940）等在相繼日本發現《玉篇》寫本零卷，或摹寫或照相，刊刻行世，
至 1985 年由北京中華書局將黎庶昌摹寫本和羅振玉照相本合刊，名為《原
本玉篇殘卷》，此其得名。關於《原本玉篇殘卷》的刊行情況，朱葆華《原
本玉篇文字研究》有相關方面梳理，認為國內印行者四種，為古逸叢書木、
羅振玉本、中華書局本和續修四庫全書本，此外朱氏還介紹了日本印行的零
卷情況。〔註1〕實際上臺灣臺灣新文豐出版公司 1985 年所出《叢書集成新編》
第 35 冊也收錄了《玉篇零卷》，如果按照朱氏的統計方法，則應該是五種。
事實上，中華書局本祇是古逸叢書本和羅振玉本的合刊，續修四庫全書本和
《叢書集成新編》所收的本子又完全相同，即都是影印日本昭和八年（1933）
京都東方文化學院本《玉篇》殘卷。也就是說，國內比較通行的本子實際上
是三種，古逸叢書本、羅振玉本和東方文化書院本。本文所謂《原本玉篇殘
卷》即所謂中華書局本。《原本玉篇殘卷》的名稱比較多，有因其殘缺不全
而名為「殘卷」、「零卷」者，前者即中華書局本，後者為《叢書集成新編》
本；也有根據殘卷的寫本時代命名的，如王仁俊《玉函山房輯佚書續編》即
稱為「唐《玉篇》」〔註2〕；也有因為殘卷比較接近顧野王原本而名為「真本」

〔註1〕　朱葆華：《原本玉篇文字研究》，濟南：齊魯書社 2004 年版，第 18～第 32 頁。
〔註2〕　見王仁俊：《玉函山房輯佚書三種》之《玉函山房輯佚書續編》之「經編春秋

的，如日本學者木村正辭（1827～1913），木村氏還對所見《玉篇》殘卷的收字情況做了統計，凡此皆見其《玉篇攷》中〔註3〕；還有因為所見所刊不全而稱為「零本」的，如日本明治十六年（1883）刊行高山寺本《玉篇零本》一冊，即《原本玉篇殘卷》之卷二十七。則原本玉篇殘卷異名有「原本」、「殘卷」、「零卷」、「眞本」、「寫本」、「原本」等。今天我們見到的這個本子也非一時一人抄寫，同字並出而彼此詳略差異較大者也有其例。但卻是目前看到的最接近顧本的本子，一併同時參照。除去三本重複，整部殘卷引用《國語》例證的有95個字頭，共引《國語》116次，其中標記為「賈逵注國語」1次，因為頁面殘缺無篇次而實引《國語》之文 1 次，「國語」58 次，「國語」36 次，「又曰」20 次。

現根據《原本玉篇殘卷》原文順序，對所引《國語》及賈注各條進行辨正，黎本與羅本同者，附在羅本中進行對勘。並參照胡吉宣（1895～1984）《玉篇校釋》、胡吉宣〈《玉篇》引書攷異〉、日本學者木村正辭《玉篇攷》、日本昭和八年京都東方文化學院本《玉篇》殘卷〔註4〕等。東方文化學院本《玉篇》殘卷所收條目有羅、黎二本所未存者，且為影印，其原始性在黎庶昌本之上，故價值亦極大，校勘辨正時並參照之。每例後附北京中華書局本頁碼。

一、羅振玉照相版《原本玉篇》殘卷引《國語》斠證

1・言部——謙，《國語》:「謙＝之德。」賈逵曰:「謙＝，猶小＝也。」
（第 4 頁）

【按】本條出〈晉語一〉，黎本引同。韋注與賈同。汪遠孫《攷異》引《國語舊音》云:「賈作『謙』。」〔註5〕今從《原本玉篇殘卷》所引得到證實。又

類」《國語賈氏注》首條注，上海：上海古籍出版社1989年版，第58頁。曾榮汾〈《玉篇》編輯觀念研究〉（第十七屆中國文字學學術研討會2006-5-21（臺中逢甲大學）會議論文）以「清代黎庶昌出使日本影印回來的殘卷」，然黎本實爲摹寫，非影印也。

〔註3〕 〔日〕木村正辭:《玉篇攷》，日本早稻田大學圖書館藏木村原稿本。

〔註4〕 胡吉宣:《玉篇校釋》，上海：上海古籍出版社1989年版。胡吉宣:〈《玉篇》引書攷異〉，見刊於《中華文史論叢・語言文字專刊》，上海：上海古籍出版社1982年版。上海古籍出版社出版的《續修四庫全書》第228冊影科圖藏日本昭和八年京都東方文化學院編《東方文化叢書》第六輯本《原本玉篇殘卷》，即各家所謂「《續修四庫全書》」本」。

〔註5〕 〔清〕汪遠孫:《國語明道本攷異》，北京：商務印書館1959年版《國語》後

《舊音》云：「言小務大。」〔註6〕汪遠孫、張以仁皆以之爲賈逵注，卻未收《原本玉篇》所引賈注此條，王仁俊《玉函山房輯佚書續編》、《本邦殘存典籍による輯佚資料集成》、陳鴻森則錄《玉篇》此注而未及《舊音》。審張以仁《國語舊注輯校》以及《國語斠證》、鄭良樹《國語校證》，似皆未及小學書引例，祇是參考清人舊注輯佚以及校勘著作，更沒有參考到《玉函山房輯佚書續編》、《本邦殘存典籍による輯佚資料集成》等所輯錄到的《國語》舊注條目，致使張以仁的《國語舊注輯校》雖輯錄條目較多，然《原本玉篇殘卷》所存與他書不同之賈逵舊注則完全失收。洪邁（1123～1202）《經子法語》與今傳《國語》各本俱作「嗛嗛」，《六書故》卷一一、《兩漢刊誤補遺》卷六、《皇王大紀》卷九、《繹史》卷五一上、《左傳紀事本末》卷二四、《通志》卷一八一、《尚史》卷四六、《格物通》卷一〇、《冊府元龜》卷七三二、《玉海》卷六〇、《喻林》卷二九、《經濟類編》卷五七、《淵鑑類函》卷五二、卷二七五、正統道藏本《南華眞經口義》卷三引皆作「嗛嗛」，《藝文類聚》卷五一、《淵鑑類函》卷一一八作「謙謙」，《正字通》、《康熙字典》引〈晉語〉並作「嗛嗛」，《康熙字典》云：「或作謙。」〔註7〕古「謙謙」、「慊慊」、「嗛嗛」多通用，如《易·謙卦》陸德明（？550~630）《釋文》云：「子夏作『嗛』。」〔註8〕葉萌以爲：「古從口猶從言。」〔註9〕其立兩個義項，一爲「謙遜貌」；一爲「意不足貌」。《國語》「嗛嗛」之義爲「不足貌」。「謙謙」、「慊慊」、「嗛嗛」都是記音符號，以音記詞，文字形體不表義。是賈逵、韋昭之時即有「謙謙」、「嗛嗛」之異，未可遽言何者爲《國語》原本之字也。

2·言部——諓，《國語》「又案知是諓諓者」賈逵曰：「諓諓，巧言兒也。」（第4頁）

【按】本條出〈越語下〉〔註10〕。「国」，《龍龕手鑑》以爲「國」之俗

附，第 298 頁。

〔註6〕〔宋〕宋庠：《國語補音》卷二，北京：國家圖書館出版社 2006 年影宋刻宋元遞修本，本卷第 11 頁。

〔註7〕〔清〕張玉書等：《康熙字典·口部》，北京：中華書局 1963 年影同文書局本，丑集上第 73 頁。

〔註8〕〔唐〕陸德明：《經典釋文》，北京：中華書局 1983 年影通志堂經解本，第 21 頁下左。

〔註9〕葉萌：《古漢語貌詞通釋》，濟南：山東文藝出版社 1993 年版，第 442 頁。

〔註10〕《說文解字義證》、《經籍籑詁》、《廣雅疏證》、《讀書雜誌》、《佩文韻府》等引此句直接作「越語曰」。

字，《宋元以來俗字譜》並收。黎本作「又安知知是諓＝者」，《玉函山房輯佚書續編》引唐《玉篇》與黎本同，皆衍一「知」字。「＝」爲重字符。羅本「案」當是「安」字誤寫，《本邦殘存典籍による輯佚資料集成》云：「明道本案作安。」〔註 11〕《玉篇校釋》已改作「安」，今傳《國語》各本〔註12〕俱作「安」，《資治通鑑外紀》卷一〇、《繹史》卷九六下、《左傳紀事本末》卷五一、《景定建康志》卷四八、《至大金陵新志》卷一三上之下、《北堂書鈔》卷三〇、《經濟類編》卷一四、《淵鑑類函》卷一三一、《文章辨體彙選》卷四九五皆本今傳《國語》作「安」。賈逵注又見《公羊傳》文公十二年「惟諓諓善竫言」陸德明釋文，《九經古義》、《說文》段注亦見引用，並無「兒」字，《五經文字》卷中云：「諓，巧言也，見《春秋傳》。」〔註13〕《玉篇・言部》：「諓，巧言也。」〔註14〕黃奭《子史鈎沈・賈逵國語注》、王謨《漢魏遺書鈔・國語註》、汪遠孫《輯存》卷四、馬國翰《國語解詁》卷下輯賈逵注並用陸文，張以仁云：「《釋文》未引正文，但『諓諓』《國語》此爲僅見，自是此文之注無疑。鈕樹玉（1760～1827）《說文解字校錄》云：『《釋文》諓引賈逵注《外傳》云巧言也。《外傳》當指〈越語〉安知是諓諓。』王、汪、蔣皆繫此。蔣氏引正文脫『是』字。」〔註15〕韋注云：「諓諓，巧辯之言。」《經典釋文》卷二一云：「《尚書》作『截』，淺薄貌也。」〔註16〕錢繹云：「㦇㦇、淺淺、諓諓，即截截，亦即捷捷。語言巧利謂之截截，動作敏疾謂之捷捷，其義一也。」〔註17〕《集韻》、《類篇》、《禮部韻略》、《古

〔註11〕〔日〕新美寬編，鈴本隆一補：《本邦殘存典籍による　輯佚資料集成》網絡版，http://www.zinbun.kyoto-u.ac.jp/~takeda/edo_min/edo_bunka/syuitu/edono_kagaku_syuitu_keibu-1.html#1-1-6-9。

〔註12〕凡言「今傳《國語》各本」者，非眞謂今傳《國語》各本，乃謂筆者所能參照到之本，即在引言中所提及參據的《國語》各個版本而已，讀者請勿以爲筆者已經齊集天下眾本而考之，那是個人財力能力所無法達到的，特此揭出，以免誤會。

〔註13〕〔唐〕張參：《五經文字》，臺北：新文豐出版公司《叢書集成新編》第35冊影本，第636頁上右。

〔註14〕〔宋〕陳彭年等重修：《宋本玉篇》，北京：中國書店1983年影張氏澤存堂本，第166頁。

〔註15〕張以仁：〈《國語》舊注輯校〉，見載於氏著《張以仁先秦史論集》，上海古籍出版社2010年版，第346頁。又上海古籍出版社排印「未」誤作「朱」。

〔註16〕〔唐〕陸德明：《經典釋文》，北京：中華書局1983年影通志堂經解本，第315頁下左。

〔註17〕〔清〕錢繹：《方言箋疏》卷一，上海古籍出版社1984年影影紅蝠山房校刻

今韻會舉要》因之。《玉篇殘卷》引賈出「皃」字是明確視「諓諓」爲狀貌詞，假定賈注本有「皃」字的話，則韋此處用語不如賈確當。實際韋昭注釋《國語》中其他重言詞本用「貌」字煞尾，如「賁賁，鶉貌也」、「焞焞，近日月之貌也」，此處未用，或因「諓諓者」爲名詞性結構所致。

3·言部——設，《國語》「必設以此」賈逵曰：「設，許也。」（第 5 頁）

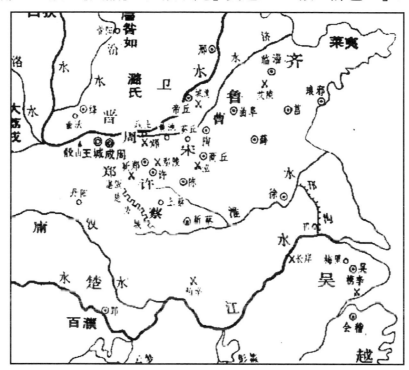

【按】本條出〈吳語〉，黎本同。今傳《國語》各本原文作：「必設以此民也，封於江、淮之閒，乃能至於吳。」《玉篇》節引。韋注云：「設，許其勸勉者。」則韋注與賈逵同。《玉函山房輯佚書續編》、《本邦殘存典籍による輯佚資料集成》、陳鴻森輯賈氏注與此同。其他各輯佚本皆未收此條，群書亦無見引用者。惟《漢書·趙充國傳》「設以子女貂裘」顏師古注：「設，謂開許之也。」〔註18〕與賈注近之。蕭旭〈國語校補〉以爲：「設，誘致也。」〔註19〕《晏子春秋》卷八「君不如陰重孔子，設以相齊」《集釋》引蘇時學

本，本卷第 4 頁。

〔註18〕〔漢〕班固撰、〔唐〕顏師古注：《漢書》，北京：中華書局 1962 年點校本，第 2974 頁。

〔註19〕蕭旭：〈國語校補〉（二），《東亞文獻研究》第 4 輯。

云：「『設』疑當作『許』。」〔註20〕「許」、「設」字形相遠，恐非形譌，以賈、韋之釋「設」作「許」釋《晏子春秋》之「設」，很是符合語境。黃永堂《國語全譯》即釋爲「誘使」，薛安勤、王連生則釋爲「安排」，〔註21〕《國語》其他譯注本並從韋注釋爲「許諾」、「答應」等。韋注此句爲：「以此民封之於江、淮之間以恐之，必速至也。」黃丕烈《札記》引段玉裁云：「『恐』字必誤，當作『誘』。」〔註22〕徐元誥因之徑改「恐」爲「誘」〔註23〕。段言「恐」誤則是，以之爲「誘」或未必然。「恐」、「誘」字形懸殊，音義亦復相遠，恐難以疏誤至此。《國語》「民」字共 427 見，《吳語》26 見。本句的「民」字與上句「以廣民心」之「民」，多解作「士卒」。「民」可用作泛指，但是在具體的語境中指將士、士卒，還不多見。他語「民」字亦無能釋作「將士」、「士卒」者。

〈吳語〉本句，《史記》、《吳越春秋》等典籍中並未見引，上古本並其他新點校本、譯注本均這樣斷句。唯董立章斷作「必設以此：民也封於江、淮之間，乃能至於吳。」〔註24〕實際「此民」即本句上文所云「請王勵士以奮其朋勢。勸之以高位重畜，備刑戮以辱其不勵者，令各輕其死」，「輕其死」者即「此民」，不當斷開。包括韋注之「恐」與此處斷句之異，主要在於「封於江淮之間」和「乃能至於吳」是什麼關係？吳王的北上路線，〈吳語〉有交待：「吳王夫差既殺申胥，不稔於歲，乃起師北征。**闕爲深溝，通於商、魯之間**，北屬之沂，**西屬之濟**，以會晉公午於黃池。」從上面的地圖〔註25〕可以看出，吳王返國要經過宋國，渡過淮水和長江。和晉國歃盟之後，「恐齊、宋之爲己害也，乃命王孫雒先與勇獲帥徒師，以爲過賓於宋，以焚其北郢焉而過之。」韋注：「託爲過賓而焚其郭，去其守備，使不敢出。」我們無法知道吳王的具體路線，但是他的返吳路線是以宋爲起點以吳爲終點則是

〔註20〕吳則虞：《晏子春秋集釋》，北京：中華書局 1982 年版，第 504 頁。

〔註21〕薛安勤、王連生《國語譯注》的翻譯與其他各本都不同，翻譯爲：「一定安排那些受到勉勵的將士，把他們分封到江淮流域。」（長春：吉林文史出版社 1991 年版，第 772 頁。）

〔註22〕〔清〕黃丕烈：《校刊明道本韋氏解國語札記》，北京：商務印書館 1959 年版《國語》後附，第 263 頁。

〔註23〕徐元誥：《國語集解》（修訂本），北京：中華書局 2006 年王樹民、沈長雲點校本，第 548 頁。

〔註24〕董立章：《國語譯注辨析》，廣州：暨南大學出版社 1993 年版，第 728 頁。

〔註25〕該地圖截取自張傳璽、楊濟安編《中國古代史教學參考地圖集》，北京：北京大學出版社 1984 年版，第 6 頁。

毫無懷疑的。如果把到吳國與宋之間的地域都掌控在吳國手中，則返吳就相當順利了。實際上王孫雒與勇獲率領軍隊無非就是爲吳王返吳提前清除障礙，祇有把整個路程即江淮之間掌控住了，返吳就很順利。因此，「封」在這裏不應該是封賞之義，而是封疆之義，祇有這樣纔能保證「至於吳」。根據這種解釋，則「必設以此民也，封於江、淮之間，乃能至於吳」的意思就應該是：「一定要布置好這些兵卒，讓他們保有江淮之間的地盤，我們纔能到達吳國。」韋注「恐之」之「恐」非恐「此民」，實使臨江淮之諸侯國家恐而不敢阻止夫差返國也。

4・言部——譽，《国語》「王叔子譽諸朝廷」賈逵曰：「譽，稱也。」（第 6 頁）

【按】本條出〈周語中〉，黎本同。今傳《國語》各本無「廷」字，《繹史》卷八七上、《左傳紀事本末》卷三一、《通志》卷八九、《冊府元龜》卷七九五、《經濟類編》卷九二、《文章辨體彙選》卷六〇引並同。柳宗元（773～819）《非國語》作「譽于朝」，「諸」兼詞，「于」介詞，皆可通，而以「諸」爲勝，因其不僅具有引介功能，且具提示引介對象的功能。「朝廷」結構，《國語》、《左傳》、《墨子》等文獻中並無，而《論語・鄉黨》中已見用，《孟子》、《韓非子》、《商君書》、《戰國策》、《莊子》等戰國中後期文獻中出現頻次已經比較多；且「諸」作兼詞，其後所跟賓語絕大多數爲單音節詞，少有跟雙音節詞者。或因後世用語習慣而誤增「廷」字。《玉函山房輯佚書續編》、《本邦殘存典籍による輯佚資料集成》、陳鴻森引賈注同，其他各輯佚本皆未收此條，群書亦無用者。《說文・言部》：「譽，偁也。」《說文・禾部》：「稱，銓也。」〔註26〕《說文繫傳・言部》、《玉篇・言部》、《廣韻・魚韻》作「稱」，《說文》之「偁」實爲正字。《說文》「譽，偁也」釋義或亦本賈逵注。

5・言部——謝，《国語》：「子叔聲伯如晉謝季文子。」（第 7 頁）

【按】本條出〈魯語上〉，黎本同，今傳《國語》各本並同。

6・言部——詠，《国語》：「以歌詠之。」（第 8 頁）

【按】今傳《國語》各本無「以歌詠之」，先秦其他傳世文獻中亦未見，

〔註26〕〔漢〕許慎：《說文解字》，北京：中華書局 1963 年影陳昌治覆刻平津館本，第 53 頁下、第 146 頁上。

漢司馬遷《史記・宋微子世家》中始見用「乃作麥秀之詩以歌詠之」之語，《藝文類聚》卷三五、卷八五、《太平御覽》卷五七〇、卷八三八即引《史記》此句。〈周語下〉有「詩以道之，歌以詠之，匏以宣之」，〈魯語下〉有「今詩以合室，歌以詠之，度於法矣」，二語並作「歌以詠之」，爲「賓＋介＋謂＋賓」結構，介詞結構作狀語，其中賓語前置，這是先秦典籍中常見語法結構。《玉篇》所引當出自二語之一而文倒乙，是上古漢語與中古漢語語序不同故。黎本引與羅本同。

7・言部——講，《国語》「一時講武」賈逵曰：「講，習也。」又曰：「仁者講功。」賈逵曰：「講猶論也。」（第 8 頁）

　　【按】「一時講武」條出〈周語上〉，黎本同。今傳《國語》各本作「三時務農而一時講武」，《儀禮經傳通解》卷三一、《禮書綱目》卷五二、《繹史》卷二七、《尙史》卷二六、《文獻通考》卷七、卷八七、《格物通》卷八七、《孝經衍義》卷三一、《冊府元龜》卷一一五、卷三二五、《經濟類編》卷四一引同。汪遠孫《攷異》云：「《文選》張平子〈東京賦〉、潘安仁〈藉田賦〉及謝玄暉〈和伏武昌登孫權故城詩〉、孫子京〈爲石仲容與孫皓書〉注引此並無『而』字，疑『而』字衍。」〔註 27〕《禮記集說》卷四五、《周禮全經釋原》卷一二、《五禮通考》卷二三六、《春秋讞義》卷二、《格物通》卷八三、《白孔六帖》卷五二、《冊府元龜》卷一二四並無「而」字。韋注云：「講，習也。」與賈同。《玉函山房輯佚書續編》、《本邦殘存典籍による輯佚資料集成》、陳鴻森引賈注與此同，其他各輯佚本皆未見收。

　　「仁者講功」條出〈魯語上〉，今傳《國語》各本同，《繹史》卷五三、《古史》卷二六、《尙史》卷三〇、《格物通》卷六七、《太平御覽》卷六一二、卷九二五〔註 28〕、《冊府元龜》卷七九七、《經濟類編》卷四一、《文章正宗》卷五、《文編》卷二一、《文章辨體彙選》卷六〇、《古文淵鑒》卷五引同。韋注云：「講，論也。仁者心平，故可論功也。」與賈同。《玉函山房輯佚書續編》、《本邦殘存典籍による輯佚資料集成》、陳鴻森引賈注與此同，其他各輯佚本

〔註27〕 〔清〕汪遠孫：《國語明道本攷異》，北京：商務印書館 1959 年版《國語》後附，第 270 頁。

〔註28〕 本書正文所引《太平御覽》，悉本文淵閣本《四庫全書》中之《太平御覽》，後得《四部叢刊三編》影宋本，悉以所引《國語》爲斠，拙撰有〈宋本《太平御覽》引《國語》斠證〉一文，可詳參。

皆未見。

8 · 言部——詴，《国語》「天又詴之」賈逵曰：「詴猶或也。」（第 13 頁）

【按】本條出〈晉語二〉，今傳《國語》各本同。「天」，黎本誤作「夫」。韋注：「詴，猶惑也。」與賈注同。賈注「或」即「惑」字，先秦傳世文獻有用，如《易·乾》：「九四，重剛而不中，上不在天，下不在田，中不在人，故或之。或之者，疑之也，故無咎。」《墨子·明鬼下》「請惑聞之見之」孫詒讓（1848～1908）《閒詁》云：「惑，與或通。」〔註29〕《一切經音義》「謟詴」條引賈逵注《國語》即作：「詴，惑也。」又「虛詴」條引賈注《國語》云：「詴猶惑也。」〔註30〕與《玉篇》同。胡吉宣《玉篇校釋》引賈注字作「惑」，或據《一切經音義》而改。《玉函山房輯佚書續編》、《本邦殘存典籍による輯佚資料集成》引賈注與此同，陳鴻森因《慧琳音義》徑作「惑」字，其他各輯佚本皆未見。

9 · 言部——諉，《国語》「其刑橋諉」賈逵曰：「非先王之法曰橋；加誅無罪曰諉。」又曰：「欒氏之諉晉。」賈逵曰：「以惡取善曰諉。」（第 14 頁）

【按】「其刑橋諉」出〈周語上〉，黎本同，《玉函山房輯佚書續編》引字亦作「橋」。《一切經音義》「不橋」條、黎本引正文並注皆作「橋」，《敦煌俗字典》、《中華字海》並未收「橋」字，當據此補。《異體字字典》〔註31〕收「撟」字，以之爲「橋」字異體，是。則「橋」字亦當爲「撟」之異體，《異體字字典》未收，段玉裁云：「凡舉皆曰撟，古多叚矯爲之。」〔註32〕是「撟」、「矯」可通。胡吉宣《玉篇校釋》引已改作「矯」，今傳《國語》各本皆作「矯」，陳鴻森徑作「撟」字。韋注：「以詐用法曰矯，加誅無罪曰諉。」韋注釋「諉」與賈同。《玉函山房輯佚書續編》引賈注衍一「非」字。

〔註29〕〔清〕孫詒讓撰、孫啓治點校：《墨子閒詁》，北京：中華書局 1986 年版，第 224 頁。

〔註30〕〔唐〕慧琳：《一切經音義》，上海：上海古籍出版社 1983 年《正續一切經音義》，第 65 頁、第 1252 頁。

〔註31〕按：本書所稱之《異體字字典》爲臺灣國語推行委員會編纂之《異體字字典》2004 年修訂版，此本公之於互聯網，頗便利用。

〔註32〕〔清〕段玉裁：《說文解字注》，上海：上海古籍出版社 1981 影經韻樓本，第 604 頁上。

「欒氏之誣晉」出自〈晉語八〉，今傳《國語》各本同。《一切經音義》「誣罔」引賈逵注《國語》與本條同。韋注與賈同。

10‧言部——謗，《国語》「国人謗王」賈逵曰：「謗，誹也。」又曰：「左史謗之。」賈逵曰：「對人道其忌也。」（第 15 頁）

【按】「国人謗王」出自〈周語上〉，黎本同。「国」俗體字，今傳《國語》各本作「國」，《玉函山房輯佚書續編》引作「國」，《史記‧周本紀》、《資治通鑑外紀》卷三、《繹史》卷二七、《古史》卷五、《尚史》卷五、卷二五、《太平御覽》卷六八、卷八五、卷七三五、《冊府元龜》卷一八○、卷一八一、卷三二五引俱作「國」，版刻書中往往用正字「國」，下皆同此。韋注：「謗，誹也。」韋與賈注同。《一切經音義》「謗讟」條引賈逵注《國語》與《原本玉篇》引同，「誹謗」條引賈逵注《國語》作：「誹也。」〔註33〕義皆類似。

「左史謗之」出自《楚語上》，今傳《國語》各本同。韋未出注。《一切經音義》「誹謗」條引《國語》「左史謗之」賈逵注曰：「對人道其惡也。」〔註34〕胡吉宣《玉篇校釋》已改「忌」作「惡」。《原本玉篇》所引之「忌」或亦「惡」之譌寫，《敦煌俗字典》未收。《玉函山房輯佚書續編》、《本邦殘存典籍による輯佚資料集成》引賈注與《原本玉篇》引同。

11‧言部——訾，《国語》「訾相其質」賈逵曰：「訾，量也。」（第 17 頁）

【按】本條出自〈齊語〉，黎本及今傳《國語》各本並同。韋注與賈注同，《呂氏春秋‧知度》「訾功丈而知人數矣」高誘注：「訾，相也。」〔註35〕《中文大辭典》收有「訾相」詞條引〈齊語〉本句為例釋為「量視」〔註36〕，《漢語大詞典》收二義項，其一與《中文大辭典》同。則「訾」、「相」本同義。《玉函山房輯佚書續編》引賈注同。按賈注又為殷敬順《列子‧說符篇》釋文、《文選‧王仲宣‧詠史詩》注、《文選‧陳孔璋‧徵吳將校部曲》注所引用，黃奭《子史鈎沈‧賈逵國語注》、王謨《漢魏遺書鈔‧國語註》、汪遠孫《國語三君注輯存》、馬國翰輯《國語解詁》並收錄之。

〔註33〕〔唐〕慧琳：《一切經音義》，上海：上海古籍出版社 1983 年《正續一切經音義》，第 3147 頁。
〔註34〕同上，第 1091 頁。
〔註35〕轉引自陳奇猷《呂氏春秋新校釋》，上海古籍出版社 2009 年版，第 1117 頁。
〔註36〕高明、林尹等主編：《中文大辭典》（普及本），臺北：中華文化大學中國文化研究所 1990 年第八版，第 13462 頁。

12・言部──讁，《国語》「秦師必有讁」賈逵曰：「讁，咎。」（第 26 頁）

【按】本條出〈周語中〉，黎本同。遞修本〔註37〕、《國語補音》作「讁」，《補音》並云：「本亦作『讁』。」〔註38〕金李本、張一鯤本、閔《裁注》本、穆文熙《國語評苑》、董增齡《國語正義》、綠蔭堂本、秦鼎本同，《本邦殘存典籍による輯佚資料集成》引賈注「咎」後有「也」字，云：「明道本『讁』作『讁』。」〔註39〕實公序本字作「讁」，說誤。《百家類纂》本誤作「讉」字。黃刊明道本、崇文書局本、會文堂本、錦章書局本、吳曾祺《國語韋解補正》、沈鎔《國語詳註》、徐元誥《國語集解》、鮑校木、今上古本都作「讁」，是《原本玉篇殘卷》所引與明道本近。王引之引王念孫云：「《漢・五行志》作『讁』。」〔註40〕汪遠孫《攷異》云：「『讁』字俗。」〔註41〕邵瑛云：「今經典作『讁』。」〔註42〕《集韻・麥韻》：「讁或作『讁』。」〔註43〕是「讁」、「讁」異體。韋注云：「讁，猶咎也。」與賈同。

13・言部──讓，《国語》：「推讓賢也。」又曰：「推賢讓能，庶官乃和，將遜干位，讓於虞舜。」……《国語》「宴好享賜，不踰其上，讓也。」（第 27 頁）

【按】「推讓賢也」條出自〈晉語四〉，黎本同。今傳《國語》各本作「讓，推賢也。」《原本玉篇》所引當是誤倒，胡吉宣《玉篇校釋》已據今本改正並謂「此引以釋《堯典》文，故下兩引《尚書》皆承上引作『又曰』」〔註44〕。

〔註37〕 按：本文所謂「遞修本」即指北京中國國家圖書館出版社 2006 年《中華善本再造工程》影印宋刻宋元遞修本《國語》，此本李佳稱之為「國圖本」。《國語》遞修本有好幾種，因本著僅參照此遞修本，不會有混淆，故以此稱。

〔註38〕 〔宋〕宋庠：《國語補音》卷一，北京：國家圖書館出版社 2006 年影宋刻宋元遞修本，本卷第 16 頁。

〔註39〕 〔日〕新美寬編，鈴本隆一補：《本邦殘存典籍による輯佚資料集成》網絡版，http://www.zinbun.kyoto-u.ac.jp/~takeda/edo_min/edo_bunka/syuitu/edono_kagaku_syuitu_keibu-1.html#1-1-6-9。

〔註40〕 〔清〕王引之：《經義述聞》卷二○，南京：江蘇古籍出版社 2000 年版《高郵王氏遺書》，第 484 頁上右。

〔註41〕 〔清〕汪遠孫：《國語明道本攷異》，北京：商務印書館 1959 年版《國語》後附，第 276 頁。

〔註42〕 〔清〕邵瑛：《說文解字群經正字》卷五，上海：上海古籍出版社 2002 年輯印《續修四庫全書》第 211 冊影嘉慶丙子桂隱書屋刻本，第 81 頁上右。

〔註43〕 〔宋〕丁度等：《集韻》，上海：上海古籍出版社 1985 年影述古堂本，第 739 頁。

〔註44〕 胡吉宣：《玉篇校釋》，上海：上海古籍出版社 1989 年版，第 1816 頁。

胡氏之言實爲回護之詞，所言非《原本玉篇》常例。

　　「推賢讓能，庶官乃和」條不見於今傳各本《國語》。經查，「推賢讓能，庶官乃和」實出自《書・周官》，其中「推賢讓能」又見於《荀子・仲尼篇》。「將遜于位，讓於虞舜」見於《書・堯典》，皆不出《國語》。《原本玉篇》「又曰」前後皆自《國語》，容易使人產生此條亦出自《國語》的錯覺。「又曰」或本誤作。另「讓於虞舜」之「於」，黎本作「于」。

　　「宴好享賜」條出〈周語下〉，黎本及今傳《國語》各本並同。

14・言部——諱，《国語》曰：「吳王諱申胥。」是也。（第 28 頁）

　　【按】本條出〈吳語〉，辨詳見《說文解字繫傳》引《國語》斠證〉第15 條。

15・言部——誅，《国語》「大国襲之曰服，小国敖，大国襲之曰誅」。（第 31 頁）

　　【按】本條出〈晉語二〉。黎本引作「大国襲之曰服，小国国敖，大襲之曰誅」，是「国敖」之「国」當在「大」後。另，羅、黎二本「大国襲之曰服」之「大」當爲「小」字，遞修本文全句作「大國道，小國襲焉曰服；小國敖，大國襲焉曰誅」，他本亦如是。「敖」字，《補音》、金李本、張一鯤本、閔《裁注》本、穆文熙《國語評苑》、董增齡《國語正義》與《原本玉篇》引同，其他各本作「傲」。汪遠孫《攷異》云：「公序本作『敖』，《舊音》同。《補音》據《注》亦作『敖』。『敖』、『傲』古今字。」〔註45〕《爾雅・釋言》、《集韻・豪韻》並云：「敖，傲也。」《類篇・人部》引一曰：「傲，敖也。」〔註46〕「之」，遞修本、金李本、閔《裁注》本、穆文熙《國語評苑》、董增齡《國語正義》、黃刊明道本等皆作「焉」，「焉」、「之」皆代詞，用法相同，然「焉」、「之」字形相差懸殊，不可能產生形譌，必是《原本玉篇殘卷》引用時以用法相同之「之」替換「焉」字。胡吉宣《玉篇校釋》引作「大國襲之曰服，小國傲，大國襲焉曰誅」。韋注：「襲，入也。傲，慢也。」按《禮記・投壺》「毋憮毋敖」鄭玄注云：「敖，慢也。」〔註47〕《淮南子・

〔註45〕　〔清〕汪遠孫：《國語明道本攷異》，北京：商務印書館 1959 年版《國語》後附，第 301 頁。

〔註46〕　〔宋〕司馬光：《類篇》，上海：上海古籍出版社 1988 年影汲古閣影抄本，第275 頁下。

〔註47〕　〔清〕阮元校刻：《十三經注疏》，北京：中華書局 1980 年版，第 1667 頁上。

覽冥》「虎豹襲穴而不敢咆」高誘注云：「襲，入。」〔註48〕或皆韋注之所本。

16・言部——該，《国語》「以該姓於王宮」賈逵曰：「該，備也。」
（第 33 頁）

【按】本條出〈吳語〉，黎本同。「該」，今傳《國語》各本作「晐」，胡吉宣《玉篇校釋》云：「韋本作『晐』。」〔註49〕《九經古義》卷一一、《冊府元龜》卷七三六、《淵鑑類函》卷二八八、《西山文集》卷一四、《文章正宗》卷一、《古文淵鑒》卷六引與今傳《國語》各本同。《周官義疏》、《禮記訓義擇言》、《百越先賢志》卷一、《太平御覽》卷七六一引作「賅」，《左傳紀事本末》卷五一、《尚史》卷六四、《妙絕古今》卷一、《文編》卷四五、《皇霸文紀》卷一三、《文章辨體彙選》卷四九四作「晐」，《集韻・咍韻》：「晐，目大皃。」〔註50〕歷代小學書唯此一訓，故知「晐」是「晐」之形譌。《六書故》卷一 云：「該・司馬彪曰：『備也。』又作『晐』，《說文》曰：『兼晐也。』」〔註51〕按《說文・言部》：「該，軍中約也。」〔註52〕是「該」字有「備」義爲後起。《廣韻・咍韻》：「該，備也，兼也。」〔註53〕「賅」字見用於《莊子・齊物論》，「晐」、「該」、「賅」義同，故可混用。《國語》本字故當作「晐」。韋注：「晐，備也。」與賈同。《玉函山房輯佚書續編》、《本邦殘存典籍による輯佚資料集成》引賈注並與《原本玉篇》同，其他各輯佚本皆未見。

17・言部——諜，《国語》「諜其將浴」賈逵曰：「諜，猶候也。」（第 33 頁）

【按】本條出〈晉語四〉，黎本同。李慈銘引公序本作「諜其將浴」並云：

〔註48〕〔漢〕劉安撰、〔漢〕高誘注：《淮南子》，上海：上海古籍出版社 1989 年影莊逵吉校本，第 64 頁上。

〔註49〕胡吉宣：《玉篇校釋》，上海古籍出版社 1989 年版，第 1827 頁。

〔註50〕〔宋〕丁度等：《集韻》，上海：上海古籍出版社 1985 年影述古堂本，第 112 頁。

〔註51〕〔宋〕戴侗：《六書故》，臺北：臺灣商務印書館 1986 年《景印文淵閣四庫全書》第 226 冊，第 202 頁上。

〔註52〕〔漢〕許慎：《說文解字》，北京：中華書局 1963 年影陳昌治覆刻平津館本，第 57 頁下。

〔註53〕〔宋〕陳彭年等：《宋本廣韻》，北京：中國書店 1982 年影張氏澤存堂本，第 79 頁。

「『諜』當作『諜』，此尚沿唐人避諱缺筆之體。」〔註54〕遞修本、《國語補音》、金李本、《百家類纂》本、閔《裁注》本、《國語評苑》、《國語正義》、《國語詳注》、《國語集解》、《國學基本叢書》本、今上古本、鮑校本皆作「諜」，《惠氏春秋說》卷四、《繹史》卷五一下、《冊府元龜》卷七三九並作「諜」；而黃刊明道本、吳曾祺《國語韋解補正》則作「諜」，與李說正相反。《玉函山房輯佚書續編》「浴」誤作「洛」，胡吉宣《玉篇校釋》誤「浴」作「落」。韋注：「諜，候也。」與賈同，《古列女傳》卷三〈曹僖氏妻〉作「伺」，義與「諜」同。《玉函山房輯佚書續編》、《本邦殘存典籍による輯佚資料集成》引與《原本玉篇殘卷》引同，其他各輯佚本皆未見。又《國語三君注輯存》引《左傳·僖公三十年》正義引孔晁注亦云：「諜，候也。」〔註55〕是賈、韋、孔注並同。

18·曰部——曹，《国語》「民所曹好」賈逵曰：「曹，猶共也。」

　　　（第 47 頁）

　　【按】本條出自〈周語下〉，黎本同。「所」，「所」字俗體，《原本玉篇》「所」俱作「所」，下皆同。「曹」，「曹」俗體，今傳《國語》各本俱作「曹」，《本邦殘存典籍による輯佚資料集成》、胡吉宣《玉篇校釋》引亦作「曹」。韋注：「曹，群也。」《詩·大雅·公劉》「乃造其曹」毛《傳》：「曹，群也。」〔註56〕或韋所本。「群」、「共」此處意義用法皆同。《玉函山房輯佚書續編》、《本邦殘存典籍による輯佚資料集成》引賈注與《原本玉篇》同，其他各輯佚本皆未見。

19·云部——藝，《国語》「其貪无藝」賈逵曰：「藝□也。」又曰：「由人无藝。」賈逵曰：「藝，常也。」（第 55 頁）

　　【按】「其貪无藝」條出〈魯語上〉。《玉函山房輯佚書續編》、《本邦殘存典籍による輯佚資料集成》、胡吉宣《玉篇校釋》引「藝」俱作「藝」，後兩種著作「无」並引作「無」。「藝」為「藝」之俗字，《敦煌俗字典》見錄。

〔註54〕　〔清〕李慈銘撰、王利器輯纂：《越縵堂讀書簡端記》，天津：天津人民出版社 1980 年版，第 29 頁。

〔註55〕　〔清〕汪遠孫：《國語三君注輯存》卷三，芝加哥大學圖書館藏清道光振綺堂本，本卷第 6 頁。

〔註56〕　〔清〕阮元校刻：《十三經注疏》，北京：中華書局 1980 年版，第 542 頁下。

今傳《國語》各本無「其」字,「无」作「無」,「无」、「無」今則視作簡體繁體之別。《國語補音》、金李本、閔《裁注》本、穆文熙《國語評苑》、董增齡《正義》「蓺」字作「藝」,宋庠《補音》云:「《說文》但作『埶』,後又加草,以今『藝』字為俗。」〔註57〕宋庠說是。羅本引賈逵注「蓺」、「也」中閒有闕文,黎本引則補作:「蓺,極也。」則韋注與賈同。其他各輯佚本皆未見錄。

「由人无蓺」條出自〈越語下〉,黎本同。《玉函山房輯佚書續編》引「蓺」作「藝」。「无蓺」之「无」,與「其會无蓺」情形同,今傳《國語》各本並作「無」。「由」,今傳《國語》各本俱作「用」,或因「由」、「用」字形相近而誤。韋注:「藝,射的也。無藝,無常所也。行軍用人之道,因敵為制,不豫設也,故曰從其所也。」釋「藝」與賈近似。王引之以為本句「後無陰蔽,先無陽察,用人無藝,往從其所」三「無」字當屬一句,「往從其所」下屬,王言亦未必是。

20.音部　　章,《国語》「為車服旗章以旂之」賈逵曰:「章者,尊卑之別也。」(第57頁)

【按】本條出〈周語上〉,黎本引同。《玉函山房輯佚書續編》、《本邦殘存典籍による輯佚資料集成》、胡古宣《玉篇校釋》引並同。《本邦殘存典籍による輯佚資料集成》云:「明道本『旂』作『旌』。」〔註58〕今傳《國語》各本「旂」俱作「旌」、「為」作「爲」,《繹史》卷五一上、《通志》卷一八一、《格物通》卷八一、《太平御覽》卷二○二、《玉海》卷八五、《經濟類編》卷四四、《淵鑑類函》卷三六七、《文章正宗》卷四、《文編》卷二一、《文章辨體彙選》卷五八皆作「旌」。韋注云:「旌,表也。車服、旗章,上下有等,所以章別貴賤,為之表識也。」「旂」、「旌」唯聲符不同,《說文》無「旂」字,《玉篇》見錄。《干祿字書》謂「旂」為通用字,「旌」為正字。《龍龕手鑑》卷一云:「旌,俗作『旂』。」《爾雅翼》卷一五云:「『旂』與『旌』同。」則《國語》字本作「旌」也。韋注所釋「章」字與賈同義。黃奭《子史鈎沈·

〔註57〕〔宋〕宋庠:《國語補音》卷一,北京:國家圖書館出版社2006年影宋刻宋元遞修本,本卷第31頁。

〔註58〕〔日〕新美寬編,鈴本隆一補:《本邦殘存典籍による　輯佚資料集成》網絡版,http://www.zinbun.kyoto-u.ac.jp/~takeda/edo_min/edo_bunka/syuitu/edono_kagaku_syuitu_keibu-1.html#1-1-6-9。

賈逵國語注》、王謨《漢魏遺書鈔・國語注》、汪遠孫《國語三君注輯存》、馬
國翰輯《國語解詁》等俱引《文選》注賈逵曰：「旍，表也。」是韋釋「旍」
亦與賈同。

21・品部——品，《國語》「不過九品」賈逵曰：「品，法也。」又曰：
　　　「羣神品物。」賈逵曰：「品，類也。」（第 65 頁）

　　【按】「不過九品」出〈周語中〉，黎本及今傳《國語》各本並同。韋注
云：「九品，九卿。」並引《周禮》「內有九室，九嬪居之；外有九室，九卿
朝焉」爲說，所釋與賈注不同，韋注更符合語境語義。賈注，《玉函山房輯佚
書續編》、《本邦殘存典籍による輯佚資料集成》、陳鴻森〈《國語三君注輯存》
摭遺（上）〉並見，其他輯佚書未見錄。「品，法也」之釋唯《廣雅・釋詁》
與賈同。

　　「羣神品物」出自〈楚語下〉，黎本及今傳《國語》各本並同。韋注云：
「品物，謂若八蠟所祭貓虎昆蟲之類。」所釋較賈爲詳。《玉函山房輯佚書續
編》、《本邦殘存典籍による輯佚資料集成》引賈注並與《原本玉篇》同，其
他輯佚書未見錄。

22・欠部——歃，《國語》「固請先歃」賈逵曰：「歃，＝面也。」
　　　　　（第 69 頁）

　　【按】本條出〈晉語八〉，黎本引賈注云：「歃，歃血也。」黃刊明道本
韋注與黎本賈注同，今上古本從之。《經典釋文》卷一五、《類篇》卷二四、《廣
韻》卷五訓並同。羅本引賈注「面」當爲「血」字之誤，「歃面」不辭。遞修
本、《國語補音》、金李本韋注則作「歃，飲血也」。《一切經音義》引賈逵注
作「歃，飲血也」，《玉函山房輯佚書續編》、《本邦殘存典籍による輯佚資料
集成》、胡吉宣《玉篇校釋》並據之引作「歃，飲血也」。《說文・欠部》：「歃，
歠也。」《篇海類編・欠部》：「歃，盟者以血塗口曰歃。」《左傳・隱公元年》
「三月公及邾儀父盟於蔑」正義：「凡盟禮，殺牲歃血，告誓神明，若有背違，
欲令神加殃咎，使如此牲也。」《集韻・葉韻》：「歃，盟歃血也。」《玉篇・
欠部》：「歃，歃血也。」〔註59〕之所以將「歃」釋爲「歃血」，是因爲秦漢以

────────────

〔註59〕分別見〔漢〕許慎：《說文解字》，北京：中華書局 1963 年影陳昌治覆刻平津
　　　　館本，第 180 頁上。〔明〕宋濂撰、〔明〕屠龍訂正：《篇海類編》，上海：上
　　　　海古籍出版社 2002 年輯印《續修四庫全書》第 230 冊，第 317 頁下。〔清〕

後「歃血」在典籍當中出現頻次很高，已經成爲一個固定的常見詞彙了，即結盟之義。

23・欠部——歆，《國語》:「王歆大牢。」《國語》又曰:「民歆而德之。」賈逵曰:「歆猶服也。」又曰:「楚災歆𣥩。」賈逵曰:「歆，貪也。」（第 74 頁）

【按】「王歆大牢」條出〈周語上〉，黎本引同。今傳《國語》各本並胡吉宣《玉篇校釋》「牢」字皆作「牢」，《繹史》卷二七、《尚史》卷二六、《冊府元龜》卷三二五、《玉海》卷七六、《經濟類編》卷四一、《文章正宗》卷四、《文編》卷三、《文章辨體彙選》卷五二、《古文淵鑒》卷五引同，《歷代名臣奏議》卷一一〇、《文獻通考》卷七、卷八七、《明集禮》卷一二、《古今事文類聚遺集》卷六引「大」作「太」。甲骨文、金文亦俱作「牢」不作「牢」。隸書中始出現「牢」字，《干祿字書・平聲》以「牢」爲俗體，《宋本玉篇・穴部》:「牢與牢同。」〔註60〕是《國語》字本作「牢」而《玉篇》從俗改字。

「民歆而德之」出〈周語下〉，黎本同。《一切經音義》引「德」作「得」，江遠孫《攷異》云:「賈本『德』作『得』。」〔註61〕張以仁云:「作『得』於文費解。」〔註62〕今傳《國語》各本並作「德」，《儀禮經傳通解》卷二七、《禮書綱目》卷八三、《律呂正義續編》卷七九、《繹史》卷八二、《左傳紀事本末》卷四、《通志》卷八九、《歷代名臣奏議》卷一二七、《資治通鑒綱目前編》卷一六、《格物通》卷一九、《冊府元龜》卷三二五、《經濟類編》卷四六、《文章辨體彙選》卷五二引並作「德」。韋注云:「歆，猶嘉服也。」義與賈注同。《冊府元龜》卷三二五注云:「歆猶欣欣喜服也。言德，以言發德教。」〔註63〕江永（1681～1762）《禮書綱目》卷八三注云:「歆猶歆歆

阮元校刻:《十三經注疏》，北京:中華書局1980年版，第1714頁上。〔宋〕丁度等:《集韻》，上海:上海古籍出版社1985年影述古堂本，第778頁。〔宋〕陳彭年等:《宋本玉篇》，北京:中國書店1983年影張氏澤存堂本，第179頁。

〔註60〕〔宋〕陳彭年等:《宋本玉篇》，北京:中國書店1983年影張氏澤存堂本，第227頁。

〔註61〕〔清〕汪遠孫:《國語明道本攷異》，北京:商務印書館1959年版《國語》後附，第282頁。

〔註62〕張以仁:《國語斠證》，臺北:臺灣商務印書館1969年版，第114頁。

〔註63〕〔宋〕王欽若等:《冊府元龜》，臺北:臺灣商務印書館1986年《景印文淵閣四庫全書》第907冊，第571頁下。

喜服也。言德，以言發德教也。」〔註 64〕「欣」、「歆」同，另詳見本書所附〈敦煌殘卷寫本《國語‧周語下》校記〉（2-2）第 14 條。

「楚灾歆**𢁅**」，黎本「**𢁅**」作「死」，《敦煌俗字典》未見錄「**𢁅**」字，「必」字錄「**必**」、「**𢗸**」、「**𢗱**」等形〔註 65〕，與之近。今傳《國語》無此，先秦兩漢傳世文獻俱無此句。唯〈楚語上〉「楚必歆之」近之，或《原本玉篇殘卷》引誤，《玉函山房輯佚書續編》、《本邦殘存典籍による輯佚資料集成》引與《原本玉篇殘卷》引同，胡吉宣《玉篇校釋》已據今傳《國語》改作「楚必歆之」。韋注：「歆，猶貪也。」與賈同。

24‧欠部——歔，《國語》：「无不歔也。」（第 74 頁）

【按】本條出〈越語上〉，黎本同。今傳《國語》各本並胡吉宣《玉篇校釋》引「无」俱作「無」。「无」，《說文‧亡部》云：「奇字無。」〔註 66〕慧琳《一切經音義》卷六「互无」條云：「古文奇字中無字也。」〔註 67〕今作爲「無」的簡字。

25‧食部——養，《國語》：「祭養尸，饗養上賓。」（第 84 頁）

【按】本條出〈魯語下〉，黎本同。遞修本、金李本、《四庫薈要》本、董增齡《國語正義》並胡吉宣《玉篇校釋》引「賓」作「賓」，閔《裁注》本、張一鯤本、穆文熙《國語評苑》、黃刊明道本字作「賔」。《字彙‧貝部》云：「賔，俗『賓』字。」〔註 68〕韋注云：「言祭祀之禮，尊養尸；饗宴之禮，養上賓也。」《儀禮‧士虞禮》「祝迎尸」鄭玄注云：「尸，主也。孝子之祭，不見親之形象，心無所繫，立尸而主意焉。」〔註 69〕

26‧食部——餔，《國語》：「親載以行，國之**褅**子，无不餔也」。
（第 85 頁）

〔註 64〕〔清〕江永：《禮書綱目》，臺北：新文豐出版公司版《叢書集成續編》第 14 冊影光緒二十一年廣雅書局本，第 822 頁上。

〔註 65〕黃徵：《敦煌俗字典》，上海：上海教育出版社 2005 年版，第 17 頁。

〔註 66〕〔漢〕許慎：《說文解字》，北京：中華書局 1963 年影陳昌治覆刻平津館本，第 267 頁下。

〔註 67〕〔唐〕慧琳：《一切經音義》，上海：上海古籍出版社 1983 年《正續一切經音義》，第 218、219 頁。

〔註 68〕〔明〕梅膺祚：《字彙》，上海：上海古籍出版社 2002 年輯印《續修四庫全書》第 233 冊，第 271 頁上。

〔註 69〕〔清〕阮元校刻：《十三經注疏》，北京：中華書局 1980 年版，第 1168 頁中。

　　【按】本條出〈越語上〉，黎本同。遞修本、金李本、張一鯤本、閔《裁注》本、穆文熙《國語評苑》、《百家類纂》本、《四庫薈要》本、《國語正義》、秦鼎本、綠蔭堂本作：「句踐載稻與脂於舟以行，國之孺子之游者，無不餔也。」崇文本、《繹史》卷九六下、《資治通鑑綱目前編》卷一八引同。《大事記》卷一、《左傳紀事本末》卷五一引「句」作「勾」，《尚史》卷一七引「於」作「于」且省「也」字。《太平御覽》卷八五九引「句」亦作「勾」，脫「以」字，「國之」之「之」作「中」，「游」作「遊」。「於」、「于」可通用，「勾」、「句」本一字，二者的「正式分化是近現代以後發生的」〔註70〕，俞志慧云：「上海師範大學古籍整理研究所校點的《國語》和中華書局標點的《史記》皆作『句踐』，另外，《孟子・盡心上》有宋句踐，當是為區別越之句踐而冠以『宋』字，則《孟子》編者心目中該字亦作『句』。若從眾從俗則不妨作『勾踐』，明道本與公序本則皆作『句踐』。」〔註71〕審黃刊明道本系列，字作「勾」不作「句」，俞氏誤。「遊」字當誤，既然句踐以舟行，則當以「游」字，南人本習水性，且或亦以舟行也。《原本玉篇》當是節引，非照錄〈越語〉原文，胡吉宣《玉篇校釋》據公序本改作「孺」、「無」。「孺」、「游」，黃刊明道本、錦章書局本、徐元誥《國語集解》、吳曾祺《國語韋解補正》、沈鎔《國語詳注》並作「𡥗」、「遊」，《漢語大字典・子部》引《國語》亦作「𡥗」。汪遠孫《國語攷異》云：「𡥗，古『孺』字。」〔註72〕《玉篇・子部》「孺」字下云：「𡥗，同上，俗。」〔註73〕《中華字海・子部》收同「孺」之字有「𡥗」、「𡥗」、「𡥗」、「𡥗」、「𡥗」、「𡥗」共7個，無「𡥗」，但有一與「𡥗」字形相近之「𡥗」，《中華字海》、《漢語人字典・子部》並引《改併四聲篇海》引《搜眞玉鏡》云：「𡥗，注也。」〔註74〕標注讀音為 ér。鄭良樹云：「《史記・高祖本紀》正義、《漢書・高帝紀》注引『孺子』並作『童子』。」〔註75〕或《原本玉篇》「𡥗」字為「𡥗」之形譌，「聲符需字的

〔註70〕楊寶忠：〈「勾」字出現的時間及相關問題〉，《中國語文》2001年第3期，第276～277頁。

〔註71〕俞志慧：《〈國語〉韋昭注辨正》，北京：中華書局2009年版，第233頁注。

〔註72〕〔清〕汪遠孫：《國語明道本攷異》，北京：商務印書館1959年版《國語》後附，第339頁。

〔註73〕〔宋〕陳彭年等：《宋本玉篇》，北京：中國書店1983年影張氏澤存堂本，第528頁。

〔註74〕徐中舒主編：《漢語大字典》（縮印本），成都：四川、湖北辭書出版社1993年版，第1018頁。

〔註75〕鄭良樹：〈國語校證〉（下），《幼獅學誌》第8卷第2期，第31頁。

筆劃改斷爲連訛省來的。」〔註 76〕「游」與「遊」多通用，《玉篇・辵部》云：「遊與游同。」〔註 77〕「无」字辨見本篇 22 條。

27・食部——饁，《國語》「其妻饁之」賈逵曰：「野饋曰饁也。」（第 86 頁）

【按】本條出自〈晉語五〉，黎本同，《爾雅》郭注引亦同。「饁」，《國語舊音》、《國語補音》作「饁」，汪遠孫《國語攷異》以爲公序本作「饁」字是，胡吉宣《玉篇校釋》據改作「饁」。今傳《國語》各本俱作「饁」。張以仁《國語斠證》以「盇」篆書作「盇」，從皿從大，隸變作「盇」。「字形因時因體而變，故楷棣多異於篆古，篆古復別於金甲。在校刊而言，其間無所謂是非也。」〔註 78〕〈周語上〉「盇納王乎」，《補音》作「盍」，汪遠孫《國語攷異》即云：「『盇』、『盍』古今字。」〔註 79〕韋注與賈同。杜預《左傳・僖公三十三年》「其妻饁之」注、陸德明《詩・豳風・七月》「饁彼南畝」釋文並襲賈、韋之注。

28・食部——館，《國語》：「館于宗廥。」（第 90 頁）

【按】本條出自〈周語上〉，黎本「廥」作「庿」。今傳《國語》各本作「館諸宗廟」，《儀禮義疏》卷二一、《禮書》卷四六、《儀禮經傳通解》卷二六上、《禮書綱目》卷五九、《資治通鑑外紀》卷五、《皇王大紀》卷四二、《歷代通鑑輯覽》卷五、《繹史》卷五一下、《左傳紀事本末》卷二五、《通志》卷一八一、《尚史》卷一〇、《文獻通考》卷八九、《太平御覽》卷二〇二、《冊府元龜》卷六五五、《玉海》卷七二、《經濟類編》卷四四、《淵鑑類函》卷一七七、《魯齋集》卷九《通鑑託始論》並與今傳《國語》各本同。胡吉宣《玉篇校釋》仍依原本作「館于宗廟」。「廥」即「庿」，《說文・广部》：「庿，古文。」〔註 80〕《儀禮・士冠禮》「庿門」陸德明《釋文》：「庿，古廟字。」〔註 81〕《干

〔註 76〕孔仲溫：《〈玉篇〉俗字研究》，臺北：臺灣學生書局 2000 年版，第 98 頁。

〔註 77〕〔宋〕陳彭年等：《宋本玉篇》，北京：中國書店 1983 年影張氏澤存堂本，第 197 頁。

〔註 78〕張以仁：《國語斠證》，臺北：臺灣商務印書館 1969 年版，第 240 頁。

〔註 79〕〔清〕汪遠孫：《國語明道本攷異》，北京：商務印書館 1959 年版《國語》後附，第 271 頁。

〔註 80〕〔漢〕許慎：《說文解字》，北京：中華書局 1963 年影陳昌治覆刻平津館本，第 193 頁上。

祿字書・去聲》把「廟」和「庿」都看作正字。《字彙・广部》:「庿,同廟。」根據劉復、李家瑞編《宋元以來俗字譜》,「庙」字在《通俗小說》、《三國志平話》等書中已經出現。〔註82〕「廟」、「庿」皆形聲構字,而「庙」則不同,或「庿」中「苗」字之省寫。「于」是介詞,引介動作發生處所;「諸」是兼詞,含有「館」的賓語「之」和介詞「于」。該文字的上下文為:「襄王使太宰文公及內史興賜晉文公命,上卿逆於境,晉侯郊勞,館諸宗廟,饋九牢,設庭燎。」「太宰文公及內史興」祇出現 1 次,下文當有所交待纔不違語義,故作「諸」字更佳。或是《原本玉篇殘卷》引誤。

29・食部——餚,《國語》「以膏沐餚師」賈逵曰:「餚,勞也。」

　　（第 99 頁）

　　【按】本條出〈魯語上〉,黎本同。《本邦殘存典籍による輯佚資料集成》云:「明道本『餚』作『犒』。」〔註83〕實今傳《國語》各本字俱作「犒」,《禮說》卷五、《春秋左傳要義》卷一六、《惠氏春秋左傳補注》卷二、《資治通鑑外紀》卷五、《皇王大紀》卷四三、《繹史》卷五三、《尚史》卷二○、《白孔六帖》卷五五引俱作「犒」。「餚」、「犒」二字《說文》未收,見於《玉篇》。《淮南子・氾論》「犒以十二牛」高誘注:「酒肉曰享;牛羊曰犒,共其枯槁也。」〔註84〕《春秋》「夫人姜氏饗齊侯於祝丘」何休注:「牛酒曰犒。」〔註85〕這是「犒」字從「牛」的理據,強調的是動作的憑藉物。而「餚」從「食」,更強調動作本身。朱葆華認為「餚」是《原本玉篇》新增的字〔註86〕。「勞」、「餉」則是「餚」、「犒」二字語義的泛化。韋注與賈注同。《劉氏春秋意林》、《呂氏春秋集解》等以「止」字代「犒」,於《國語》文義則更為契合。

〔註81〕　〔唐〕陸德明:《經典釋文》,北京:中華書局 1983 年影通志堂經解本,第 143 頁上。

〔註82〕　劉復、李家瑞編:《宋元以來俗字譜》,國立中央研究院歷史語言研究所單刊之三,1930 年北京,第 23 頁。

〔註83〕　〔日〕新美寬編,鈴本隆一補:《本邦殘存典籍による輯佚資料集成》網絡版,http://www.zinbun.kyoto-u.ac.jp/~takeda/edo_min/edo_bunka/syuitu/edono_kagaku_syuitu_keibu-1.html#1-1-6-9。

〔註84〕　〔漢〕劉安撰、〔漢〕高誘注:《淮南子》,上海:上海古籍出版社 1989 年影莊逵吉校本,第 143 頁上。

〔註85〕　〔清〕阮元校刻:《十三經注疏》,北京:中華書局 1980 年版,第 2226 頁上。

〔註86〕　朱葆華:《原本玉篇文字研究》,濟南:齊魯書社 2004 年版,第 253 頁。

30・甘部——𤎭，□□逐遠。（第 100 頁）

【按】考先秦傳世文獻，唯《國語・晉語四》有「逐遠」結構，故可定此處引文出處爲〈晉語四〉。胡吉宣《玉篇校釋》即作「𤎭邇逐遠」。「𤎭」字，黃刊明道本、崇文本、《國語韋解補正》、《國語詳注》、《國語精華》、今上古本作「黶」，遞修本、《國語補音》、金李本、張一鯤本、閔《裁注》本、《國語評苑》、《國語正義》、《國語集解》作「厭」，《百家類纂》本作「猒」，「𤎭」實「猒」之俗。《左傳紀事本末》卷二五、《尚史》卷三九引作「厭」，《冊府元龜》卷七三二引作「黶」。汪遠孫《國語攷異》云：「『厭』有『安』義，作『黶』者非也。」〔註87〕實際「黶」、「厭」、「猒」義皆可通，段注云：「猒、厭古今字。」〔註88〕《集韻・豔韻》：「黶，通作厭、猒。」〔註89〕

31・旨部——嘗，《國語》：「君賜食，及正席先嘗之。」《國語》：「有慶未嘗不怡，有憂未嘗不貳。」（第 103 頁）

【按】前「國語」黎本作「論語」，是，羅本誤。本條出自《論語・鄉黨》，今文作：「君賜食，必正席先嘗之。」當是《原本玉篇》引誤，胡吉宣《玉篇校釋》已改。

「國語」，黎本作「國語」。本條出自〈周語下〉。今傳《國語》各本文作「有憂未嘗不戚，有慶未嘗不怡」，與《玉篇》所引語序顛倒，且文字有不同，胡吉宣《玉篇校釋》依今傳《國語》改作「有慶未嘗不怡，有憂未嘗不戚」。「嘗」，傳世《國語》各本作「嘗」，根據施安昌編《補〈干祿字書〉表》卷下，「嘗」爲符合經典相承的文字，「甘」、「旨」義同，《說文・甘部》：「甘，美也。」段注：「五味之可口皆曰甘。」〔註90〕《詩・小雅・魚麗》「君子有酒，旨且多」鄭箋：「酒美而此魚又多也。」〔註91〕《禮記・學記》：「雖有嘉肴，弗食，不知其旨也。」「慶」、「憂」反義，「戚」、「怡」亦反義。「貳」字無憂戚之義，當是《原本玉篇》引誤。

〔註87〕〔清〕汪遠孫：《國語明道本攷異》，北京：商務印書館 1959 年版《國語》後附，第 305 頁。

〔註88〕〔清〕段玉裁：《說文解字注》，上海：上海古籍出版社 1981 年影經韻樓本，第 202 頁上。

〔註89〕〔宋〕丁度等：《集韻》，上海：上海古籍出版社 1985 年影述古堂本，第 626 頁。

〔註90〕〔清〕段玉裁：《說文解字注》，上海：上海古籍出版社 1981 年影經韻樓本，第 202 頁上。

〔註91〕〔清〕阮元校刻：《十三經注疏》，北京：中華書局 1980 年版，第 417 頁中。

32・次部——盜，《國語》：「返夫□利，猶謂之盜。」（第 104 頁）

【按】本條出〈周語上〉，黎本同。今傳《國語》各本作「匹夫專利，猶謂之盜」，《詩傳旁通》卷一二、《史記・周本紀》、《稽古錄》卷九、《資治通鑑外紀》卷三、《皇王大紀》卷二九、《繹史》卷二七、《古史》卷五、《通志》卷三下、《尚史》卷二五、《宋名臣奏議》卷一一三、《歷代名臣奏議》卷二六二、二六五、《陝西通志》卷六○、《史纂通要》卷三、《資治通鑑綱目前編》卷九、《中庸衍義》卷一○、《冊府元龜》卷五三四、卷七九五、《經濟類編》卷九二、《天中記》卷一一、《文章正宗》卷四、《文編》卷三、《文章辨體彙選》卷五二、《古文淵鑒》卷五引並與今傳《國語》各本同。是《原本玉篇》誤「匹」為「返」，因字形相近而謬，《敦煌俗字典》未見錄。從今傳《國語》看，「□」處闕文當為「盜」字。胡吉宣《玉篇校釋》已改「返」作「匹」並補「盜」字。

33・幸部——執，□大國執讎」賈達曰：「執，□也。」（第 105 頁）

【按】根據黎本，羅本引《國語》及賈注闕文，當作「『与大國執讎』賈達曰：『執，結也。』」黎本即作「与」不作「與」。本條出《越語上》。今傳《國語》各本「与」作「與」。根據《說文》，「与」本義為「賜予」；「與」本義為「黨與」。二字可以通用，因實詞義的通用從而在虛詞用法上通用。今則把「与」當作「與」的簡體字形。韋注與賈同。

34・欠部——欣，虛殷反，《周語》「欣戴武王」賈達曰：「欣，樂也。」《毛詩》：「有酒欣ニ」《傳》曰：「欣ニ，樂也。」《說文》：「茂皇也。」《廣雅》：「欣ニ，喜也。」亦與訢字同，在言部。
（第 115 頁）

【按】本條出〈周語上〉，黎本同。此字最可見《原本玉篇殘卷》之同字並出詳略不同。《欠部》字在《殘卷》中兩收，前欠部亦收「欣」字，注僅 8 字，云：「丘尒反，《字書》：歌欣也。」〔註92〕黃丕烈《札記》、汪遠孫《攷異》並云《史記》「欣」作「訢」，《史記・周本紀》轉引《國語》本句為「訢載武王」，張文虎（1808～1885）云：「柯、凌作『戴』。」〔註93〕

〔註92〕〔梁〕顧野王：《原本玉篇殘卷》，北京：中華書局1985年版，第77頁。
〔註93〕〔清〕張文虎：《校刊史記集解索隱正義札記》，北京：中華書局1977年版，第44頁。

作「戴」者實本《國語》。今傳《國語》各本字俱作「欣」，《繹史》卷二六、《資治通鑑綱目前編》卷九、《太平御覽》卷三〇三、卷三〇五、《冊府元龜》卷三二五、《經濟類編》卷六〇、《文章正宗》卷四、《文編》卷三、《文章辨體彙選》卷五二、《古文淵鑒》卷五引作「欣」，《尚史》卷二五、《歷代名臣奏議》卷二二六、《文獻通考》卷二六四引作「訢」。《說文》並收二字，段注引晉灼引許慎曰：「訢，古欣字。」段注「訢」字注云：「此與欠部欣音義皆同。」〔註94〕段注與《殘卷》說同。中以「欣」為常見。韋未出注，韋注「戴」云：「戴，奉也。」鄭良樹云：「《文選·張平子·東京賦》注引賈注，云：『戴，奉也。』蓋章解所本也。」〔註95〕

35·糸部——緡，《國語》「緡然引領南望」賈逵曰：「緡，思皃也。」
（第 123 頁）

【按】本條出〈楚語上〉，今傳《國語》各本同。韋注云：「緡，猶邈也。」與賈異。按本句的語境為：「今椒舉娶於子牟，子牟得罪而亡，執政弗是，謂椒舉曰：『女實遣之。』彼懼而奔鄭，緡然引領南望，曰：『庶幾赦吾罪。』又不圖也，乃遂奔晉，晉人又用之矣。彼若謀楚，其亦必有豐敗也哉。」則賈注更符合語義，字或作愐，《玉篇》：「愐，想也。」〔註96〕《廣韻》：「愐，思也。」〔註97〕《慧琳音義》卷八二、八三、九二、一〇〇引賈注與《原本玉篇殘卷》引同，《慧琳音義》卷八八引作「思皃」，《慧琳音義》卷一〇、《希麟音義》卷五引作「思也」，張以仁云：「蓋慧琳『貌』字例書為『皃』或『皃』，與『思』形近。寫者誤以為一而脫也。」〔註98〕抄寫過程中脫漏固所難免，亦未必是因形近而脫。

36·糸部——純，《國語》「守終純固」賈逵曰：「純，專也。」
（第 124 頁）

〔註94〕〔清〕段玉裁：《說文解字注》，上海：上海古籍出版社 1981 年影經韻樓本，第 417 頁上、第 93 頁下。
〔註95〕鄭良樹：〈國語校證〉（上），《幼獅學誌》第 7 卷第 4 期，第 2 頁。
〔註96〕〔宋〕陳彭年等：《宋本玉篇》，北京：中國書店 1983 年影張氏澤存堂本，第 154 頁。
〔註97〕〔宋〕陳彭年等：《宋本廣韻》，北京：中國書店 1982 年影張氏澤存堂本，第 273 頁。
〔註98〕張以仁：〈《國語》舊注輯校〉，見載於氏著《張以仁先秦史論集》，上海古籍出版社 2010 年版，第 315 頁。

【按】本條出〈周語上〉，今傳《國語》各本同。韋注與賈同。

37．糸部——織，《國語》「親織玄紞」。（第 126 頁）

38．糸部——紞，《國語》「親織玄紞」賈逵曰：「紞垂者也。」
（第 148 頁）

【按】本條出〈魯語下〉。今傳《國語》各本「紞」作「統」，《皇王大紀》卷六七、《繹史》卷九一、《尚史》卷三四、《古列女傳》卷一、《玉海》卷七七、卷八六、《經濟類編》卷八二、《淵鑑類函》卷一五七、《文章正宗》卷六、《妙絕古今》卷一、《文編》卷四五、《文章辨體彙選》卷六〇、《古文淵鑒》卷五、《孔子家語》卷九、《鶴林玉露》卷四、《埤雅》卷一五引與今本同，胡吉宣《玉篇校釋》從今本作「統」。《字彙·宀部》：「冘，俗宂字。」〔註99〕又作「宄」。「冘」、「宄」、「尤」字形相近，故以「冘」、「尤」為聲符之字有通用者，如「沈」與「沉」，《漢書·司馬相如傳下》：「決江疏河，灑沈澹災，東歸之於海，而天下永寧。」顏注：「沈，深也。」〔註100〕《漢語大詞典》「沈下」、「沈井」、「沈木」、「沈厄」、「沈水」、「沈牛」、「沈心」、「沈朴」等詞中的「沈」皆又作「沉」，「紞」、「統」理與此同。《龍龕手鏡·糸部》：「紞、統，冕前垂也。二同。」

韋注引說云：「統，冠之垂前後者。」此與《原本玉篇殘卷》引賈注義近，張以仁定為賈注並云：「馬、王、黃、皆未收此條，蔣氏以為虞翻注，蓋以臆定。」〔註101〕韋白注云：「統，所以懸瑱當耳者也。」與賈不同。《詩·齊風》「充耳以素乎而，充耳以青乎而，充耳以黃乎而」鄭箋云：「素、青、黃、謂所以縣瑱者。或名為紞。織之，人君五色，臣則三色而已。瓊華、瓊瑩、瓊英、謂縣紞之末，所謂瑱也。」〔註102〕《說文·糸部》：「紞，冕冠塞耳者。」段注：「紞所以縣瑱，瑱所以塞耳，紞非塞耳者也。人君紞五色，故或單舉玄，或單舉黃，以該他色。」〔註103〕若為塞耳，紞則當是垂冠兩旁

〔註99〕〔明〕梅膺祚：《字彙》，上海：上海古籍出版社 2002 年輯印《續修四庫全書》第 232 冊，第 450 頁下。

〔註100〕〔漢〕班固撰、〔唐〕顏師古注：《漢書》，北京：中華書局 1962 年版點校本，第 2585 頁。

〔註101〕張以仁：〈《國語》舊注輯校〉，見載於氏著《張以仁先秦史論集》，上海古籍出版社 2010 年版，第 240 頁。

〔註102〕〔清〕阮元校刻：《十三經注疏》，北京：中華書局 1980 年版，第 349、350 頁。

〔註103〕〔清〕段玉裁：《説文解字注》，上海：上海古籍出版社 1981 年影經韻樓本，

而非前後。故《左傳・桓公二年》「衡紞紘綖」孔疏云：「紞者，縣瑱之繩，垂於冠之兩旁。」〔註104〕

「𣱲」爲「冠」的俗字，《干祿字書・平聲》與黃征《敦煌俗字典》並收錄。胡吉宣《玉篇校釋》已改作「冠」。

39・糸部──緯，《國語》「**絰**之以天，**緯**之以地」賈逵曰：「**絰**者，道上也；**緯**者，所成絰也。」（第 127 頁）

【按】本條出〈周語下〉。今傳《國語》各本作「經之以天，緯之以地」，《繹史》卷六四、《左傳紀事本末》卷二九、《通志》卷八九、《諡法》卷一、《冊府元龜》卷七九五、《羣書考索》卷二一、《經濟類編》卷四引並同。《原本玉篇》「**絰**」爲「經」的訛字，《補〈干祿字書〉表》云此〔註105〕，《康熙字典》亦引《五經文字》云：「作**絰**者訛。」〔註106〕《異體字字典》亦收錄之，周小萍云：「《漢隸字源・平聲・青韻》收『**經**』之字形。《隸辨・平聲・青韻》引〈華山廟碑〉字作『**經**』。引〈武榮碑〉字作『**糸王**』。《碑別字新編・十三畫》引〈隋段濟墓誌〉經，字作『**經**』。『**經**』字右形作『**王**』，多見於碑銘。」〔註107〕「**緯**」，亦當是「緯」之訛字，《宋本玉篇・糸部》：「緯，長兒。」〔註108〕與「緯」義無涉，《異體字字典》亦未見錄，《玉函山房輯佚書續編》、《本邦殘存典籍による輯佚資料集成》、胡吉宣《玉篇校釋》已改作「經」、「緯」。賈注「道上」之「上」字疑是衍文，因素常言經即是道，「道上」則頗費解。韋注云：「以天之六氣爲經，以地之五行爲緯，而成之也。」韋注實自《國語》本句上文「天六地五，數之常也」而來，與賈注不同，但在緯所以成經這一點上是相同的。賈、韋注皆是哲學層面上的解釋，已非「經緯」本義。「經、徑、莖、脛數字在上古音韻中都在見系耕部，它們都有一個

第 652 頁下。

〔註104〕〔清〕阮元校刻：《十三經注疏》，北京：中華書局 1980 年版，第 1742 頁。

〔註105〕施安昌：〈補《干祿字書》表〉，見載於氏編《顏眞卿書干祿字書》，北京：紫禁城出版社 1990 年版，第 85 頁。

〔註106〕〔清〕張玉書等：《康熙字典》，北京：中華書局 1984 年影同文書局本，第 926 頁。

〔註107〕周小萍：「經」字研訂說明，《異體字字典》網絡版，http://dict.variants.moe.edu.tw/yitia/fra/fra03124.htm。

〔註108〕〔宋〕陳彭年等：《宋本玉篇》，北京：中國書店 1983 年影張氏澤存堂本，第 496 頁。

共同的物象就是『直而長』。」〔註109〕此說可從。

40·糸部——紀，《國語》「紀農協功」賈逵曰：「紀猶錄也；協，同也。」（第 128 頁）

【按】本條出〈周語上〉，今傳《國語》各本同。韋注云：「紀，謂綜理也。協，同也。」釋「紀」與賈不同。其上下語境為：「稷則徧誠百姓，紀農協功。」前有「誠農」，此處「紀農」之「紀」不當做「錄」解，韋注「綜理」最符合語境。「協功」作補語表方式。

41·糸部——納，《國語》「**敘**三郗而納其室」賈逵曰：「納，取也。」（第 130 頁）

【按】本條出〈晉語六〉。黃重刊明道本文作：「殺三郗而尸諸朝，納其室以分婦人。」《國語韋解補正》、《國語詳注》、上古本從之。《原本玉篇殘卷》此處為節引。遞修本、《國語補音》、金李本、閔《裁注》本、《百家類纂》本、穆文熙《國語評苑》、《四庫薈要》本、董增齡《國語正義》等俱作「郗」，《繹史》卷六一、《左傳紀事本末》卷二七、《經濟類編》卷六五、《文章正宗》卷五引同，《文章辨體彙選》卷六〇引作「郄」，因「ㄗ」、「ㄖ」形近而譌，古書刻本每多此。是《國語》字作「郗」，《本邦殘存典籍による輯佚資料集成》引作「殺三郗而納其室」並云：「明道本『郗』作『郄』，『而』下有『尸諸朝』三字。」〔註110〕審《本邦殘存典籍による輯佚資料集成》每云「明道本」云云，似衹參明道本而未及公序本者。宋羅泌（1131～1189）《路史·國名紀戊上》：「郄，叔虎邑。俗作郗。」《冊府元龜》卷七三二即引作「郄」，《左傳·昭公二十七年》「郄宛」，《穀梁傳》作「郤宛」。《非國語》皆作「郤」字。則「郤」、「郄」古已通用。韋釋「納」與賈同。金人邢準《新修絫音引證羣籍玉海·攴部》收「**敘**」字云：「音煞。」無義。金人韓孝彥、韓道昭撰《五音類聚四聲篇海·滂母·攴部》云：「**敘**，音煞。」宋濂（1310～1381）《篇海類編·人事部·攴部》亦見錄，無義。《中華字海·

〔註109〕姜廣輝主編：《中國經學思想史》第一卷，北京：中國社會科學出版社 2003 年版，第 27 頁。

〔註110〕〔日〕新美寬編，鈴本隆一補：《本邦殘存典籍による輯佚資料集成》網絡版，http://www.zinbun.kyoto-u.ac.jp/~takeda/edo_min/edo_bunka/syuitu/edono_ kagaku_syuitu_keibu-1.html#1-1-6-9。

攴部》收錄「敆」字並云:「音紗,義未詳。見《篇海》。」〔註111〕周志鋒引唐張鷟(?660～740)《游仙窟》「五嫂罵曰:『何由可耐!女婿婦家狗,打敆無文書』」並云:「敆即『煞』之省旁字,音義同『殺』。」〔註112〕「敎」字雖然未見於字書中,也當與幾部小學書所舉字「敆」、「效」等用同,衹作記音符號。當依今傳《國語》改作「殺」。胡吉宣《玉篇校釋》已改「敎」爲「殺」、改「郂」爲「邰」。

42・糸部——紡,《國語》「執而紡之」賈逵曰:「紡,猶懸也。」
（第 130 頁）

【按】本條出〈晉語九〉。今傳《國語》各本作:「執而紡於庭之槐。」無《原本玉篇》所引代詞「之」字,當是承上文而省。或《原本玉篇》所據本本有「之」字,今本略去。「執而紡於庭之槐」和「執而紡之於庭之槐」皆於語義無乖。之所以「紡」後不用「之」,因「槐」前有之避重復也。韋注與賈同。

43・糸部——續,《國語》:「礼世不續。」（第 131 頁）

【按】本條出〈吳語〉。「礼」,今傳《國語》各本作「禮」。「乚」爲「乙」的異體,如「孔」、「乳」,《說文》析其字形爲「从乙从子」、「从孚从乙」。則「禮」、「礼」都是形聲字。《干祿字書・上聲》「禮礼」條云:「並正,多行上字。」〔註113〕今則把「礼」作爲「禮」的簡體字。《國語》本文全句爲「今伯父有蠻、荊之虞,禮世不續」,韋注云:「今,謂夫差。虞,度也。言夫差有蠻、荊之備,廢朝聘之禮,不得繼世續前人之職。」薛安勤、黃永堂並以「虞」爲「憂患」〔註114〕,是。

44・糸部——縮,《國語》「若於目觀則美,其縮財用則遼」賈逵曰:「縮,盡也。」又曰:「盈縮轉化。」賈逵曰:「縮,退也。」
（第 133 頁）

〔註111〕冷玉龍編:《中華字海》,北京:中華書局 1996 年版,第 872 頁右欄。

〔註112〕周志鋒:〈僻字零拾〉,見於氏著《大字典論稿》,杭州:浙江教育出版社 1998 年版,第 96 頁。

〔註113〕施安昌編:《顏眞卿書干祿字書》,北京:紫禁城出版社 1990 年版,第 38 頁。

〔註114〕薛安勤、王連生:《國語譯注》,長春:吉林文史出版社 1991 年版,第 777 頁。黃永堂:《國語全譯》,貴陽:貴州人民出版社 1995 年版,第 692 頁。

　　【按】「若於目觀則美」條出《楚語上》。今傳〈國語〉各本作：「若於目觀則美，縮於財用則匱。」《繹史》卷七六、《左傳紀事本末》卷四七、《歷代名臣奏議》卷三一五、《格物通》卷七八、《冊府元龜》卷七四二、《文章正宗》卷五、《文編》卷四、《文章辨體彙選》卷五六引同，《尚史》卷五七、《經濟類編》卷七四引「於」作「于」，《古文淵鑒》卷六引前「於」字作「于」。《原本玉篇》引與今傳《國語》稍異，與義無乖。汪遠孫《攷異》云：「《文選‧西京賦》李注引《國語》『於』上有『周』字。」〔註115〕有「周」字則在文字上和下句更相對稱。「匱」，《敦煌俗字典》見錄，並引天津圖書館藏卷 16 號《大般般若波羅蜜多心經》用字與《正名要錄》所用字爲例，胡吉宣《玉篇校釋》已改作「匱」。韋注云：「縮，言取也。」與賈不同，是賈強調結果而韋更強調動作。

　　「盈縮轉化」條出自〈越語下〉。「盈」，黃刊明道本作「贏」，遞修本、金李本、張一鯤本、閔《裁注》本、穆文熙《國語評苑》、《四庫薈要》本、《國語正義》、秦鼎本、綠蔭堂本、今上古本作「贏」，《繹史》卷九六下、《左傳紀事本末》卷五一、《古史》卷三七、《歷代名臣奏議》卷四九、《景定建康志》卷四八、《冊府元龜》卷七四三、《經濟類編》卷 ．四、《文章辨體彙選》卷四九五、《古文淵鑒》卷六俱作「贏」。汪遠孫《攷異》云：「『贏』字誤。」言是，用「贏」者以其與「贏」形似且音同可作記音符號。韋注「縮」與賈同，《史記‧天官書》云：「其趨舍而前曰贏，退舍曰縮。」《漢書‧天文志》「超舍而前曰贏，退舍爲縮」並用此義，張以仁云：「韋注云：『贏縮，進退也。』蓋用賈注之義。」〔註116〕「盈」、「贏」通用，《戰國策‧秦策三》：「進退、盈縮、變化，聖人之常道也。」即用「盈」字。《素問‧六節藏象論》「關格之脈贏」張志聰（1616～1674）集注云：「贏、盈同。」〔註117〕《玄應音義》卷一二「贏長」注云：「贏，今皆作盈。」〔註118〕《漢語大詞典》收「贏縮」詞條最古例證即爲《國語》此句。宮哲兵認爲：「『贏縮』包

〔註115〕〔清〕汪遠孫：《國語明道本攷異》，北京：商務印書館 1959 年版《國語》後附，第 329 頁。

〔註116〕張以仁：〈《國語》舊注輯校〉，見載於氏著《張以仁先秦史論集》，上海：上海古籍出版社 2010 年版，第 345 頁。

〔註117〕張志聰：《黃帝內經素問集注》卷二，上海：上海科學技術出版社 1990 年版，本卷第 35 頁。

〔註118〕徐時儀：《一切經音義三種校注》，上海：上海古籍出版社 2008 年版，第 329 頁下。

含著進退、盈虧、長短等意思，它與『陰陽』、『剛柔』一樣，是『對立面』這一抽象哲學範疇的樸素直觀的表述。『贏縮轉化』說的是對立面的互相轉化。」〔註 119〕

45 · 糸部──級，《國語》「明等級以道之礼」賈逵曰：「等級，上下等差也。」（第 134 頁）

【按】本條出〈楚語上〉。「道」，今傳《國語》各本作「導」，「礼」作「禮」，《通志》卷九二引同。《新書》卷五《傅識》、《繹史》卷五七、《尙史》卷五七、《格物通》卷三六、《經濟類編》卷一五、《文章辨體彙選》卷五六、《古文淵鑒》卷六引作「明等級以道之禮」。「道」、「導」古今字。韋注云：「等級，貴賤之品。」與賈注義相仿佛。《漢語大詞典》引《商君書》、賈誼〈論時政書〉爲例，實以《國語》本句之例爲更古。

46 · 糸部──縺，《國語》「縺山於有宁」賈逵曰：「縺，還也。」（第 137 頁）

【按】本條出〈齊語〉。胡吉宣《玉篇校釋》引《國語》正文作「繯」、「宁」作「牢」。黃丕烈《札記》云：「惠云：本作『繯』，讀爲『絹』。《廣成頌》『繯橐四野之飛征』注引此幷賈注云：『繯，還也。』丕烈案，《補音》以爲舊音，韋本作『繯』，審矣。賈本作『環』，與章懷引賈不同。乃宋公序誤互《舊音》之字也。《補音》又謂今官私眾本皆作『環』，是韋解不作『繯』審矣。《管子·小匡》作『繯』，賈所本也。今《管子》作『繂』，即『繯』字之壞，而或且誤改爲『綱』。」〔註 120〕《冊府元龜》卷二三九引亦作「綱」，郭沫若（1892～1978）《管子集校》已改作「繯」。今傳遞修本、黃刊明道本、金李本等俱作「環」，《繹史》卷四四之一、《左傳紀事本末》卷一八、《通志》卷九二、《經濟類編》卷一四、《文章辨體彙選》卷四九三、《古文淵鑒》卷六引與今本同。「宁」即「牢」字，《敦煌俗字典》引 S328《伍子胥變文》「牢」字作「窂」，「宁」則「窂」之省謁，「穴」省謁爲「宀」。《考異》云：「《舊音》作『繯』，《補音》云：官私眾本皆作『環』，從『環』爲允。案《後漢書·馬融傳》注引《國語》『繯於山有牢』，與《舊音》正合，今本『山』、

〔註 119〕宮哲兵：《晚周辯證法史研究》，上海：上海古籍出版社 1988 年版，第 121 頁。
〔註 120〕〔清〕黃丕烈：《校刊明道本韋氏解國語札記》，北京：商務印書館 1959 年版《國語》後附，第 251 頁。

『於』誤倒。」〔註121〕張以仁云:「《後漢書・馬融傳》注引『環』作『繯』,蓋賈本如此也。然《舊音》出『繯也』云:『賈、韋、唐、孔作環。』然則《舊音》蓋據虞本乎?是《舊音》所見賈本已作『環』矣。汪氏云:『環、繯古今通用。』《馬融傳》又引『牢』作『罕』,則形近之誤。又引『山於』作『於山』,汪氏《考異》以爲『於山』是。」〔註122〕《原本玉篇》與〈馬融傳〉注引賈皆作「繯」,非如《舊音》之說作「環」,〈馬融傳〉引作「罕」者,或其形本作「窂」,文漫滅而譌,前既作「使海於」、「渠弭於」,此作「環山於」句式正相合,〈馬融傳〉引作「於山」恐爲倒乙,汪氏之說未必是,中華書局點校本校勘記按云:「今本《國語・齊語》作『繯山於有牢』。」〔註123〕引「繯」字誤。賈釋「**繲,遶也**」爲聲訓,韋注云:「環,繞也。」與賈不同。一明其義之所指,一明其義之所自。關於〈齊語〉「海於有蔽,渠弭於有渚,環山於有牢」句,韋引賈侍中云:「海,海濱也。有蔽,言可依蔽也。渠弭,裨海也。水中可居者曰渚。」韋自云:「昭謂言有此乃可以爲主人,軍必依險阻也。環,繞也。牢,牛、羊、豕也。言雖山險,皆有牢牧,一曰・『牢,固也。』」清乾隆間學者黃模引顧大韶云:「海于有蔽,謂軍行次于大水邊,令本國預設藩舍以爲遮蔽也。渠即溝渠之渠。弭,止也。軍行至于溝渠邊,不能徑渡,則必暫止,故謂之渠弭。既暫止,則令本國預設爲除地以爲可止之處也。環山而行,所歷多荒僻無人之地,或致匱乏,則令本國預備牛羊豕以犒師也。蓋魯衛燕既得侵地,雖有此費,亦所甘心。而齊之反三國侵地非曰直舉而與之也,亦有所用之耳。此管子之謀。」又引顧炎武(1613~1682)《春秋左傳補正》云:「凡屯兵,必依山阻海,然後敵不能測,而有險可憑。齊地環山頁海,魯、衛、燕則不能皆有山海也。使于有蔽之地,遮列之即以是爲海。于有渚之地,疏闢之即以是爲渠弭。于可牢牧之地,環禁之即以是爲山。以待齊師之至而屯牧焉。有蔽者,或地勢阻隩、或林木叢深也。」〔註124〕俞志慧云:「『海於有蔽,渠弭於有渚,環山於有

〔註121〕〔清〕汪遠孫:《國語明道本考異》,北京:商務印書館1959年版《國語》後附,第295頁。

〔註122〕張以仁:〈《國語》舊注輯校〉,見載於氏著《張以仁先秦史論集》,上海古籍出版社2010年版,第251頁。

〔註123〕〔南朝宋〕范曄著、〔唐〕李賢注:《後漢書》,北京:中華書局1965年點校本,第1975頁。

〔註124〕〔清〕黃模:《國語補韋》卷二,北京:中華書局1960年版《史籍叢刊》本。

牢」三句係倒文，與《左傳》『國於何有』、『君於何有』、『土於何有』、『亡於不暇』、『室於怒，市於色』等相類，助詞『於』起幫助倒裝的作用。而『渚』與『牢』之義復與『蔽』互文見義，故『牢』字不當訓爲作爲名詞的養牲之所，而當訓爲動詞『防閑』之義。三句意謂使三國有大澤可爲天塹，有川流可作依傍，有四周的群山可藉以屏障。」〔註125〕實際「蔽」、「渚」、「牢」三詞也可以作爲名詞看待，於義並無乖違。

47・糸部──給，《國語》「豫而後給」賈逵曰：「給，及也。」又曰：「聰敏肅給。」賈逵曰：「給，足也。」又曰：「內外齊給。」賈逵曰：「給，偌也。」（第 138 頁）

「豫而後給」條出〈晉語一〉，今傳《國語》各本並同。韋注與賈同。《慧琳音義》卷四一引賈注《國語》云：「給，及也，足也，備也。」〔註126〕張以仁云：「《慧琳音義》未引正文。……三訓取義不同，自不得同繫一文。故繫『足也』一訓於《周上》『事之供給於是乎在』句，繫『備也』一訓於《周下》『外內齊給』句，而繫『及也』於此（按：即「豫而後給」句）。韋注相同。馬、王、汪、蔣皆未收。」〔註127〕以本條證之，則「足也」繫錯。若得見《原本玉篇殘卷》引文，則不避費心繫注矣。

「聰敏肅給」條出〈晉語七〉。「聰」，遞修本、金李本、黃刊明道本並作「聰」，《文苑英華》卷九四一引同。閔《裁注》本、張一鯤本、穆文熙《國語評苑》、《四庫薈要》本、《國語正義》、《國語韋解補正》、《國語詳注》、《國語集解》、《國學基本叢書》本、今上古本並胡吉宣《玉篇校釋》俱作「聰」，《資治通鑑外紀》卷六、《繹史》卷六四、《左傳紀事本末》卷二九、《尙史》卷四二、《山西通志》卷一〇八、《文章辨體彙選》卷四九三引同。根據字書，「聰」爲俗字，「聰」、「聰」異體字，唯聲符不同。《古文字詁林》唯收〈南嶽碑〉「𦕁」字，是甲金文中無收，《漢語大字典》引〈譙敏碑〉字已作「聰」，「聰」、「聰」之所以有二體是在字形演化中所致。葉鍵得云：「段注本《說文解字・耳部》：『𦕃，察也。从耳，恩聲。』《隸辨・平聲・冬韻》引《鄭

〔註125〕俞志慧：《〈國語〉韋昭注辨正》，北京：中華書局 2009 年版，第 96 頁。

〔註126〕〔唐〕慧琳：《一切經音義》，見載於上海古籍出版社 1983 年《正續一切經音義》，第 1638 頁。

〔註127〕張以仁：《〈國語〉舊注輯校》，見載於氏著《張以仁先秦史論集》，上海古籍出版社 2010 年版，第 258、259 頁。

烈碑》字作『聡』，隸變作『聦』。《敦煌俗字譜・耳部》字作『聡』、『聦』、『聡』，皆聲符從怱之證。《宋元以來俗字譜・耳部》引《太平樂府》字作『聡』。《重訂直音篇・卷一・耳部》：『聰，音恩。聰明也，耳徹也。』下列『聡、聦』二字，云：『並同上。』」〔註128〕《干祿字書》云：「聡聦聰，上中通，下正。」〔註129〕若據《說文》，則《國語》字當作「聰」。韋釋「給」義與賈同。

「內外齊給」條出〈周語下〉。「內外」，遞修本、金李本、閔《裁注》本、黃刊明道本等今傳《國語》各本俱作「外內」，《繹史》卷八二、《冊府元龜》卷七九五引同。而馬非百《〈管子・輕重篇〉新詮》引許維遹引《周語》作「內外」。先秦傳世文獻中《左傳》、《國語》、《公羊傳》、《穀梁傳》等多用「外內」。在「漢籍全文數據庫（第二版）」先秦部分分別輸入「外內」和「內外」，前者112篇文獻，後者有108篇文獻，相差不多，可見「外」、「內」組合可以顛倒運用，於義無乖，然就這類對等結構的語序而言，應該是以距主體關係、距離遠者在前而近者在後，如「遠近（邇邇）」、「物我」、「天人」、「敵我」、「賓主」等皆然，則此亦當以「外內」爲是。俞志慧以爲僅是出於平仄的考慮，「是說話時爲了唇齒間的方便與聽覺上的順適……未必有更深的義涵」〔註130〕，俞說恐未盡然。古人往往是由外到內，由消極到積極，由表象到本質，如「天人」、「物我」、「外內」、「死生」、「少多」、「德道」等，今則反是，由上古的「A＋B」形式轉化爲中古以還的「B＋A」形式，可能從某種程度上反映了古今人在邏輯認知順序方面的不同，關於同素異序的討論較多，從語音、語義、構詞等各個方面都進行過探討，至今尚未取得一致性意見，恐非可以簡單視之也。「给」，「給」的簡體字。韋注：「給，備也。」與賈同。《干祿字書・去聲》「俻俻備」云：「上俗中通下正。」〔註131〕賈注「俻」字實爲俗體字。

48・糸部──終，《國語》「高朗令終」賈達曰：「終猶成也。」（第139頁）

【按】本條出〈周語下〉，今傳《國語》各本同。韋注云：「終，成也。」與賈同。

〔註128〕葉鍵得：「聡」字研訂說明，《異體字字典》網絡版，http://dict.variants.moe.edu.tw/yitia/fra/fra03276.htm。

〔註129〕施安昌編：《顏眞卿書干祿字書》，北京：紫禁城出版社1990年版，第13頁。

〔註130〕俞志慧：《〈國語〉韋昭注辨正》，北京：中華書局2009年版，第128頁註釋。

〔註131〕施安昌編：《顏眞卿書干祿字書》，北京：紫禁城出版社1990年版，第46頁。

49・糸部──纔，賈逵注《國語》並為財字。（第 145 頁）

【按】本條無引文，故不能知具體，大約魏晉時期《國語》就已經有不同的傳本，如韋昭就在其《國語解》中下過一些校語。故此處特注明為「賈逵注《國語》」，明其引用之本有自。慧琳《一切經音義》卷六「纔出」條亦見此語，或竟襲《玉篇》。

50・糸部──纂，《國語》「縷纂以為奉」賈逵曰：「奉，藉也，所以藉玉之縷也。以縷織纂，取其易也。」（第 151 頁）

【按】本條出〈齊語〉。「纂」，《補音》作「纂」並云：「『纂』或作『纂』。」〔註132〕遞修本、金李本、張一鯤本、閔《裁注》本、《國語評苑》、《四庫薈要》本、董增齡《國語正義》並與《補音》同，《六書故》卷三〇、《繹史》卷四四之一、《左傳紀事本末》卷一八、《經濟類編》卷一四、《文章辨體彙選》卷四九三、《古文淵鑒》卷六引同。「纂」、「纂」實一字，「艸」部字與「竹」部字多有混同。黃丕烈《札記》云：「宋公序誤也。纂者，言縷織為纂文。」〔註133〕黃刊明道本、陳瑑《國語翼解》、徐元誥《國語集解》、沈鎔《國語詳注》俱作「纂」，柳宗元《非國語》引同，蔣之翹輯注云：「《國語》作『纂』。」《故訓匯纂》引《國語》用作「纂」〔註134〕，《經典釋文》云：「纂，本亦作纂。」〔註135〕或「纂」、「纂」形似而譌也，《說文通訓定聲》云：「纂，又為纂之誤字。」〔註136〕《中文大辭典》因朱說立義項〔註137〕。韋注：「奉，藉也，所以藉玉之藻也。縷纂，以縷織纂，不用絲，取易共也。纂，綺文。」與賈同。唯一作「藉玉之縷」一作「藉玉之藻」，《禮記・雜記下》「藻三采六等」鄭玄注：「藻，薦玉者也。」孔穎達疏云：「謂以韋衣板以藉玉者。」〔註138〕查「縷」則無此義，

〔註132〕〔宋〕宋庠：《國語補音》卷二，北京：國家圖書館出版社 2006 年影宋刻宋元遞修本，本卷第 9 頁。

〔註133〕〔清〕黃丕烈：《校刊明道本韋氏解國語札記》，北京：商務印書館 1959 年版《國語》後附，第 251 頁。

〔註134〕宗福邦等主編：《故訓匯纂》，北京：商務印書館 2003 年版，第 1746b 欄。

〔註135〕〔唐〕陸德明：《經典釋文》，北京：中華書局 1983 年影通志堂經解本，第 420 頁上。

〔註136〕〔清〕朱駿聲：《說文通訓定聲》，武漢市古籍書店 1983 年影臨嘯閣本，第 755 頁上。

〔註137〕林尹等主編：《中文大辭典》（普及本），臺北：中國文化研究所 1990 年第八版，第 11208 頁。

〔註138〕〔清〕阮元校刻：《十三經注疏》，北京：中華書局 1980 年版，第 1568 頁下。

是《玉篇》引賈「藉玉之繤」之「繤」當作「藻」。「藉」當是「藉」之譌寫，《敦煌俗字典》收錄並引 S462《金光明經果報記》爲例。胡吉宣《玉篇校釋》改「藥」作「繤」、「藉」作「籍」，作「籍」者誤，《玉函山房輯佚書續編》字作「藉」。

51・糸部——纕，《國語》「懷**快纓繤**」賈達曰：「馬**纕**帶也。」
（第 154 頁）

【按】本條出〈晉語二〉。「快」，今傳《國語》各本俱作「挾」，《本邦殘存典籍による輯佚資料集成》·胡吉宣《玉篇校釋》引俱改作「挾」。「**纓繤**」即「纓纕」，黃刊明道本同，《敦煌掇瑣本王仁煦刊謬補缺切韻殘卷・陽部》即引作「纕，馬腹帶。《國語》：懷挾纓纕」。遞修本、《補音》、《經子法語》、金李本、閔《裁注》本、《國語評苑》、《四庫薈要》本、《國語正義》作「嬰瓖」，《繹史》卷五一上、《左傳紀事本末》卷二四、《經濟類編》卷四、《子史精華》卷一五九引並從之，《康熙字典》引亦作「〈晉語〉嬰瓖」，日本學者度部溫云：「明本《國語》作纓纕。」〔註 139〕黃丕烈《札記》云：「《廣韻》引作『纓纕』，與此本正同。宋公序以爲非，而定爲『嬰瓖』，云：『瓖若從糸，無馬帶之訓。』誤也。訓『馬腹帶』者，自從糸作『纕』；訓『馬帶玦』者，乃從玉作『瓖』，出張平子〈東京賦〉『鉤膺玉瓖』薛琮注，曰：『馬帶玦。』二字有不容混合者。」〔註 140〕《四庫全書考證》卷三七云：「刊本『纓纕』訛『嬰瓖』，今改。」〔註 141〕汪遠孫《攷異》引陳奐曰：「宋公序脫誤也。『纓』即『緌纓』之『纓』，『緌纓』異材。韋解：『纓，馬纓。』謂但有纓而不下垂者；解『纕，馬腹帶』，帶以革爲之，故其字作『糸』旁纕。《廣韻》引《國語》作『纓纕』，與明道本正同。」〔註 142〕作「纓纕」是。韋注：「纕，馬腹帶也。」義與賈同。

〔註 139〕〔日〕度部溫：《康熙字典考證》，臺北：世界書局 1962 年版楊家駱主編《康熙字典》後附，第 198 頁。

〔註 140〕〔清〕黃丕烈：《校刊明道本韋氏解國語札記》，北京：商務印書館 1959《國語》後附，第 253 頁。

〔註 141〕〔清〕王太嶽：《四庫全書考證》，上海：商務印書館 1936 年《叢書集成初編》本，第 1465 頁。

〔註 142〕〔清〕汪遠孫：《國語明道本攷異》，北京：商務印書館 1959 年版《國語》後附，第 302 頁。

52・糸部——纍，《國語》「甲不解纍，兵不解翳」賈逵曰：「纍，甲藏也；翳，所以蔽兵也。」（第 157 頁）

【按】本條出〈齊語〉。《玉函山房輯佚書續編》引〈齊語〉》正文「甲」後衍一「語」字。今傳《國語》各本作「甲不解纍，兵不解翳」，《皇王大紀》卷四一、《繹史》卷四四之一、《左傳紀事本末》卷一八、《玉海》卷一三六、《經濟類編》卷一四、《文章辨體彙選》卷四九三、《古文淵鑒》卷六、《管子・小匡篇》引同，《資治通鑑外紀》卷五引「解」作「鮮」，它與今本同。「解」即「解」之手寫體，實是「解」之俗字，《慧琳音義》卷一六引賈注《國語》云：「解，除也。」〔註 143〕張以仁《舊注輯校》繫於本條。「纍」、「纍」繁簡字；「蔽」即「蔽」俗字。胡吉宣《玉篇校釋》、《本邦殘存典籍による輯佚資料集成》改「蔽」作「蔽」字，《玉篇校釋》引賈注「蔽」前有「藏」字，當是因「甲藏」而衍。黃丕烈《札記》引惠棟、汪遠孫《攷異》並云：「《說文》引作『医』。」〔註 144〕韋注與賈同。詳見〈《集韻》引《國語》斠證〉第 3 條。

53・糸部——維，《國語》「皆在北維」賈逵曰：「北維，北方也。」（第 162 頁）

【按】本條出〈周語下〉。「维」，今傳《國語》各本作「維」。《敦煌俗字典》收錄「维」字，今則看作「維」的簡體字。董增齡《國語正義》云：「維有邊遠之義。」〔註 145〕韋注云：「北維，北方水位也。」韋加「水位」二字，是以五行比附五方，《春秋繁露・五行相生》：「北方者水。」

54・糸部——緝，《國語》：「緝，朋也。」（第 168 頁）

【按】本條出〈周語下〉。今傳《國語》各本作：「緝，明也。」《原本玉篇》引作「朋」字，當是「明」、「朋」形近而譌，胡吉宣《玉篇校釋》已改作「明」。《干祿字書・平聲》並收「明」與「眀」，以「明」為通用字，《說文・月部》以「朙」為古文。

〔註 143〕〔唐〕慧琳：《一切經音義》，見載於上海古籍出版社 1983 年《正續一切經音義》，第 626 頁。

〔註 144〕〔吳〕韋昭注：《國語》，北京：商務印書館 1959 年版，第 251 頁、第 296 頁。

〔註 145〕〔清〕董增齡：《國語正義》卷三，成都：巴蜀書社 1985 年影式訓堂本，本卷第 63 頁。

55・糸部——績，《國語》:「公父文伯退朝，其母方绩。」（第 168 頁）

【按】本條出〈魯語下〉，今傳《國語》各本文作:「公父文伯退朝，朝其母，其母方績。」《原本玉篇》節略引用。二「朝」字音同，前者名詞，後者動詞，清人趙翼（1727～1814）《陔餘叢考》卷二二云:「古時凡詣人皆曰朝。」〔註 146〕

56・糸部——綏，《國語》「綏謗言」賈逵曰:「綏，止也。」（第 174 頁）

【按】本條出〈齊語〉，黎本及今傳《國語》各本同。韋注釋「綏」與賈同。小學書中以「止」訓「綏」者也很少見，唯《玉篇・糸部》云:「綏，止也。」〔註 147〕或亦本賈、韋之注，而賈、韋釋「綏」為「止」當自〈周語上〉「吾能弭謗矣」之「弭」來，「綏」、「弭」語境相同。

57・糸部——繼，《國語》「又鮮其继」賈逵曰:「继，餘也。」
（第 175 頁）

【按】本條出〈周語下〉，今傳《國語》各本同。「又鮮其继」之「又」，黎本誤作「文」。韋未出注。

58・糸部——緩，《國語》「如秦謝緩賂」賈逵曰:「緩，遲也。」
（第 182 頁）

【按】本條出〈晉語三〉，黎本及今傳《國語》各本同。韋注與賈同。

二、黎庶昌《古逸叢書》摹本殘卷引《國語》斠證

59・丌部——奠，《國語》「辟奠，不飧」賈逵曰:「食上曰奠，食熟曰飧。」又曰:「土有勝犬之奠。」賈逵曰:「奠，陳也。」
（第 313 頁）

【按】「辟奠不飧」條出〈晉語二〉。「飧」字，《國語集解》、上古本同，遞修本、金李本、閔《裁注》本、穆文熙《國語評苑》、《百家類纂》本、《四庫薈要》本、董增齡《國語正義》作「殞」，《繹史》卷五一上、《左傳紀事本

〔註 146〕〔清〕趙翼:《陔餘叢考》，上海:商務印書館 1957 年版，第 440 頁。
〔註 147〕〔宋〕陳彭年等:《宋本玉篇》，北京:中國書店 1983 年影張氏澤存堂本，第489 頁。

末》卷二四、《尚史》卷四八、《經濟類編》卷一六引同；黃刊明道本、《國學基本叢書》本、《國語韋解補正》、沈鎔《國語詳注》作「餐」，《劉氏春秋傳》卷五、《春秋分記》卷五三、《資治通鑑外紀》卷四、《皇王大紀》卷四〇、《通志》卷九〇引作「餐」。汪遠孫《攷異》云：「《詩・伐檀》、《大東》傳並謂『飧』爲『熟食』，此韋《注》所本也。『餐』、『飧』二字互誤。」〔註148〕《干祿字書・平聲》「餐飧」條云：「上千安反，亦作『喰』；下息魂反。」〔註149〕是「餐」、「飧」讀音本自不同。根據《敦煌俗字典》，「餐」並可寫作「喰」、「湌」、「飡」、「飱」等字，但是不包括「飧」〔註150〕。「飧」不僅僅有進熟食的意義，還有時間上的意義，《說文・食部》：「飧，餔也，從夕食。」〔註151〕《集韻・魂韻》云：「謂餔時食。」〔註152〕《孟子・滕文公上》「饔飧而治」趙岐章句：「饔、飧，熟食也。朝曰饔，夕曰飧。」〔註153〕此處上下文作「里克辟奠，不飧而寢」，恰恰是晚睡之前，故用「飧」字最當，作「餐」字誤。《漢語大詞典》「飧」字有二音，音「$cān$」者與「餐」同義；音「$sūn$」者用同「飧」。今上古本作「飧」，的是。韋注云：「辟，去也。奠，置也。熟食曰飧。」韋釋「奠」、「飧」與賈義同。《玉篇校釋》注引〈晉語〉本文及韋注俱依明道本作「餐」，是未審「餐」、「飧」之別。

「土有勝犬之奠」條出〈楚語上〉。今傳《國語》各本「土」作「士」、「勝」作「豚」，作「土」、「勝」不文，是皆形近而譌，《原本玉篇》引誤，《本邦殘存典籍による輯佚資料集成》、《玉篇校釋》皆已正。該句「奠」字，韋未出注，實與前義同。韋釋本句云：「士以特牲。」

60・左部——左，《國語》「是左之也」賈逵曰：「左猶遠也。」

（第 315 頁）

【按】本條出〈晉語一〉，今傳《國語》各本同。韋注云：「左，猶外也。」

〔註148〕〔清〕汪遠孫：《國語明道本攷異》，北京：商務印書館1959年《國語》後附，第300頁。

〔註149〕施安昌編：《顏眞卿書干祿字書》，北京：紫禁城出版社1990年版，第24頁。

〔註150〕黃征：《敦煌俗字典》，上海教育出版社2005年版，第35頁。

〔註151〕〔漢〕許愼：《說文解字》，北京：中華書局1963年影陳昌治覆刻平津館本，第107頁下。

〔註152〕〔宋〕丁度等：《集韻》，上海：上海古籍出版社1985年影述古堂本，第140頁。

〔註153〕〔清〕阮元校刻：《十三經注疏》，北京：中華書局1980年版，第2705頁中。

「遠」、「外」同義，《說文・夕部》：「外，遠也。」〔註154〕〈晉語二〉「諸侯
疏己」韋注云：「遠，疏外也。」韋注實與賈同。

61・卜部——貞，《國語》曰：「日卜於陽卜。」《國語》：「葬死者，養
　　　生者，死人復生不悔，生人不愧，貞也。」又曰：「卦得貞悔
　　　亡悔豫。」賈逵曰：「內貞，外卦曰悔。」（第 318 頁）

　　【按】「日卜於陽卜」條出〈吳語〉，黎本引衍「日」字，日本昭和八年
京都東方文化學院編《東方文化叢書》第六輯本《玉篇》殘卷作「《國語》曰：
『卜於陽卜。』」〔註155〕可證。黎本《原本玉篇》「日」字當是因前「曰」字
而衍誤。今傳《國語》各本作「貞於陽卜」，《周禮・春官》鄭眾注、《六書故》
卷二九、《繹史》卷九六下、《左傳紀事本末》卷五一、《玉海》卷六三、《經
濟類編》卷四二、《文章辨體彙選》卷四九四引同。此條本是《原本玉篇・卜
部》「貞」字所引，故當每一例句中都有「貞」字，而引《國語》本條作「卜」，
與例不合，當是傳寫中誤以《國語》「貞」字作「卜」字也。《經典稽疑》卷
下引鄭玄（127～200）云：「問事之正曰貞。」〔註156〕韋注云：「貞，正也。
龜曰卜，以火發兆，故曰陽。言吳欲正陽卜，收復文王、武王之諸侯，以奉
天子。」鄭良樹云：「《周禮・大府》疏引此有注，云：『貞，正也。問卜，內
曰陰，外曰陽。言吳以諸侯失禮於天子，當問於龜，言我當收文、武之諸侯
矣。』與韋解不同，疑是賈注。」〔註157〕張以仁以之為賈逵注但未錄「吳以
諸侯失禮於天子，當問於龜，言我當收文、武之諸侯矣」文字，並云：「《周
禮・天府》注引無『請』字。《玉海》63 同。《天府》疏引則有。又《玉海》
引『貞』誤『正』。蓋涉《周禮》注文而誤。《玉海》轉引自《周禮》疏者也。」
〔註158〕

　　「葬死者，養生者」條出〈晉語二〉。「愧」，黃刊明道本、崇文本、錦章
書局本、沈鎔《國語詳注》作「媿」，今上古本亦從之作「媿」，他本與《原

〔註154〕〔漢〕許慎：《說文解字》，北京：中華書局 1963 年影陳昌治覆刻平津館本，
　　　　第 142 頁上。
〔註155〕見於《續修四庫全書》第 228 冊，第 386 頁。
〔註156〕〔明〕陳耀文：《經典稽疑》，臺北：臺灣商務印書館 1986 年《景印文淵閣四
　　　　庫全書》第 184 冊，第 842 頁上。
〔註157〕鄭良樹：〈國語校證〉（下），《幼獅學誌》第 8 卷第 2 期，第 26 頁。
〔註158〕張以仁：〈《國語》舊注輯校〉，見載於氏著《張以仁先秦史論集》，上海：上
　　　　海古籍出版社 2010 年版，第 335 頁。

本玉篇殘卷》引同，《資治通鑑外紀》卷五、《左傳紀事本末》卷二四、《尚史》卷四七、《經濟類編》卷四引亦作「愧」。《爾雅・釋言》「愧，慙也」陸德明《釋文》：「愧，本亦作『媿』。」〔註159〕《說文》即收「媿」字。或《國語》字本亦作「愧」，明道本因《說文》而改作「媿」。

「卦得貞悔亡悔豫」條出〈晉語四〉。今傳《國語》各本文作：「公子親筮之，曰：『尚有晉國。』得貞屯、悔豫，皆八也。」《六書故》卷一三、卷二九、《繹史》卷五一下、《通志》卷九〇、《尚史》卷四三、《山西通志》卷一〇八、《夢溪筆談》卷七、《太平御覽》卷七二八、柳宗元《非國語》引與今本同，四庫本《資治通鑑外紀》卷五引誤「八」爲「入」。《原本玉篇》引誤，王仁俊《續玉函山房輯佚書》沿其誤，《本邦殘存典籍による輯佚資料集成》、《玉篇校釋》已正作「得貞屯、悔豫」。韋注云：「內曰貞，外曰悔。」與賈同。

62・兆部——兆，《國語》「其魄兆於民」賈逵曰：「兆於。」又曰：「兆於襄矣。」賈逵曰：「兆，形也。」（第 319 頁）

【按】「其魄兆於民」條出〈晉語三〉，今傳《國語》各本同。賈注「於」字下當有脫文。韋注云：「兆，見也。」《一切經音義》「先兆」條引賈逵注《國語》云：「兆，見形也。」「形兆」條引《國語》注云：「兆，見也，形也。」〔註160〕《故訓匯纂》「兆」字條錄「兆」字各家注 88 條，未見注中有「於」字者。或《原本玉篇》誤以《國語》正文中「兆於」作賈注，抑或「兆於」後有脫文。《玉篇校釋》引作「兆，見也」、「兆，形也」〔註161〕。

「兆於襄矣」條，《國語》無之，唯〈晉語八〉有「兆於衰矣」與之近。是《原本玉篇殘卷》引誤「衰」爲「襄」。王仁俊《續玉函山房輯佚書》、《本邦殘存典籍による輯佚資料集成》皆從《原本玉篇殘卷》作「襄」字，並誤。《玉篇校釋》已據今傳《國語》正之。又《文選・遊天臺山賦》李善注引賈此注而無正文，張以仁根據汪遠孫，亦繫之於《晉語八》此處。

63・用部——甯，《國語》：「如衛，反，過甯。」（第 323 頁）

〔註159〕〔唐〕陸德明：《經典釋文》，北京：中華書局 1983 年影通志堂經解本，第412 頁下。

〔註160〕〔唐〕慧琳：《一切經音義》，上海：上海古籍出版社 1983 年《正續一切經音義》，第 1836 頁、第 2783 頁。

〔註161〕胡吉宣：《玉篇校釋》，上海：上海古籍出版社 1989 年版，第 3453 頁。

【按】本條出〈晉語五〉。「反」，《玉篇校釋》誤作「及」字。「衛」，遞修本、金李本、閔《裁注》本、《國語評苑》、黃刊明道本俱作「衞」，徐元誥《國語集解》、沈鎔《國語詳注》作「衛」，《經濟類編》卷五八引亦作「衛」。《甲骨文編》、《金文編》所收字形俱作「衞」，至古陶文、璽印文字中則多見有寫作「衛」者，二者實一字。當依《國語》公序、明道本作「衞」。「寍」即「甯」，徐元誥《國語集解》、沈鎔《國語詳注》、《國學基本叢書》本《國語》作「寧」，他本字並與《原本玉篇殘卷》引同。宋王觀國《學林》卷二〇、袁林《甕牖閒評》卷一並云：「古人寧、甯二字通用。」〔註162〕王筠《說文句讀・亏部》云：「寧，與用部甯同字。」〔註163〕此處當依《國語》公序、明道本作「寍」。

64・叕部——爽，《國語》「實有夹德」賈逵曰：「爽，貳也。」
（第 325 頁）

【按】本條出〈周語上〉。黃丕烈《札記》引惠棟云《說苑》作「是有」。「夹」即「爽」之俗字，《敦煌俗字典》中見錄。今傳《國語》各本作「實有爽德」。韋注與賈同。《文選・張衡・東京賦》「今捨純懿而論爽德」李善注亦引此條。汪遠孫云：「『貳』當作『貣』。《爾雅》：『爽，忒也。』『貣』與『忒』同。」〔註164〕張以仁因王引之《經義述聞》謂「《國語》『貣』誤作『貳』，所在多有。」〔註165〕

65・車部——軌，《國語》：「相齊，作內政以寄制國，五家为軌，＝为長。」又曰：「度之于軌儀。」賈逵曰：「軌，法也。」
（第 334 頁）

【按】「相齊作內政」條出〈齊語〉。今《國語》各本無「相齊」，「作內政以寄制國」作「作內政而寄軍令」，「为」作「爲」，「長」前有「之」字。

〔註162〕〔宋〕袁林撰，李偉國校點：《甕牖閒評》，上海：上海古籍出版社 1985 年版，第 5 頁。

〔註163〕〔清〕王筠：《説文句讀》卷九，北京：中國書店 1983 年影尊經書局本，本卷頁 22。

〔註164〕〔清〕汪遠孫：《國語三君注輯存》卷一，芝加哥大學東方藝術圖書館藏清道光振綺堂本，本卷第 7 頁。

〔註165〕張以仁：〈《國語》舊注輯校〉，見載於氏著《張以仁先秦史論集》，上海古籍出版社 2010 年版，第 178 頁。

韋注云：「內政，國政也。因治政以寄軍令也。」「作內政以寄制國」不辭，《原本玉篇殘卷》即使是復述《國語》之文，復述亦有誤，《玉篇校釋》沿《殘卷》之誤未改。

「度之于軌儀」出〈周語下〉。遞修本、金李本、黃刊明道本與《原本玉篇》引「于」字同，閔《裁注》本、《四庫薈要》本、董增齡《國語正義》、徐元誥《國語集解》、沈鎔《國語詳注》、《國學基本叢書》本《國語》作「於」。古書中「于」、「於」古多混用。韋注：「軌，道也。儀，法也。」「道」、「法」義本同，韋訓「軌」爲「道」與賈訓「軌」爲「法」其實一致。

66・方部——方，《國語》：「方之時動。」《國語》又曰：「不可方物。」賈逵曰：「方，別也。」又曰：「晉國之方，徧侯也。」賈逵曰：「方，大也；徧，方也。言晉國之大，一方旬侯也。」

（第 350 頁）

【按】「方之時動」條出〈周語下〉，今傳《國語》各本同。韋未出注，今人亦無注之者，如薛安勤、黃永堂等則因下文「方非時動而作之者，必不節矣」譯爲「四方」，而鄔國義等人的本子則不出「方」字，譯爲「對於」。按本句所在語境爲「度之天神，則非祥也。比之地物，則非義也。類之民則，則非仁也。方之時動，則非順也。咨之前訓，則非正也」，「度」、「比」、「類」、「方」、「咨」在本語境中同義，應當是「對於」、「比照」、「對照」之義，《呂氏春秋・孟冬紀》「其所是方其所非也」高誘注：「方，比。」〔註166〕也即賈逵所云「別」也，而非黃、薛等所云「四方」之義。

「不可方物」條出〈楚語下〉，今傳《國語》各本同。黃丕烈《札記》引惠棟云《史記》作「放」，汪遠孫《攷異》云：「《漢書》作『放』，『放』、『方』古字通。」〔註167〕韋注云：「方，猶別也。物，名也。」則韋與賈注同。《漢語大詞典》依韋注釋「方物」爲「猶識別；名狀」。

「晉國之方，徧侯也」條出〈晉語一〉。「徧」，遞修本、金李本、張一鯤本、黃刊明道本、閔《裁注》本、《國語評苑》、《四庫薈要》本、《國語正義》等並作「偏」，《繹史》卷五一上、《左傳紀事本末》卷二四、《通志》卷

〔註166〕〔漢〕高誘注：《呂氏春秋》，上海：上海書店 1986 年影世界書局《諸子集成》本，第 100 頁。

〔註167〕〔清〕汪遠孫：《國語明道本攷異》，北京：商務印書館 1959 年版《國語》後附，第 331 頁。

一八一、《尚史》卷四六、《冊府元龜》卷七三二、《經濟類編》卷五七引並作「偏」。韋注云：「方，大也。偏，偏方也，乃甸內偏方小侯也。傳曰：『今晉甸侯。』」審賈、韋注，晉國當時袛是地處偏遠的一個諸侯國，《左傳・昭公十五年》：「晉居深山之中，戎狄之與鄰，而遠於王室。王靈不及，拜戎不暇。」到了晉獻公時纔「並國十七，服國三十八」（《韓非子・難二》）。因此，《原本玉篇》引〈晉語〉正文與賈注作「徧」誤，《玉篇校釋》沿誤，實當爲「偏」，或因「亻」、「彳」形近而混。

67・水部——泛，《國語》「泛舟于河」賈逵曰：「泛，浮也。」

（第 353 頁）

【按】本條出〈晉語三〉。《國語舊音》、《國語補音》、黃刊明道本作「氾」，徐元誥《國語集解》、吳曾祺《國語韋解補正》、沈鎔《國語詳注》、今上古本並從之。《舊音》云：「古汎字。」宋庠《補音》云：「本多作汎。」〔註168〕汪遠孫《攷異》云：「公序本作『汜』，《汋》同。案《內傳》亦作『汎』。」〔註169〕遞修本、金李木、閔《裁注》本、《國語評苑》、《四庫會要》本、《國語正義》俱作「汎」，《經濟類編》卷三八、《佩文韻府》卷二二之二引同。朱駿聲《說文通訓定聲・謙部第四》「氾」字條云：「叚借爲汎，爲泛。」〔註170〕玄應《眾經音義》云：「氾，古文泛。」〔註171〕在「漢籍全文檢索據書庫」（第二版）先秦部分中分別輸入「氾」和「泛」，前者共見於 82 篇文獻出現 185 次，後者則見於 97 篇文獻出現 186 次，二字頻次幾乎相同。「汎」字《詩》等文獻中亦見用。是「氾」、「汎」、「泛」並可通用，《經典釋文》「爲汎」條云：「本又作泛，同。」〔註172〕段玉裁云「汎」亦可假爲「氾」。「于」，今傳《國語》各本作「於」。韋注與賈同。

〔註168〕〔宋〕宋庠：《國語補音》卷二，北京：國家圖書館出版社 2006 年影宋刻宋元遞修本，本卷第 17 頁。

〔註169〕〔清〕汪遠孫：《國語明道本攷異》，北京：商務印書館 1959 年版《國語》後附，第 304 頁。

〔註170〕〔清〕朱駿聲：《說文通訓定聲》，武漢市古籍書店 1983 年影臨嘯閣本，第 135 頁下。

〔註171〕徐時儀：《一切經音義三種校注》，上海：上海古籍出版社 2008 年版，第 354 頁。

〔註172〕〔唐〕陸德明：《經典釋文》，北京：中華書局 1983 年影通志堂經解本，第 186 頁上。

68・水部——湮，《國語》「湮降隸圉」賈逵曰：「湮，下也。」
（第 355 頁）

【按】本條出〈周語下〉，《東方文化叢書》本《玉篇》殘卷引同。黃刊明道本文作：「湮替隸圉。」遞修本、《國語補音》、金李本、閔《裁注》本、《國語評苑》、《四庫薈要》本、《國語正義》「湮」作「堙」，《經濟類編》卷七七引同；《國語韋解補正》、《國學基本叢書》本、《國語集解》、《國語詳注》、今上古本並從明道本作「湮」。「隸」即「隸」之俗字，《敦煌俗字典》見錄〔註173〕。今傳《國語》各本皆作「替」不作「降」。韋注：「湮，沒也。替，廢也。隸，役也。圉，養馬者。」與賈不同。張以仁云：「湮沒之正字當作『湮』，『堙』乃假字也。」〔註174〕本句的上下文為：「故亡其氏姓，踣斃不振；絕後無主，湮替隸圉。」或賈逵《國語》本作「湮降隸圉」，因「降」有「下」義，故訓「湮」為「下」；而韋昭《國語》字作「替」，故訓「湮」為「沒」。根據該句語境，「踣斃不振」是「亡其氏姓」的一個結果；「湮替（降）隸圉」亦當是「絕後無主」的一個結果。如果按照韋昭注「湮，沒也。替，廢也」的解釋，則「湮替」是對「絕後無主」的重複強調說明，仍然表示結果，和「隸圉」構不成任何關係，則「湮替」和「隸圉」之間應該斷開，二者斷開之後與上下句不協，且先秦並後世文獻無此成例，「湮替」、「隸圉」並不辭。按照賈逵注「湮，下也」的解釋，則「湮降隸圉」構成述賓關係，「湮降」亦即「淪落」之義。則賈注「湮」為「下」與賈本《國語》作「湮降隸圉」更為符合此處語境語義，陳鴻森云：「疑賈逵本與韋氏異也。」〔註175〕言是。〈周語下〉本章下文有「是以人夷其宗廟，而火焚其彝器，子孫為隸，下夷於民」句，「人夷其宗廟，而火焚其彝器」即「絕後無主」；「子孫為隸，下夷於民」即「湮降隸圉」。故《宋本玉篇・水部》云：「湮，沒也，落也。」〔註176〕皆可以佐證賈注。

〔註173〕黃征：《敦煌俗字典》，上海教育出版社 2005 年版，第 240 頁。
〔註174〕張以仁：《國語斠證》，臺北：臺灣商務印書館 1969 年版，第 105 頁。又：《故訓匯纂》「堙」、「湮」皆用《國語》本句韋注作義項，而其後所列《主要書目》中《國語》正列 1988 年上海古籍出版社之點校本《國語》和巴蜀書社 1985 年影印式訓堂本《國語正義》（見《故訓匯纂》附錄〈主要書目和引書格式〉第 7 頁）。「湮」字條見《故訓匯纂》第 1285 頁 b 欄，「堙」字條見《故訓匯纂》第 432 頁 d 欄。
〔註175〕陳鴻森：〈《國語三君注輯存》摭遺〉（上），《大陸雜誌》1994 年第 5、6 期合刊，第 6 頁。
〔註176〕〔宋〕陳彭年等：《宋本玉篇》，北京：中國書店 1983 年影張氏澤存堂本，第

69・水部——沒，《國語》「不沒为後」賈逵曰：「沒，貪也。」
（第 355 頁）

【按】本條出〈晉語二〉。「沒」，黃刊明道本作「役」，其他今傳《國語》各本俱作「沒」，《繹史》卷五一上、《左傳紀事本末》卷二四、《尚史》卷七六、《山西通志》卷一〇一、《經濟類編》卷四引亦俱作「沒」，《資治通鑑外紀》卷五、《古史》卷一六、《通志》卷九〇引作「役」。汪遠孫《攷異》云：「『沒』字是也。《戰國策・秦策》『沒利於前而易患於後』高誘注：『沒，貪也。』與韋注合。」〔註177〕王念孫《讀書雜志・漢書十三》「以身設利」條云：「沒謂貪冒也。冒、沒語之轉耳。」〔註178〕《國語》「貪冒」2見。〔註179〕「为」，各本作「爲」。韋注「沒」與賈同。

70・水部——沈，《國語》「沉竈生蛙」、「氣不沉滯」。（第 359 頁）

【按】「沉竈生蛙」條出〈晉語九〉。今傳《國語》各本作「沈竈產黽」〔註180〕。「沈」、「沉」同，詳見本篇第 35、36 條。「黽」，韋注云：「蝦蟇也。」《廣韻・佳韻》「蛙」字注云：「蝦蟆屬。」又「黽」字注云：「上同。」〔註181〕《一切經音義》卷六一「井蛙」條云：「蛙，《說文》正體從黽作黽，古字也。」〔註182〕是「蛙」、「黽」本一物名，祇是字形不同。「生」、「產」義亦同。

346 頁。
〔註177〕〔清〕汪遠孫：《國語明道本攷異》，北京：商務印書館 1959 年版《國語》後附，第 302 頁。
〔註178〕〔清〕王念孫：《讀書雜志》卷六，北京：中國書店 1985 年版，本卷第 52 頁。
〔註179〕《漢語大詞典》「貪冒」詞條立兩個義項：①貪得；貪圖財利。②指貪圖財利的人。並引《舊唐書・職官志二》「較之優劣，而定其留放，所以正權衡，明與奪，抑貪冒，進賢能」以證義項②。實際為語境義，不當單列義項，《漢語大詞典》每將語境義列為義項，殊為失當。按「貪沒」、「貪墨」、「貪冒」並同。另辨見拙著《〈國語〉動詞管窺》，成都：四川大學出版社 2008 年版，第 76 頁。
〔註180〕吳文祺主編《辭通續編》以為：「是『沈竈』云者，謂城中水深數尺，所有炊竈盡沈水中，不能舉火也。韋氏釋為懸釜而炊，羌無依據。」（上海：上海古籍出版社 1991 年版，第 312 頁）所言的是。
〔註181〕〔宋〕陳彭年等：《宋本廣韻》，北京：中國書店 1982 年影張氏澤存堂本，第 73 頁。
〔註182〕〔唐〕慧琳：《一切經音義》，上海：上海古籍出版社 1983 年《正續一切經音義》，第 2452 頁。

「氣不沉滯」條出〈周語下〉，今傳《國語》各本「沉」俱作「沈」，《繹史》卷八二、《左傳紀事本末》卷四、《通志》卷八九、《尚史》卷二八、《歷代名臣奏議》卷二四九、《玉海》卷二一、《天中記》卷七、《文章正宗》卷四、《文編》卷三、《文章辨體彙選》卷五二、《古文淵鑒》卷五引與今本同作「沈」。《古史》卷五、《冊府元龜》卷二六一、《經濟類編》卷七七引作「沉」。《原本玉篇》「滯」字條引《周語下》此文亦同今本作「沈」。韋注云：「沈，伏也。滯，積也。」水部「滯」字亦引本條。

71‧水部——滯，《國語》「震雷出滯」賈逵曰：「滯，蟄虫也。」又曰：「底著滯淫。」賈逵曰：「滯，廢也。」又曰：「氣不沈滯。」賈逵曰：「滯，止也。」又曰：「敢告滯積。」賈逵曰：「滯，久也。」（第 362 頁）

【按】「震雷出滯」條出〈周語上〉。韋注與賈同，今傳《國語》各本韋注「虫」作「蟲」，二字本不同，後則「虫」為「蟲」的俗寫形式，《爾雅‧釋蟲》陸德明《經典釋文》云：「今人以虫為蟲，相承假借用耳。」〔註 183〕《玉篇校釋》引賈注「虫」作「蟲」。

「底著滯淫」條出〈晉語四〉。汪遠孫《攷異》云：「公序本作『箸』，《舊音》同。『箸』、『著』古今字。」〔註 184〕由於「竹」是「一種多年生的禾本科木質常綠植物」，與草本相類，古人多以為草，如《說文‧竹部》：「竹，冬生草也。」〔註 185〕而《爾雅》「竹」字收在《釋草》。故古籍中從「竹」與從「艹」之同聲符字形符多混同，非僅「箸」、「著」而然，亦不必以「古今字」視之。遞修本、金李本、張一鯤本、閔《裁注》本、《國語評苑》、《四庫薈要》本、文淵閣四庫本、《國語正義》、秦鼎本、綠蔭堂本皆作「箸」，《繹史》卷五一下、《尚史》卷三九引作「底箸滯淫」，《左傳紀事本末》卷二五引作「底箸滯淫」；他與《原本玉篇》引同，《六書故》卷五引作「底著滯淫」，《冊府元龜》卷七三二引作「底著滯淫」。「底」，四部叢刊本《說文繫傳》

〔註 183〕〔唐〕陸德明：《經典釋文》，北京：中華書局 1983 年影通志堂經解本，第430 頁上。

〔註 184〕〔清〕汪遠孫：《國語明道本攷異》，北京：商務印書館 1959 年版《國語》後附，第 305 頁。

〔註 185〕〔漢〕許慎：《說文解字》，北京：中華書局 1963 年影陳昌治覆刻平津館本，第 95 頁上。

與《原本玉篇殘卷》亦引作「底」。今傳《國語》各本作「底」。「底」即「底」字，《敦煌俗字典》見錄。《玉篇校釋》引作「底」。《補音》作「底」，汪遠孫云：「『底』、『底』不同，訓『止』者『底』爲正字。」〔註186〕張以仁云：「《爾雅》訓『止』之字作『底』，亦有從『氏』作『底』者，然無作『底』者，《攷異》失檢。」〔註187〕《說文・厂部》：「厂，山石之厓巖，人可居。」《說文・厂部》：「底，柔石也。从厂氏聲。砥，底，或从石。」《說文・广部》：「广，因广爲屋，像對刺高屋之形。」《說文・广部》：「底，山居也。一曰下也。从广氏聲。」〔註188〕段注以爲「山」乃「止」字之譌，當是。「广」、「厂」形義固不相同，然因二字近似，從二字之字遂多得混同。《六書故》云：「底、底不當分二字。」〔註189〕說誤。如此，則字當作「底」。韋注云：「底，止也。」是從《說文》立訓。韋注「滯」與賈同。

「氣不沈滯」條出〈周語下〉，今傳《國語》各本同。韋注云：「滯，積也。」與賈不同。「積」是一種狀態而「止」則指結果，二者所釋角度不同，其義則無實質性差別。

「敢告滯積」條出〈魯語上〉，今傳《國語》各本同。韋注與賈同。

72・水部——涸，《國語》「天根見而水＝涸＝而成梁」賈逵曰：「涸，竭也。」（第362頁）

【按】本條出〈周語中〉。本爲一個語段中相隔較遠的兩句話，原文作：「夫辰角見而雨畢，天根見而水涸，本見而草木節解，駟見而隕霜，火見而清風戒寒。故先王之教曰：『雨畢而除道，水涸而成梁，草木節解而備藏，隕霜而冬裘具，清風至而修城郭宮室。』」《原本玉篇》節略而引。「水＝涸＝」重文符號爲多字重讀，當讀作「水涸水涸」。韋注：「天根，亢、氐之間。涸，竭也。謂寒露雨畢之後五日，天根朝見，水潦盡竭也。〈月令〉：『仲秋，水始涸。』天根見，乃盡竭也。」釋「涸」與賈同。《丹鉛續錄》卷一云：「唐一行曆引《周書・時訓》曰：『天根朝覿，爰始收潦。』《國語》之文本《周書》也。」〔註190〕

〔註186〕〔清〕汪遠孫：《國語明道本攷異》，同上，第305頁。
〔註187〕張以仁：《國語斠證》，臺北：臺灣商務印書館1969年版，第227頁。
〔註188〕〔漢〕許慎：《說文解字》，同上，第192頁、第193頁。
〔註189〕〔宋〕戴侗：《六書故》，上海：上海社會科學院出版社2006年版，第78頁下。
〔註190〕〔明〕楊慎：《丹鉛續錄》，臺北：臺灣商務印書館1986年《景印文淵閣四庫

73．水部——洿，《國語》「塞川源而為潢洿」賈逵曰：「大曰潢，小曰
　　　　洿。」（第 364 頁）

【按】本條出〈周語下〉。黃刊明道本文作：「塞川原而爲潢汙。」今傳
《國語》各本並作「原」字。《四庫薈要》本、《國語正義》、《國語韋解補正》、
《國語集解》、《國語詳注》並與明道本同作「汙」，上古本從之，《資治通鑑
外紀》卷七、《通志》卷八九、《歷代名臣奏議》卷二六二、《文獻通考》卷八、
《錢通》卷二三、《冊府元龜》卷三二五引同。《皇王大紀》卷五八引作「塞
川源而爲潢汙」，《玉海》卷一八〇引作「塞川源而爲潢洿」。敦煌藏寫本《國
語》殘卷亦作「汙」〔註191〕，遞修本、金李本、閔《裁注》本、《國語評苑》、
《百家類纂》本「汙」作「污」，《繹史》卷八二、《禮書綱目》卷六五、《尚
書考異》卷二、《尚史》卷六、卷二七、《資治通鑑綱目前編》卷一六、《喻林》
卷一〇四、《經濟類編》卷九八、《文章正宗》卷四、《文章辨體彙選》卷五二、
《古文淵鑒》卷五引亦作「污」。黃丕烈《札記》引惠棟（1697〜1758）云《漢
書》作「洿」。張以仁云：「汙、洿音義皆通。又『汙』或曲筆作『污』，其實
一也。」〔註192〕胡吉宣《玉篇校釋》「潢」字條注亦云：「汙亦作洿。」〔註193〕
《冊府元龜》卷四九九即引作「塞川原而爲潢洿」。「潢」字條引《周語下》
本文、賈注字即作「洿」，本條字頭亦作「洿」。「洿」當是「洿」字之「亏」
直筆作「于」所致。《敦煌俗字典》未收，當補。《國語評苑》「爲」字與《原
本玉篇》引同。韋注與賈同。

74．水部——溲，《國語》「太妊娠文王不變，少溲于豕牢，而得文王」
　　　　賈逵曰：「豕牢，廁也。」（第 369 頁）

【按】本條出〈晉語四〉，胡吉宣《玉篇校釋》引同。黃刊明道本文作：
「大任娠文王不變，少溲於豕牢，而得文王。」《國語補音》、《四庫薈要》本、
《國語正義》「溲」作「浚」，《五禮通考》卷一四二、《左傳紀事本末》卷二五、
《天中記》卷一二、《古文淵鑒》卷六引作「浚」；他本《國語》、《繹史》卷五

　　　　全書》第 855 冊，第 151 頁上。
〔註191〕拙稿〈甘肅藏敦煌寫本殘卷《國語‧周語下》校記‧敦研三六八《國語》卷
　　　　三《周語下》（2-1）〉第 14 條，《敦煌研究》2009 年第 3 期，第 63〜72 頁。
　　　　本書後附。
〔註192〕張以仁：《國語斠證》，臺北：臺灣商務印書館 1969 年版，第 114 頁。
〔註193〕胡吉宣：《玉篇校釋》，上海：上海古籍出版社 1989 年版，第 3607 頁。

一下、《通志》卷九〇、《尚史》卷四三、《冊府元龜》卷七四〇、《經濟類編》卷一五、《文章辨體彙選》卷五六與明道本同作「溲」。遞修本、金李本、《國語評苑》「溲」作「浚」，「於」作「于」。閔《裁注》本「溲」作「㲹」。《說郛》卷六下引「少溲」誤作「沙瘦」。「㲹」字，《漢語大字典》、《中華字海》皆未見收。《康熙字典・宀部》：「㝈，《集韻》與叟同。本作㝈，或作㝏、㝃、俊。」〔註194〕則「溲」、「㲹」亦同。洪邁《經子法語》作「㳟」，《漢語大字典》、《中華字海》、《異體字字典》亦皆未見收，「㳟」當「㲹」之變體，囚「火」之篆本作「灬」，又「又」、「夕」亦形似。另各本無作「太妊」者，《詩・大雅・大明》亦作「大任」。「太」、「大」本一，「妊」或因「娠」從「女」且「妊娠」自漢至魏晉時期已經固化爲合成詞類推而誤。韋注與賈同。「溲」字多釋爲「便」、「溺」，姚鼐（1731～1815）云：「『浚』同漱，蓋古字通，謂浣濯也。浣于豕牢之側而生文王。其時君民不甚分，故豕牢近公宮而后妃親浣，於《篤公劉》、《葛覃》之詩可以徵矣。韋說陋甚。」〔註195〕是姚鼐以韋注所釋太任如廁小便之際而生文王爲不經，故言。然審本段上下文，韋注所釋未可言誤。

75・水部── 泚，《國語》「是有溢罰」賈逵曰：「溢，餘也。」《國語》「黃金四溢」賈逵曰：「一曰溢，二十四兩也。」（第 375 頁）

【按】《東方文化叢書》本《玉篇》殘卷引同。「泚」實「洫」字，「洫」即「溢」字。《原本玉篇》引《說文》云：「器滿也，從水從皿。」又引《聲類》云：「亦『洫』字也。」《玉篇校釋》正作「洫」。

「是有溢罰」條出〈周語上〉。是《周語》引《書・盤庚》之文，《本邦殘存典籍による輯佚資料集成》云：「明道本『溢』作『逸』。」〔註196〕實際今傳《國語》各本「溢」俱作「逸」，《繹史》卷五一上、《通志》卷一八一、《經濟類編》卷四四、《文章正宗》卷四、《文編》卷二一、《文章辨體彙選》卷五八引皆作「逸」。《書》本文作「佚」，《一切經音義》多處引賈注字作「溢」，則《原本玉篇》所據《國語》或自作「溢」。韋注：「逸，過也。」與賈釋「溢，

〔註194〕〔清〕張玉書等：《康熙字典》，北京：中華書局 1984 年影同文書局本，第 288 頁。

〔註195〕〔清〕姚鼐：《國語補注》，見載於清同治五年（1866）省心閣刊本《惜抱軒全集》第一冊，第 4 頁。

〔註196〕〔日〕新美寬編，鈴本隆一補：《本邦殘存典籍による 輯佚資料集成》網絡版，http://www.zinbun.kyoto-u.ac.jp/~takeda/edo_min/edo_bunka/syuitu/edono_kagaku_syuitu_keibu-1.html#1-1-6-9。

餘也」義同。

「黃金四溢」條出〈晉語二〉。今傳《國語》各本作「黃金四十鎰」，《原本玉篇》脫「十」字。從《原本玉篇》引賈注「一曰溢」看，賈本本亦當作「鎰」，《文選・枚乘・七發》「使射千鎰之重」李善注引賈逵《國語注》曰：「一鎰，二十四兩。」〔註197〕正作「鎰」。韋注云：「二十兩爲鎰。」與賈所云「二十四兩」不同。《說文・水部》「溢，器滿也」段注云：「《禮經》『一溢米』注：『二十兩曰溢。』按謂二十兩溢者，謂滿於一斤，十六兩之外也。後人因製鎰字。」〔註198〕經籍中「二十兩」、「二十四兩」雜出，未知孰是，汪遠孫云：「江都焦循以《孫子算經》、《五經算術》推之，一鎰當是二十兩，『四』字羨文。韋注『二十兩爲鎰』，鄭玄注《儀禮》、《禮記》，趙岐注《孟子》，高誘注《呂覽》，服虔注《史記》，孟康注《漢書》並與韋同。」〔註199〕陳鴻森云：「蓋一溢舊音有二十兩、二十四兩二說，『四』字非衍也。」〔註200〕言是。丘光明云：「三晉各國斗以下的容量單位用『益』。除安邑下官銅鐘外，故宮博物院藏一小銀器（已殘缺），上口刻『少府容三益』，上海博物館藏少府銅盉，第一次刻銘有『容一斗一益』。」〔註201〕「益」當即與「鎰」、「溢」同。

76・素部——素，《國語》「素見成事」賈逵曰：「素猶預也。」（第 400 頁）

【按】本條出〈吳語〉，今傳《國語》各本同。韋注：「素猶豫也。」與賈注同。「豫」、「預」因音同多通用。《集韻・御韻》：「預，通作豫。」〔註202〕《說文新附・頁部》：「預，經典通用豫。」〔註203〕《說文解字注・象部》「豫」

〔註197〕〔南朝梁〕蕭統編、〔唐〕李善注：《文選》，北京：中華書局 1977 年影胡克家本，第 480 頁。

〔註198〕〔清〕段玉裁：《說文解字注》，上海：上海古籍出版社 1981 年影經韻樓本，第 563 頁上。

〔註199〕〔清〕汪遠孫：《國語三君注輯存》卷三，芝加哥大學東方藝術圖書館藏清道光振綺堂本，本卷第 5 頁。

〔註200〕陳鴻森：〈《國語三君注輯存》摭遺〉（下），《大陸雜誌》1994 年第 6 期，第 16 頁。

〔註201〕丘光明：〈試論戰國容量制度〉，見載於丘光明等編《中國古代度量衡論文集》，鄭州：中州古籍出版社 1990 年版，第 377 頁。

〔註202〕〔宋〕丁度等：《集韻》，上海：上海古籍出版社 1985 年影述古堂本，第 493 頁。

〔註203〕〔漢〕許慎：《說文解字》，北京：中華書局 1963 年影陳昌治覆刻平津館本，

字注云：「俗作預。」〔註204〕

77・山部——嵎，《国語》「防風氏，住苞氏之君，守封嵎之山者也」賈達曰：「山在吳越之間也。」（第429頁）

【按】本條出〈魯語下〉，《東方文化叢書》本《玉篇》殘卷引同。今傳《國語》各本文字與《原本玉篇》引頗異，明道本文作：「仲尼曰：『丘聞之：昔禹致羣神於會稽之山，防風氏後至，禹殺而戮之，其骨節專車。此爲大矣。』客曰：『敢問誰守爲神？』仲尼曰：『山川之靈，足以紀綱天下者，其守爲神；社稷之守者，爲公侯。皆屬於王者。』客曰：『防風何守也？』仲尼曰：『汪芒氏之君也，守封、嵎之山者也，爲漆姓。在虞、夏、商爲汪芒氏，於周爲長狄，今爲大人。』」先秦傳世文獻中無「住苞氏」，各史書中亦未見載，則「住苞」二字實因與「汪芒」形近而譌。《玉篇校釋》依今傳《國語》作「汪芒」。又黃模《國語補韋》云：「《史記》『汪芒』作『汪罔』。」〔註205〕音近似。遞修本・金李本、閔《裁注》本、《百家類纂》本、《國語評苑》、《國語正義》「嵎」作「隅」，《繹史》卷八六之四、《尙史》卷三、卷八一、卷一〇五引同作「隅」。《六書故》卷五即引〈魯語〉曰：「汪芒氏，守封嵎之山者也。」〔註206〕《資治通鑑外紀》卷二、《通志》卷二上、《說苑》卷一八、《孔子家語》卷四、《玉海》卷一〇二、《經濟類編》卷五四引與《六書故》同。《史記・孔子世家》字作「汪罔」、「禹」，《尙史》卷三一、《通志》卷八八、胡仔《孔子編年》卷四、《通典》卷一八二、《文獻通考》卷三一八、《冊府元龜》卷七九七引與《史記》同，《路史》卷一五、卷二五、卷三七亦作「禹」，《太平御覽》卷一七〇引「汪芒」同今本《國語》，引「禹」字同《史記》，又《太平御覽》卷三七七引《家語》作「枉罔」與「嵎」字。《皇王大紀》卷五引「汪芒」與今本同，引「嵎」作「堣」。汪遠孫《攷異》云：「公序本作『隅』，案『嵎』是也，《說文》作『嵎』。」〔註207〕段注云：

第 184 頁上。

〔註204〕〔清〕段玉裁：《說文解字注》，上海：上海古籍出版社 1981 年影經韻樓本，第 459 頁下。

〔註205〕〔清〕黃模：《國語補韋》卷二，北京：中華書局 1960 年版《史籍叢刊》本。

〔註206〕〔宋〕戴侗：《六書故》，臺北：臺灣商務印書館 1986 年《景印文淵閣四庫》第 226 冊，第 72 頁上。

〔註207〕〔清〕汪遠孫：《國語明道本攷異》，北京：商務印書館 1959 年版《國語》後附，第 293 頁。

「峿，即隅字。」《說文通訓定聲》云：「峿，叚借爲堨。」〔註208〕「禺」者以音記詞，「峿」、「堨」、「隅」皆因形見義。韋注：「封，封山。峿，峿山。今在吳郡永安縣也。」比賈注具體而詳，潘光旦云：「封峿，猶武夷、番禺也，亦猶武夷山神之名潘遇也。封、峿分爲二山，番禺亦有分二山之說。要皆與越人之自稱有涉。今之佈依，猶存此稱號。」〔註209〕《說文‧山部》：「峿，封峿之山，在吳楚之間，汪芒之國。」段注云：「據許，則封峿乃一山名耳。今封、峿二山在浙江省湖州府武康縣東，實一山也。『楚』，當依《玉篇》作『越』。」〔註210〕俞樾（1821～1907）《春在堂隨筆》據段注亦云：「《國語‧魯語》以防風爲汪芒氏之君，守封峿之山者。韋注：『封，封山；峿，峿山，今在吳郡永安縣。』又云：『在虞夏商爲汪芒氏，於周爲長狄。』韋注：『周世，其國北遷爲長狄也。』然則以今武康縣爲防風之國則可；爲郹瞞之國則不可。」〔註211〕《中國上古國名地名辭彙及索引》據《國語‧魯語下》釋爲：「古氏族，漆姓，或以爲係長狄之祖，或者是越族，地在今浙江永康。」〔註212〕趙帆聲云：「防風，夏時諸侯，今浙江武康縣即古防風氏之國。」〔註213〕潘光旦又云：「長狄既爲狄，而北南移，終於浙北，疑亦畲瑤之一派。封、禺二山，《考證》謂即在武康。疑原是越人之地，封禺，猶武夷與番禺也；越人節節南移，汪芒氏始據而有之。」〔註214〕根據董楚平研究，「會稽」原在山東，禹殺防風氏應該在泰山附近，「防風」的「防」是居地名，「風」即「鳳」，爲圖騰符號，重二氏爲氏。〔註215〕而聶立申更

〔註208〕〔清〕朱駿聲：《說文通訓定聲》，武漢古籍書店1983年影臨嘯閣本，第360頁下。

〔註209〕潘光旦：《中國民族史資料彙編》（《史記》、《左傳》、《國語》、《戰國策》、《汲冢周書》、《竹書紀年》、《資治通鑒》之部），天津：天津古籍出版社2005年版，第315頁。

〔註210〕〔清〕段玉裁：《說文解字注》，上海：上海古籍出版社1981年影經韻樓本，第438頁下。

〔註211〕〔清〕俞樾：《春在堂隨筆》卷七，瀋陽：遼寧教育出版社2001年徐明、文青校點本，第92頁。

〔註212〕潘英：《中國上古國名地名詞彙及索引》，臺北：明文書局1986年版，第23頁。

〔註213〕趙帆聲：《古史音釋》，開封：河南大學出版社1995年版，第109頁。

〔註214〕潘光旦：《中國民族史資料彙編》（《史記》、《左傳》、《國語》、《戰國策》、《汲冢周書》、《竹書紀年》、《資治通鑒》之部），天津：天津古籍出版社2005年版，第37頁。

〔註215〕董楚平：〈《國語》「防風氏」箋證〉，《歷史研究》1993年第5期，第1～16

進一步得出此「會稽」實即今蒿里山。〔註216〕凡此本歷史久遠，載籍又記載不詳，恐難有一致意見。

78・广部——府，《國語》「為**怨**三官」賈逵曰：「府猶本也。」
（第 445 頁）

【按】本條出〈魯語上〉，《東方文化叢書》本《玉篇》殘卷引同。今傳《國語》各本作「為怨三府」，字頭本亦為「府」，是《原木玉篇》誤「府」為「官」，《本邦殘存典籍による輯佚資料集成》、《玉篇校釋》已正作「府」，《玉函山房輯佚書續編》則一依《原本玉篇殘卷》之舊，陳鴻森《國語三君注輯存撫遺》則改作「怨」字。《古今韻會舉要・願韻》云：「怨，亦作**怨**。」是「歹」、「夕」形近故也。韋此處未單釋「府」字，「皆怨府也」韋注云：「怨之所聚也，故曰府。」則韋以「聚」釋「府」字，與賈以「本」釋「府」不同。該句上下文為：「苦成氏有三亡：少德而多寵，位下而欲上政，無大功而欲大祿，皆怨府也。其君驕而多私，勝敵而歸，必立新家。立新家，不因民不能去舊；因民，非多怨民無所始。為怨三府，可謂多矣。」據此，則韋注為是。

79・广部——廣，《国語》：「猶□也。」又曰：「廣其莭以廣運百。」賈逵曰：「東□為廣。」（第 447 頁）

【按】「猶□也」處闕文無法辨識，《東方文化叢書》本《玉篇》殘卷作「**弘**」，「**弘**」為「弘」的俗字，《干祿字書・平聲》見錄。《原本玉篇》「国語猶**弘**也」下文引《禮記》「東上不廣郊」鄭玄曰：「廣猶**弘**也。」《玉篇校釋》云：「寫本上衍『猶弘也』。」〔註217〕蓋涉鄭注而衍，與《國語》無涉。

「廣其莭以廣運百」條中「廣其莭」，今傳《國語》無之，唯有「廣其……」句 2 例，〈周語上〉：「若將廣其心而遠其鄰。」〈周語中〉：「若是則必廣其身。」「莭」即「節」字，今傳《國語》中無「節」和「廣」同時出現的句子。先秦傳世文獻中唯《禮記・樂記》有「廣其節奏，省其文采」一語，《原本玉篇》「廣其莭」三字或本此，然觀《原本玉篇》所引「廣其莭以廣運百」應該是一句話，不似割裂湊成，難定其是非。「廣運百」出〈越語上〉，今傳《國

頁。
〔註216〕轟立申：〈會稽山新考〉，《泰山學院學報》2004 年第 2 期，第 50～52 頁。
〔註217〕胡吉宣：《玉篇校釋》，上海：上海古籍出版社 1989 年版，第 4230 頁。

語》文作：「廣運百里。」《玉篇校釋》以「廣其節以」爲衍文，引《國語》本句徑直作「廣運百里」。該處賈注闕文，《東方文化叢書》本《玉篇》殘卷作「西」，《玉篇校釋》引已正。本句韋注云：「東西爲廣，南北爲運。」韋注釋「廣」與賈同。

80・广部——庝，《国語》「將夫溝而庝我」賈逵曰：「從旁曰庝。」
（第 448 頁）

【按】本條出〈吳語〉，《東方文化叢書》本《玉篇》殘卷引同。「夫」，今傳《國語》各本作「夾」。《原本玉篇》引誤作「夫」，《玉篇校釋》據今傳《國語》已更作「夾」。韋注云：「旁擊曰庝。」與賈注義基本相同。詳見〈《廣韻》引《國語》斠證〉第 15 條。

81・广部——庾，《国語》「野有庾積」賈逵曰：「大曰大倉，小曰庾。＝積者，禾稼之積也。」（第 449 頁）

【按】本條出〈周語中〉，今傳《國語》各本同。韋注引唐固云：「十六斗曰庾。」並注云：「此庾露積穀也。」韋注直接沿用《詩・小雅・甫田》「曾孫之庾」鄭箋，與賈注不盡同。《釋名》：「庾，裕也，言盈裕也。」《史記・孝文本紀》「發倉庾以振貧民」裴駰《集解》引胡公云：「在邑曰藏，在野曰庾。」〔註218〕此釋更符合此處語境。《漢語大詞典》收錄「庾積」詞條因韋注訓爲「露天儲積之穀物」，先秦至清代傳世文獻僅《國語》1 見而立爲詞條，未妥；且「露天儲積之穀物」爲語境義，具有臨時性，不穩固。另賈注「大曰大倉」後「大」字爲衍文，《玉篇校釋》引賈注已刪去，《宋本玉篇・广部》：「大曰倉，小曰庾。」〔註219〕《慧琳音義》九九引賈逵注《國語》云：「大曰倉，小曰庾。庾，積也，謂禾稼積也。」〔註220〕張以仁未參《玉篇殘卷》，故推斷賈注當繫在此處。張以仁謂：「『庾，積也』之『也』字疑是衍文。『庾積』即是正文之『庾積』，故下曰：『謂禾稼積也。』」又汪氏據《論語・雍也》皇侃疏引賈氏此注作『十六斗爲庾』。按皇侃但云『案苞注十六斗爲庾，爲

〔註218〕〔漢〕司馬遷：《史記》，北京：中華書局 1959 年點校本，第 432 頁。

〔註219〕〔宋〕陳彭年等：《宋本玉篇》，北京：中國書店 1983 年影張氏澤存堂本，第 407 頁。

〔註220〕〔唐〕慧琳：《一切經音義》，上海：上海古籍出版社 1983 年《正續一切經音義》，第 3676 頁。

賈氏注《國語》同』，而未直接徵引賈注。而本文《韋解》引唐尚書曰『十六斗曰庾』。韋氏網羅舊訓，專注《國語》，若賈有此義，當無誤作唐注或廢賈崇唐之理。是皇疏誤唐爲賈明矣。汪氏未見慧琳之書，復不究賈、唐相同而韋氏捨賈用唐之理，可謂疏矣。」〔註221〕參以《玉篇殘卷》，「也」字或本「者」字，涉後「也」字而誤。陳鴻森〈摭遺〉引賈注刪去「倉」前「大」字。

82・广部——廉，《国語》「長廉以驕心」賈逵曰：「廉，利也。」
（第 451 頁）

【按】 本條出〈晉語二〉。韋引虞翻（164～233）云：「廉，直也。」與賈注不同。本句在黃刊明道本〈晉語二〉中的上下文爲：「弑君以爲廉，長廉以驕心，因驕以制人家，吾不敢。抑撓志以從君，爲廢人以自利也，利方以求成人，吾不能。」晉獻公想要廢長立幼，晉國的兩位大夫丕鄭和里克在一起商量作爲臣子應該具有的態度，里克說了這樣一番話。《呂氏春秋・原亂》云：「獻公聽驪姬，近梁五、優施，殺太子申生，而大難隨之者五，三君死，一君虜，大臣卿士之死者以百數，離咎二十年。」《戰國策・東周策》云：「春秋記臣弑君者以百數，皆大臣見譽者也。」弑昏庸君主而爲國家長久計，這是稟性方直。《韓非子・五蠹》云：「今兄弟被侵必攻者，廉也。」即不考慮後果，祇考慮在出現狀況之後個人應該進行的行爲。里克所云「吾不敢」正是因爲他考慮了後果，雖然在獻公死後爲了晉國他還是「弑君以爲廉」，此時卻沒有。賈逵之所以訓「廉」爲「利」是因「抑撓志以從君，爲廢人以自利也，利方以求成人」之句而起。此處「廉」、「利」並不同，韋引虞翻注爲是。

83・广部——庳，《国語》「松栢不生庳」賈逵曰：「城上俾倪也。」
（第 452 頁）

【按】 本條出〈晉語八〉。《本邦殘存典籍による輯佚資料集成》云：「明道本『庳』作『埤』。」〔註222〕實際遞修本、《國語補音》、金李本、閔《裁注》

〔註221〕張以仁：〈《國語》舊注輯校〉，見載於氏著《張以仁先秦史論集》，上海古籍出版社 2010 年版，第 192 頁。

〔註222〕〔日〕新美寬編，鈴本隆一補：《本邦殘存典籍による輯佚資料集成》網絡版，http://www.zinbun.kyoto-u.ac.jp/~takeda/edo_min/edo_bunka/syuitu/edono_

本、《國語翼解》、《國語正義》、《國語評苑》、黃刊明道本等俱作「埤」，《繹史》卷七八、《喻林》卷一一九、《經濟類編》卷九七、《廣博物志》卷二二引與今傳《國語》同，《六書故》卷四引「栢」作「柏」。「栢」、「柏」異體字。韋注：「埤，下濕也。」與賈異。賈所釋之「埤」在《集韻》支部滂紐霽韻，去聲，爲城上短墻；韋所釋之「埤」在《集韻》支部幫紐支韻，平聲，爲低濕之地。讀音不同。公序本該句上下文爲：「直不輔曲，明不規闇，橈木不生危，松柏不生埤。」「直」與「曲」、「明」與「闇」相對，「危」與「埤」亦當相對而言，當以韋注爲是。「庳」，〈周語下〉「墮高堙庳」韋注：「庳，謂池澤。」《太玄》「澤庳其容」司馬光《集注》引王云：「如澤之庳下，眾潤所歸。」〔註223〕亦有低下之義。故《集韻・紙韻》：「庳，通作埤。」〔註224〕

84・广部──庇，《国語》「先諸民而後而庇焉」賈逵曰：「庇猶麻。」
（第 452 頁）

【按】本條出〈周語中〉，《東方文化叢書》本《玉篇》殘卷引同。今傳《國語》文作：「故王天下者必先諸民，然後庇焉，則能長利。」《繹史》卷八七上、《左傳紀事本末》卷三一、《通志》卷八九、《格物通》卷一七、《經濟類編》卷九二、《文章正宗》卷六、《文編》卷二一、《文章辨體彙選》卷六〇引同。韋注云：「庇，猶蔭也。」《本邦殘存典籍による輯佚資料集成》引賈注作：「庇猶麻。」並云《原本玉篇・广部》亦作「麻」〔註 225〕。《原本玉篇》當因「馬」與「焉」、「麻」與「庥」形近而誤。《玉篇校釋》皆正之。《爾雅・釋言》「庥，廕也」郭注：「今俗語呼樹蔭爲庥。」〔註226〕是「庇」與「庥」同義。則韋注釋「庇」與賈同。

85・广部──庶，《国語》「庶可已乎」賈逵曰：「庶，冀也。」
（第 453 頁）

kagaku_syuitu_keibu-1.html#1-1-6-9。

〔註223〕〔漢〕揚雄撰、〔宋〕司馬光集注：《太玄集注》，北京：中華書局 1998 年劉韶軍點校本，第 30 頁。

〔註224〕〔宋〕丁度等：《集韻》，上海：上海古籍出版社 1985 年影述古堂本，第 316 頁。

〔註225〕〔日〕新美寬編，鈴本隆一補：《本邦殘存典籍による輯佚資料集成》網絡版，http://www.zinbun.kyoto-u.ac.jp/~takeda/edo_min/edo_bunka/syuitu/edono_kagaku_syuitu_keibu-1.html#1-1-6-9。

〔註226〕〔晉〕郭璞注：《爾雅》，《四部叢刊》本。

【按】本條出〈魯語上〉。黃刊明道本作「庶可已矣」，《國語韋解補正》、《國語集解》、《國語詳注》、商務本、今上古本並從之。《歷代名臣奏議》卷三一五引作「庶可以已矣」。汪遠孫《國語攷異》云：「公序本作『庶可以已乎』。」〔註227〕《繹史》卷四〇、《尚史》卷三〇、《格物通》卷七八、《冊府元龜》卷二五五、卷七四〇、《經濟類編》卷七四即引作「庶可以已乎」，比《原本玉篇》所引多一字。遞修本、金李本、張一鯤本、閔《裁注》本、《國語評苑》、《四庫薈要》木、《國語正義》、綠蔭堂本、秦鼎本等並與注所云公序本同。審本句上下文語氣，以「矣」字爲是。韋未釋「庶」。「庶」用於謂語之前或者句首，可以表示對某種情況的期待或希望。

86・广部——庀，《国語》「將庀季氏元政」賈逵曰：「庀猶理也。」
（第 458 頁）

【按】本條出〈魯語下〉。今傳《國語》各本作「將庀季氏之政」，《繹史》卷九一、《尚史》卷三四、《古列女傳》卷一、卷二、《家範》卷一、《格物通》卷三八、《經濟類編》卷八二引同。且「元政」不辭，當是《原本玉篇》誤「之」作「元」，「之」字俗體字形與「元」本近似。《玉篇校釋》改從今傳《國語》。韋注：「庀，治也。」與賈注義同。

87・广部——廤，《国語》「帀也無赤米而園鹿空虛」賈逵曰：「鹿，＝也。」（第 459 頁）

【按】本條出〈吳語〉，《東方文化叢書》本《玉篇殘卷》引同。今傳《國語》各本作「市無赤米，而困鹿空虛」，《埤雅》卷三、《繹史》卷九六下、《尚史》卷六四、《經濟類編》卷六一、《格致鏡原》卷五四、《文章辨體彙選》卷四九四、《古文淵鑒》卷六引同，《左傳紀事本末》卷五一、《黃氏日抄》卷五二引「虛」作「虗」。《原本玉篇》所引「帀」當是「市」之形譌、「也」爲衍文。韋注云：「員曰困，方曰鹿。」則《原本玉篇》所引「園」字亦誤，因「園」非盛糧器具。《本邦殘存典籍による輯佚資料集成》引賈與《原本玉篇》同，並云：「恐有脫文。」〔註228〕《玉篇校釋》據今傳《國語》正正文，據《廣韻》

〔註227〕〔清〕汪遠孫：《國語明道本攷異》，北京：商務印書館 1959 年版《國語》後附，第 287 頁。
〔註228〕〔日〕新美寬編，鈴本隆一補：《本邦殘存典籍による輯佚資料集成》網絡版，http://www.zinbun.kyoto-u.ac.jp/~takeda/edo_min/edo_bunka/syuitu/edono_

「鹿，庾也」正賈注。其以韋注多從賈，故將韋注「員曰囷，方曰鹿」置於賈注後，失之武斷。

88・广部——廊，《国語》：「謀之廊庿，失之中原。」（第 459 頁）

【按】本條出〈越語下〉。「庿」，今傳《國語》各本俱作「廟」字，《玉篇校釋》即改作「廟」。說詳見前。「謀之廊庿，失之中原」句法結構完全相同，都是「動＋賓＋處所補語」形式，這是一種四字結構，而且賓語是代詞「之」，如果把代詞「之」換成介詞「於」或者兼詞「諸」也成立。但是如果在「之」後加上「於」字，則語氣不夠緊湊，由於「之」、「於」二虛字語氣比較舒緩，無法起到強調謂語中心詞的作用。

89・厂部——厎，《国語》：「玄雴久將厎。」（第 462 頁）

【按】《東方文化叢書》本《玉篇》殘卷引同。根據黃征《敦煌俗字典》，「雴」即「戾」、「厎」即「底」，陸明君云：「氐，草書作『至』、『互』等形，故楷化後寫作『互』，與『交互』之『互』形同。」〔註 229〕本條出〈晉語四〉。黃刊明道本〈晉語四〉本文作：「今戾久矣，戾久將厎。」《爾雅》郭注即引作「戾久將厎」。《原本玉篇》引用絕少用「云」字，然本句之「玄」或當「云」字之誤，因「玄」、「云」形似，《玉篇校釋》即改「玄」作「云」。黃丕烈《札記》云：「《補音》作『厎』。」〔註 230〕實際遞修本、微波榭本《補音》、金李本、閔《裁注》本、《百家類纂》本、《國語評苑》、《四庫薈要》本、《國語正義》、《國語韋解補正》、《國語集解》、《國語詳注》並與黃刊明道本同作「厎」，《資治通鑑外紀》卷五、《繹史》卷五一下、《尚史》卷三九、《冊府元龜》卷七三二引亦皆作「厎」，《左傳紀事本末》卷二五引字作「厎」。汪遠孫《攷異》云：「『厎』當作『厎』，職雉切，下同。《爾雅》：『厎，止也。』」〔註 231〕張以仁云：「《爾雅》訓『止』之字作『厎』，亦有從『氏』作『厎』者，然無作『厎』者，《攷異》失檢。」〔註 232〕今《爾雅・釋詁》並存「厎」、「厎」

kagaku_syuitu_keibu-1.html#1-1-6-9。

〔註 229〕陸明君：《魏晉南北朝碑別字研究》，北京：文化藝術出版社 2009 年版，第 55 頁。

〔註 230〕〔清〕黃丕烈：《校刊明道本韋氏解國語札記》，北京：商務印書館 1959 年版《國語》後附，第 254 頁。

〔註 231〕〔清〕汪遠孫：《國語明道本攷異》，北京：商務印書館 1959 年版《國語》後附，第 305 頁。

〔註 232〕張以仁：《國語斠證》，臺北：臺灣商務印書館 1969 年版，第 227 頁。

二字，爲「頤、俟、替、戾、底、止、徯，待也」和「訖、徽、妥、懷、安、按、替、戾、底、廢、尼、定、曷、遏，止也」兩條，二字義同，汪遠孫《攷異》實未誤，是張氏失檢。

90・厂部——厭，《国語》曰：「堯厭帝心。」賈逵曰：「厭，合。」
（第 465 頁）

【按】本條出〈周語下〉，《東方文化叢書》本《玉篇》殘卷引同。今傳《國語》各本「堯」作「克」，《原本玉篇》作「堯」字誤，因本句上文爲「帥象禹之功，度之於軌儀，莫非嘉績」，爲「堯」則不辭。《玉篇校釋》據今傳《國語》正作「克」，注云：「『帝心』今作『天心』。」〔註233〕今傳《國語》各本並無作「天心」者，先秦傳世文獻中亦僅《書・咸有一德》「克享天心」1 見。審《玉篇校釋》上下文，確乎說《國語》，不知何據。韋注訓「厭」與賈注同。

91・高部——亭，《国語》有㝢泙，謂今亭也。（第 468 頁）

【按】《東方文化叢書》本《玉篇》殘卷引同。今傳《國語》各本無「㝢泙」，朱葆華《原本〈玉篇〉寫本殘卷俗字表》亦未見錄。「㝢」字，《漢語大字典》未收，《中華字海》云：「同『寓』，字見魏《元始和墓誌》。」〔註234〕《說文・宀部》：「寓，籀文寓，从禹。」〔註235〕許瀚（1797～1866）《別雅訂》卷二云：「㝢宙，宇宙也。《荀子・賦篇》『精微乎毫毛，而大盈乎大㝢』注：『㝢與宇同。』」〔註236〕《玉篇校釋》因《太平御覽》引《春秋國語》「疆有㝢望」〔註237〕正作「㝢望」，則本條出自〈周語中〉，今傳《國語》各本〈周語中〉文作：「國有郊牧，疆有㝢望。」《皇王大紀》卷四七、《通志》卷八九、《文編》卷二一引同，《繹史》卷五六、《左傳紀事本末》卷二

〔註233〕胡吉宣：《玉篇校釋》，上海：上海古籍出版社 1989 年版，第 4279 頁。
〔註234〕冷玉龍：《中華字海》，北京：中華書局 1995 年版，第 1135 頁。
〔註235〕〔漢〕許慎：《說文解字》，北京：中華書局 1963 年影陳昌治覆刻平津館本，第 150 頁上。
〔註236〕〔清〕許瀚著、袁行雲編校：《攀古小廬全集》（上冊），濟南：齊魯書社 1983 年版，第 413 頁。
〔註237〕實際《太平御覽》卷一九四云：「《風俗通》曰：『謹案《春秋國語》有㝢望，謂今亭也。』」《玉海》卷一七五亦云：「《風俗通》：『《國語》有㝢望，謂今亭也』。」《天中記》卷一四並引用之。《格致鏡原》卷一九云：「《國語》『疆有㝢望』注：『㝢望，今之亭也。』」則《原本玉篇殘卷》此訓或當本《風俗通》。

六、《尚史》卷二七、《冊府元龜》卷二五四、《玉海》卷三九、《經濟類編》卷七四、《文章正宗》卷四、《文章辨體彙選》卷五八、《古文淵鑒》卷五引「疆」作「畺」。則「寫」爲「寓」之俗寫、「涅」爲「望」之俗寫。《敦煌俗字典》未收「寓」字，收有「望」的俗字有望、坒、壑、壑、望、啓、望、望、望、堅、星11個〔註238〕，唯「望」和「涅」稍近。韋注：「境界之上，有寄寓之舍、候望之人也。」與《玉篇殘卷》釋義近似。

92・石部——磽，《国語》：「務叏磽瘠。」（第473頁）

【按】本條出〈楚語上〉。黃刊明道本作：「其日不廢時務。瘠磽之地，於是乎爲之。」《原本玉篇》衍一「叏」字，且引用不成句，截取不當，又發生誤倒。《玉篇校釋》沿襲未改。「磽」，《補音》作「墝」。遞修本、金李本、張一鯤本、閔《裁注》本、《百家類纂》本、《國語評苑》、《四庫薈要》本、《國語正義》、《國語韋解補正》、《國語集解》、《國語詳注》並與黃刊明道本同作「磽」，《讀詩質疑》卷二四下、《禮書綱目》卷七一、《繹史》卷七六、《左傳紀事本末》卷四七、《歷代名臣奏議》卷三一五、《格物通》卷八七、《冊府元龜》卷七四二、《經濟類編》卷七四、《文章辨體彙選》卷五六、《古文淵鑒》卷六引並作「磽」。《荀子・儒效篇》「視肥墝」楊倞注：「墝，薄田也。」《孟子・告子上》「則地有肥磽」趙岐注：「磽，薄也。」〔註239〕二字義同，唯「墝」字不見於《說文》，或各本多用「磽」字之由也。《冊府元龜》卷七四二引「廢」作「敗」，「廢」、「敗」義同。韋注：「磽，確也。」又云：「磽確爲瘠。」是「磽」、「瘠」二字義亦同。

93・石部——礱，《国語》：「天子之室斲而礱。」磨也。（第474頁）

【按】本條出〈晉語八〉，《東方文化叢書》本《玉篇》殘卷引同。今傳《國語》文作：「天子之室，斲其椽而礱之，加密石焉。」《資治通鑑外紀》卷七、《繹史》卷七八、《左傳紀事本末》卷三一、《尚史》卷四三、《太平御覽》卷一七四、《冊府元龜》卷九〇一、《經濟類編》卷七四、《天中記》卷一四引與今傳《國語》各本同。則《原本玉篇》屬於節略引用。「斲」，同「斲」。韋注：「礱，磨也。」《原本玉篇》引「磨也」或即賈注，因韋昭注南北朝時尚未彰顯，他書未予轉引，胡吉宣《玉篇校釋》已據今傳《國語》補正正文

〔註238〕黃征：《敦煌俗字典》，上海教育出版社2005年版，第420頁。
〔註239〕〔清〕阮元校刻：《十三經注疏》，北京：中華書局1980年版，第2749頁下。

並在「磨也」前加「賈逵曰」。

94・阜部──阜，《国語》「所阜財用」賈逵曰：「阜也。」又曰：「助生阜也。」賈逵曰：「阜，長也。」（第485頁）

【按】《東方文化叢書》本《玉篇》殘卷「所阜財用」唯餘「所」字，「阜財用」三字因紙頁殘缺脫落。

「所阜財用」條出〈周語上〉。今傳《國語》各本作「所以阜財用、衣食者也」，《繹史》卷二七、《古史》卷五、《尚史》卷二五、《歷代名臣奏議》卷一九九、《格物通》卷一七、《冊府元龜》卷三二五、《喻林》卷七二、《經濟類編》卷二八、《文章正宗》卷四、《文編》卷三、《文章辨體彙選》卷五二、《古文淵鑒》卷五引與今傳《國語》同。《原本玉篇》引脫「以」字，且其引賈注「阜也」亦必有脫文，《本邦殘存典籍による輯佚資料集成》引《原本玉篇・阜部》引賈注云：「阜，厚也。」〔註240〕，則《玉篇殘卷》引賈逵曰「阜」、「也」中間脫「厚」字。韋注云：「阜，厚也。」止與賈同。《玉篇校釋》已據今傳《國語》添「以」字。

「助生阜也」條出〈魯語上〉。韋注「阜」與賈同。《文選・左思・魏都賦》李善注、《慧琳音義》卷三二、卷七六小引賈注而未出正文，張以仁未參《玉篇殘卷》而據王、汪、蔣之繫賈注於此，因以繫之。

95・阜部──阿，《国語》：「大臣弗諫而阿。」（第488頁）

【按】本條出〈周語上〉。今傳《國語》各本文作「大臣享其祿，弗諫而阿之」，《北堂書鈔》卷三〇、《通志》卷一八一、《文章正宗》卷四引與今傳《國語》同，《原本玉篇》為節略引用。韋注：「阿，隨也。」顧野王云：「阿謂曲隨人意。」與韋注義同。

〔註240〕〔日〕新美寬編，鈴本隆一補：《本邦殘存典籍による輯佚資料集成》網絡版，http://www.zinbun.kyoto-u.ac.jp/~takeda/edo_min/edo_bunka/syuitu/edono_kagaku_syuitu_keibu-1.html#1-1-6-9。

貳、《切韻》、《唐韻》殘卷引《國語》斠證

　　這裏的《切韻》和《唐韻》，指的是王國維寫本《切韻》殘卷（即音韻學上通常所言之「切一」、「切二」、「切三」）、清光緒三十四年（1908）國粹學報館影唐寫本《唐韻》、敦煌掇瑣本王仁煦刊謬補缺切韻殘卷（即音韻學通常言之「王一」）、民國十四年（1925）唐蘭摹本長孫訥言注王仁煦刊謬補缺切韻殘卷（即音韻學上通常言之「王二」，又稱「內府本」）、民國三十六年（1947）故宮博物院影唐寫本（即音韻學上通常言之「王三」，又稱「宋跋本」）五個本子，最早一起見收於劉復（1891～1934）、魏建功（1901～1980）、羅常培（1899～1958）編之《十韻彙編》，北京大學出版組於 1935 年出版，後又見收於周祖謨（1914～1995）主編的《唐五代韻書集存》，復見收於上海古籍出版社印行的《續修四庫全書》第 249、第 250 冊。《切韻》、《唐韻》的研究，主要在音韻學方面，也有關注其文字、訓詁、文獻價值的，如李帥〈蔣斧本《唐韻》殘卷異構字研究〉、〈蔣斧本《唐韻》殘卷異寫字研究〉、〈蔣斧本《唐韻》殘卷重文研究〉、曹志國〈裴務齊正字本《刊謬補缺切韻》異寫字研究〉、汪波〈論《切韻·殘卷三》訓詁材料的歷史地位〉、封傳兵〈蔣藏本《唐韻》所引《說文》校大徐本例釋〉等〔註1〕。徐朝東〈孫愐及《唐韻》相關資料考察〉於各本源流脈絡梳理比較清晰，且得出孫愐之開元本撰於開元二十一年

〔註1〕 李帥文分別見刊於《現代語文》2008 年第 1 期第 119～122 頁、《牡丹江師範學院學報》2008 年第 5 期第 55～57 頁、《南陽師範學院學報》2008 年第 11 期第 36～38 頁；汪文見刊於《安徽大學學報》1989 年第 1 期，第 101～106 頁；封文見刊於《溫州大學學報》2009 年第 2 期，第 111～116 頁。

（733）之結論，﹝註2﹞凡此皆可參考。五種本子總共引《國語》10 處，除去重複，實則引《國語》8 例。下面根據出現順序進行簡要辨正，引文後標明書、卷以及在《續修四庫全書》的 249、第 250 冊中的頁碼。

1・竦善抑惡。（王國維寫本《切韻》殘卷卷三，第 369 頁）

【按】本條出〈楚語上〉，故宮博物院影唐寫本卷三引用同。今傳《國語》各本作「教之春秋，而爲之聳善而抑惡焉」，字作「聳」不作「竦」。詳見〈《希麟音義》引《國語》斠證〉第 2 條。

2・覇：《國語》云：「覇，把持諸侯之權。」（國粹學報館影唐寫本《唐韻》去聲卷，第一五葉後，第 450 頁）

【按】本條非《國語》正文，《慧琳音義》卷八五「談霸」條引賈逵注云：「霸，把也。把持諸侯之權、行方伯之職也。」則此亦當爲賈逵注。《廣韻》、王文鬱《新刊韻略》並因《切韻》之誤。辨詳見〈《廣韻》引《國語》斠證〉第 20 條。

3・堁，土塊，出《国語》。（國粹學報館影唐寫本《唐韻》入聲卷，第二六葉，第 471 頁）

【按】本條當出〈吳語〉，因「塊」字唯〈吳語〉1 見，今傳《國語》各本文均作：「王寐，疇枕王以墣而去之。」「堁」，「墣」之俗寫形式。韋注云：「墣，塊也。」《唐韻》義與韋注合。《說文・土部》亦云：「墣，塊也。」﹝註3﹞或皆本《國語》此例。《說文解字繫傳》引〈吳語〉本條以明「墣」字之義，見〈《說文解字繫傳》引《國語》斠證〉第 58 條。

4・鎰，廿四兩。《國語》：廿四兩為一鎰。（國粹學報館影唐寫本《唐韻》入聲卷，第二六葉後，第 472 頁）

【按】此亦非《國語》正文，《文選・枚乘・七發》「使射千鎰之重」李善注引賈逵《國語注》曰：「一鎰，二十四兩。」則此實爲賈逵注。《廣韻》、《集韻》並沿其誤。〈晉語二〉「黃金四十鎰」韋注云：「二十兩爲鎰。」朱

﹝註2﹞ 徐朝東：〈孫愐及《唐韻》相關資料考察〉，《中國典籍與文化》2010 年第 3 期，第 47～54 頁。

﹝註3﹞ 〔漢〕許慎：《說文解字》，北京：中華書局 1963 年影陳昌治覆刻平津館本，第 286 頁下。

駿聲《說文通訓定聲》云：「過於一斤十六兩，故曰溢。」〔註4〕詳見〈《原本玉篇殘卷》引《國語》斠證〉第75條、〈《廣韻》引《國語》斠證〉第24條。

5・糶，市穀米。又姓。國語有大夫糶茂也。（唐寫本唐均入聲弟三四葉，第488頁）

【按】《廣韻》亦作此釋，實襲《唐韻》，辨見〈《廣韻》引《國語》斠證〉第26條。

6・藉，刈也。《國語》：藉魚鼈。（國粹學報館影唐寫本《唐韻》入聲卷，第三七葉，第493頁）

【按】本條出〈魯語上〉。唐蘭摹本卷五引作「籍臾鼈」。今傳《國語》各本作「獵魚鼈」。辨詳見〈《說文解字繫傳》引《國語》斠證〉第52條、〈《廣韻》引《國語》斠證〉第25條、〈《類篇》引《國語》斠證〉第32條。

7・陽部──纕，馬腹帶。《國語》：懷挾纓纕。（敦煌掇瑣本王仁昫刊謬補缺切韻殘卷，瑣一，一葉，第537頁）

【按】本條出〈晉語二〉，說詳見〈《原本玉篇殘卷》引《國語》斠證〉第51條。

8・曏，曩也，《國語》云：「曏而言戲。」（唐蘭摹本卷四，第57頁）

【按】本條出〈晉語二〉。今傳《國語》各本「曏」作「曩」，《劉氏春秋傳》卷五、《春秋分記》卷五三、《資治通鑑外紀》卷四、《爾雅注疏》卷二、《左傳紀事本末》卷二四、《通志》卷九〇引與今本同，《春秋輯傳》卷五引脫「曩」字，《繹史》卷五一上引「戲」作「戲」，「戲」、「戲」異體。韋注云：「曩，向也。」郝懿行《爾雅義疏》云：「向與曏音義同。」〔註5〕「曏」、「曩」實音近義同。《說文・日部》云：「曩，曏也。」〔註6〕此承《爾

〔註4〕〔清〕朱駿聲：《說文通訓定聲》，武漢古籍書店1983年影臨嘯閣本，第533頁上。

〔註5〕〔清〕郝懿行：《爾雅義疏》，上海：上海古籍出版社1983年影郝氏家刻本，第502頁。

〔註6〕〔漢〕許慎：《說文解字》，北京：中華書局1963年影陳昌治覆刻平津館本，第138頁下。

雅》之說。《儀禮・士相見禮》「毷者吾子辱使某見」鄭玄注云：「毷，曩也。」
〔註7〕檢索「漢籍全文檢索數據庫（第二版）」中的先秦傳世文獻，「曩」字
57 篇 95 次、「毷」字 19 篇 27 次，雖出現頻次比例有高低之別，然無他書
佐證，未可遽斷是非。又今傳《國語》各本「戲」後有「乎」字，汪遠孫云：
「《爾雅・釋言》注引《國語》『乎』作『也』，『也』與『邪』通。」〔註8〕
張以仁云：「阮元校云……也與邪通。《論語》子張問：『十世可知也？』也
義通作邪。說詳《顏氏家訓》。《考異》說與阮校同。愚案也、邪皆猶乎也，
參王引之《經傳釋詞》。《爾雅・釋言》疏引此則作『乎』。」〔註9〕「也」
用亦有同「乎」者，如〈周語下〉「敢問天道乎？抑人故也」、《韓非子・難
二》「不識臣之力也？抑君之力也」、《論語・爲政》：「子張問：『十世可知也？』
子曰：『殷因于夏禮，所損益可知也。周因于殷禮，所損益可知也。其或繼
周者，雖百世可知也。』」則「也」字既可用於一般疑問句末尾，也可用於
選擇疑問句末尾。或郭璞所據本作「也」字。

〔註7〕〔清〕阮元校刻：《十三經注疏》，北京：中華書局 1980 年版，第 976 頁上。
〔註8〕〔清〕汪遠孫：《國語明道本攷異》，北京：商務印書館 1959 年版《國語》後附，第 300 頁。
〔註9〕張以仁：《國語斠證》，臺北：臺灣商務印書館 1969 年版，第 206 頁。

參、《一切經音義》三種引《國語》斠證

　　《一切經音義》三種指的是《玄應音義》、《慧琳音義》和《希麟音義》這三部佛典音義著作。《玄應音義》，又名《一切經音義》、《眾經音義》，唐釋玄應撰。海內久不傳，孫星衍等自佛藏中發現，與莊炘（1735～1818）、洪亮吉、錢坫（1744～1806）合校並加補正刊行，有乾隆五十一年（1786）莊炘刻本，實即清乾隆丙午（1751）咸寧縣署刻本之覆刻，前有莊炘所撰之序，提及：「吾師鎮洋畢公（畢沅）撫陝右時，幕府多魁閎寬通之士，若嘉定錢君坫、歙縣程君敦、同里洪君亮吉、孫君星衍，俱深通六書，與予同志。予校此書，頗引經典字書，祛其所蔽，諸君與有力焉。」〔註1〕根據徐時儀〈玄應《眾經音義》研究〉第二章「版本研究」，《玄應音義》有釋藏本、順治十八年（1661）本、乾隆五十一年莊炘據西安大興善寺明南藏重雕本、阮元（1764～1849）《宛委別藏》本、羅振玉藏宋紹興福州開元禪寺藏本、敦煌寫本殘卷、北京福州東禪寺及開元寺藏經本等〔註2〕，另有道光乙巳（1845）海山仙館叢書本，上海古籍出版社印《續修四庫全書》即收錄海山仙館叢書本。根據王

〔註1〕又清人錢泰吉《曝書雜記》卷上云：「唐釋元應《一切經音義》二十五卷，終南太乙山氏爲之序，稱『大唐眾經音義』，存釋藏中。乾隆間，任禮部大椿著《字林考逸》，孫觀察星衍集《倉頡篇》，始採及此書。五十一年，武進莊君炘宰咸寧，從大興善寺得善本，乃刊行……助之校勘者，則嘉定錢君坫、歙縣程君敦、同里洪君亮吉、孫君星衍也。」（竇水勇點校，瀋陽：遼寧教育出版社1998，第8、第9頁）正言此本始末。

〔註2〕徐時儀：《玄應〈眾經音義〉研究》，北京：中華書局2005年版，第35～第44頁。徐氏另有一篇論文〈玄應《眾經音義》的成書和版本流傳考探〉亦可參證，該文刊發在《古籍整理研究學刊》2005年第4期，第1～6頁。

國維（1877～1927）《觀堂題跋選錄》〔註3〕，王國維尚見羅振玉藏宋福州藏本，並云尚有徑山藏本、紹興補刊本等，皆希見。

《慧琳音義》，又名《一切經音義》、《大藏音義》，唐釋慧琳撰，成書於元和二年〔註4〕。海內久不傳，有高麗藏本、日本元文二年（1737）洛東獅谷白蓮社據高麗藏本翻刻本、《大正新修大正藏》本、頻伽精舍本、丁福保（1874～1952）《正續一切經音義》1924年合編本、上海醫學書局1926年排印本等版本〔註5〕。2002年以前的《慧琳音義》研究，有汪銀峰〈慧琳音義研究綜述〉可資參證〔註6〕。《希麟音義》即遼釋希麟所撰《續一切經音義》，有日本延享三年（1749）高野山北寶院刊本、高麗藏本。是二書皆於光緒初始現海內。丁福保將二書合刊爲《一切經音義匯編》，上海古籍出版社1986年出版《正續一切經音義》，即收錄獅谷白蓮社刊本《慧琳音義》與《希麟音義》，《續修四庫全書》亦收錄此本。本文所據即爲《續修四庫全書》所收道光乙巳（1845）海山仙館叢書本和上海古籍出版社1983年影獅谷白蓮社刊本《慧琳音義》與《希麟音義》。

前人對於《玄應音義》、《慧琳音義》與《希麟音義》引《國語》舊注（實即賈逵注）已經做過一些工作。汪遠孫做《國語三君注輯存》時就已經利用了《玄應音義》以及其他佛經音義的材料，馬國翰在汪遠孫的基礎上有所補葺。近代學者劉師蒼曾經就《慧琳音義》輯有《〈國語〉賈景伯注》一卷，由於夭折，由劉師培（1884～1919）成之，並不傳。唯劉師培《國語賈注補輯自序》存世〔註7〕。《玄應音義》明注爲《國語》者共51處，《慧琳音義》明

〔註3〕 王國維：〈觀堂題跋選錄〉，《王國維文集》第四卷，北京：中國文史出版社1997年版，第269～第271頁。

〔註4〕 關於慧琳成書，有元和二年（807）和元和五年（810）二說，文亦武〈慧琳《一切經音義》成書年代考實及其他〉認爲成書在元和二年，本處從文說。文文見刊於《古籍整理研究學刊》2000年第4期，第18、第30頁。

〔註5〕 關於《慧琳音義》的流傳及版本，可參看姚永銘《慧琳〈一切經音義〉研究》緒論第三部分「《慧琳音義》的流傳及其版本」，江蘇古籍出版社2003年版，第8～12頁。徐時儀《玄應和慧琳〈一切經音義〉研究》第二章「玄應和慧琳《一切經音義》的概貌」，上海古籍出版社2008年版，第94～107頁。徐時儀《一切經音義三種合校》緒論，上海古籍出版社2008年版。于亭〈玄應《一切經音義》版本考〉，《中國典籍與文化》2007年第4期，第38～49頁。

〔註6〕 汪銀峰：〈《慧琳音義》研究綜述〉，《煙臺師範學院學報》2004年第1期，第72～74頁。

〔註7〕 按：關於劉師蒼輯錄賈逵注一事，見劉師培〈國語賈注補輯自序〉所敘，並

注爲《國語》者共 104 處，《希麟音義》爲 24 處，合共 179 處。根據在《音義》中的出現順序排列辨正，重複者在首次出現的例子中進行統一辨正，後則不出現。《希麟音義》本係遼代著作，實應繫於後，因與《眾經音義》、《慧琳音義》無法割離，姑置於本篇最末。又徐時儀《一切經音義三種校本合刊》（本文簡稱「徐校」）於 2008 年由上海古籍出版社出版，是書搜集眾本，以校《玄應音義》、《慧琳音義》與《希麟音義》，因本文在初步撰成之後纔得到徐書，故將徐校作爲一種參照本，凡徐校與所據本同而今傳《國語》無異或非今傳《國語》所有者不出，凡徐氏校本正文與本文所用本引例同者，徑直云「徐校同」，徐氏校記有可補者則曰「徐出校云」。

一、《玄應音義》引《國語》斠證〔註8〕

1・聾瞶：《國語》：「瞶不可使聽。」（卷一，葉五，第 5 頁）

【按】本條出〈晉語四〉，徐校同。《慧琳音義》卷一〇「聾瞶」條引與《玄應音義》同，卷二三「聾瞶」條引作「聾瞶不可使聽」，正與今傳《國語》各本同。此處詞頭爲「聾瞶」而引文脫「聾」字。《玄應音義》引賈逵注云：「牛聲曰瞶。」韋注云：「生而聾曰瞶。」徐鍇《繫傳》云：「謂從牛即聲也。」〔註9〕並與賈注同。

2・拜署：《國語》：「夫位，政之建也；署，位之表也，謂表識也。署，所以朝夕虔吾命。」（卷一，葉一〇，第 7 頁）

【按】本條出〈魯語上〉，西方藏、金剛藏、七寺藏並無《國語》引文。《玄應音義》卷三「已署」條引作「夫位，政之建也；署，位之表也；謂表識也」，《慧琳音義》卷九「已署」條引作「夫位，政之建也；署，位也表也；

見李帆《劉師培與中西學術——以其中西交融之學和學術史研究爲核心》一書後附《劉師培學譜簡編・光緒二十八年壬寅》「師蒼……尤熟於《元秘史》和歷代西域輿地，著有《國語注補輯》、《元代帝王世系表》。」（北京：北京師範大學出版社 2003 年版，第 199 頁。）劉文見於《左盦集》卷二，《劉申叔遺書》，南京：江蘇古籍出版社 1997 年影民國廿五年本，第 1220 頁～第 1222 頁。

〔註8〕 瀚堂典藏收有金剛寺藏玄應撰《一切經音義》、西方寺藏玄應撰《一切經音義》、七寺藏玄應撰《一切經音義》，謹據以對校，簡稱「金剛藏」、「西方藏」、「七寺藏」。

〔註9〕 （南唐）徐鍇：《說文解字繫傳》，上海：商務印書館《四部叢刊》初編縮本，第 233 頁上。

謂表識也」，無「署，所以朝夕虔吾命」句。今傳《國語》各本文作「夫位，政之建也；署，位之表也；……夫署，所以朝夕虔君命也。」韋注云：「建，立也。位，謂爵也。言爵所以立政事也。署者，位之表識也。」則《玄應音義》本條誤「君」作「吾」〔註10〕、誤以韋注「謂表識也」為《國語》正文，而《慧琳音義》卷九引《國語》誤以「位也」之「也」為「之」。

3・讌集：《國語》：親戚宴饗。（卷一，葉一〇，第 7 頁）

【按】本條出〈周語中〉，徐校同，今傳《國語》各本同。《玄應音義》本條引賈逵云：「不脫屨升堂曰宴。」《慧琳音義》卷二〇「讌集」條引賈注「宴」後有「也」字。韋未出注。汪遠孫云：「『不』字衍。《儀禮・燕禮》『賓反入及卿大夫，皆脫屨升，就席』注云：『凡燕坐，必脫屨，屨賤，不在堂也。』《韓詩》：『脫跣而上坐謂之宴。』余友長洲陳奐曰：『不當作下，《禮記・鄉飲酒義》：降說屨，升坐。降即下也。《詩・常棣》傳：不脫屨升堂謂之飫。不亦下字之誤。』賈用毛義。」〔註11〕張以仁云：「《文選》注未引正文，且無『宴曰』二字，故次於末。馬、蔣並誤《玄應音義》為《華嚴音義》。馬『宴』下復衍『也』字，蔣『宴』誤為『饗』。」〔註12〕張氏引賈注句尾無「也」字，當是據《玄應音義》，馬有「也」字當是據《慧琳音義》，未必為衍。《中文大辭典》「宴饗」詞條收錄 2 義項：（1）天子大宴群臣賓客；（2）神受饗。〔註13〕《漢語大詞典》收錄「宴饗」詞條引《國語》此句為例並釋為「古代帝王飲宴羣臣、國賓」（義項①）。

4・兵革：《國語》：定三革。（卷一，葉一五，第 10 頁）

【按】本條出〈齊語〉，徐校同，西方藏、金剛藏、七寺藏並無《國語》引文，今傳《國語》各本同。《玄應音義》引賈逵注云：「甲冑者，三也。」「者」字誤，汪遠孫《三君注輯存》、馬國翰《國語賈景伯注》已正作「盾」，徐校

〔註10〕 徐出校云：「『君』，《海》、《宛》作『吾』。」見徐時儀：《一切經音義三種校本合刊》，上海古籍出版社 2008 年版，第 28 頁。

〔註11〕 〔清〕汪遠孫：《國語三君注輯存》卷一，芝加哥大學圖書館藏道光振綺堂本，本卷第 10 頁。

〔註12〕 張以仁：〈《國語》舊注輯校〉，見載於氏著《張以仁先秦史論集》，上海古籍出版社 2010 年版，第 189 頁。

〔註13〕 高明、林尹等主編：《中文大辭典》（普及本），臺北：中國文化大學中國文化研究所 1990 年第八版，第 3987 頁。

引蔣曰：「冑者當作冑盾。」〔註 14〕張以仁云：「《玄應音義》馬其昶本與道光乙巳本『冑盾』皆誤『冑者』。馬則誤『冑』爲『胃』。」〔註 15〕韋注與賈同，並以說云「三革，甲、楯、鼓」爲非。「三革」先秦傳世文獻凡 3 見，即《國語・齊語》、《管子・小匡》、《荀子・儒效》各 1，並作「定三革」結構且語境相同。郭沫若《管子集校》引戴望云：「王煦《國語釋文》云：『革，甲也。』《考工記》『犀甲七屬，兕甲六屬，合甲五屬』，是謂三革。」〔註 16〕楊倞注：「三革，犀也，兕也，牛也。」尹知章注：「車、馬、人皆有革甲，曰三革。」《漢語大詞典》收錄「三革」詞條雜合韋注、楊注爲訓。根據考古發掘資料，目前還沒有出土皮革製的冑，銅冑、鐵冑很是普遍，而皮甲則最爲普遍。實際上這裏的「三革」應當如《考工記》或楊倞之說爲三種不同的皮革，不必解作「甲冑盾」或其他確定的防禦工具，呂思勉引《考工記》並云：「蓋所謂三甲者也。」〔註 17〕以韋注、尹知章注爲非，以《考古記》所載爲是。春秋戰國時代對皮革已經相當講究，《考工記》云：「凡爲甲，必先爲容，然後制革。權其上旅與其下旅，而重若一，以其長爲之圍。凡甲，鍛不摯則不堅，已敝則橈。凡察革之道，視其鑽空，欲其惌也。視其裏，欲具易也。視其朕，欲其直也。櫜之欲其約也。舉而視之，欲其豐也。衣之欲其無齘也。視具鑽空而惌。則革堅也。視其裏而易。則材更也。視具朕而直。則制善也。櫜之而約。則周也。舉之而豐。則明也。衣之無齘。則變也。」而對製盾、製冑則未有記載。後世《國語》研究俱從韋注而《荀子》研究俱從楊注，董增齡《國語正義》引《考工記》、楊注並加案云：「定六年《傳》宋樂祁獻趙氏楊楯六十，則楯以木爲之，非革也，楊注之說得之。」〔註 18〕汪遠孫《國語發正》亦云「當以荀子注爲是」〔註 19〕。李少一、劉旭提出春秋時期製造皮甲

〔註 14〕徐時儀：《一切經音義三種合校》，上海：上海古籍出版社 2008 年版，第 30 頁。

〔註 15〕張以仁：〈《國語》舊注輯校〉，見載於氏著《張以仁先秦史論集》，上海古籍出版社 2010 年版，第 255 頁。

〔註 16〕郭沫若：《郭沫若全集・歷史編 5》，北京：人民出版社 1984 年版，第 582 頁。

〔註 17〕呂思勉：〈三革〉，見載於氏著《呂思勉讀史札記》（增訂本），上海古籍出版社 2005 年版，第 312 頁。

〔註 18〕〔清〕董增齡：《國語正義》卷六，成都：巴蜀書社 1985 年影式訓堂本，本卷第 33 頁。

〔註 19〕〔清〕汪遠孫：《國語發正》卷六，廣西師範大學圖書館藏振綺堂本，本卷第 16 頁。

的三種皮革爲犀牛皮（犀革）、水牛皮（兕革）和鯊魚皮（鮫革）〔註20〕，雖與楊說稍異，足證三革是指三種製造鎧甲的皮革而非甲冑盾等。又「定」，韋注云：「定，奠也。」「奠」亦訓作「定」，《書・禹貢》：「禹敷土，隨山刊木，奠高山大川。」孔傳：「奠，定也。」〔註21〕是韋同義爲訓。董增齡《國語正義》引楊倞注云：「定，息也。」又《宋書》卷二〇引王粲〈魏俞兒舞歌〉云：「漢初建國家，匡九州。蠻荊震服，五刃三革休。」亦可證「定」、「奠」實爲「息」義。

5・姦宄：《國語》：竊寶為宄，因宄之財為姦。（卷一，葉一七，第 11 頁）

【按】本條出〈魯語上〉，徐校同，並見《玄應音義》卷一七「姦宄」條引。《慧琳音義》卷七四「奸宄」條引作「竊寶爲宄，目宄之財爲奸」，黃刊明道本文作「竊寶者爲宄，用宄之財者爲姦」，文淵閣《四庫》本《國語》、柳宗元《非國語》、《資治通鑑外紀》卷六引並同。遞修本、金李本、張一鯤本、閔《裁注》本、《國語評苑》、《四庫薈要》本、《國語正義》、秦鼎本「宄」並作「軌」，《尙史》卷三三、《經濟類編》卷五九引同。張以仁以爲：「宄、軌正假字。」〔註22〕二字可通，《左傳・成十七年》「亂在外爲姦，在內爲軌」即用「軌」字，此或公序系本用「軌」不用「宄」之理。《經典釋文》云《左傳》「軌」「本又作宄，音同。」〔註23〕《漢書・元帝紀》「殷周法行而姦軌」顏注：「軌與宄同。」〔註24〕《文選・陸機・五等論》「姦軌充斥」李善注：「軌與宄古字通。」〔註25〕明道本韋注云：「亂在內爲宄，謂以子盜父也。財，玉也。」韋釋「宄」本〈晉語六〉「亂在內爲宄，在外爲姦」正文和《左傳・成十六年》所言之義。又「因」、「用」、「目」形近，是《玄應音義》「因」、

〔註20〕 李少一、劉旭：《干戈春秋——中國古代兵器史話》，北京：中國展望出版社 1985 年版，第 257 頁。

〔註21〕 〔清〕阮元校刻：《十三經注疏》，北京：中華書局 1980 年版，第 146 頁。

〔註22〕 張以仁：《國語斠證》，臺北：臺灣商務印書館 1969 年版，第 141 頁。

〔註23〕 〔唐〕陸德明：《經典釋文》，北京：中華書局 1983 年影通志堂經解本，第 255 頁上。

〔註24〕 〔漢〕班固撰、〔唐〕顏師古注：《漢書》，北京：中華書局 1962 年點校本，第 289 頁。

〔註25〕 〔南朝梁〕蕭統編、〔唐〕李善注：《文選》，北京：中華書局 1977 年影胡克家本，第 480 頁。

《慧琳音義》「目」皆因與「用」字形近而訛。

6・登祚：《國語》：天地之所祚。（卷一，葉一九，第 12 頁）

【按】本條出〈周語下〉，徐校同，並見《玄應音義》卷九「福祚」條與卷二四、《慧琳音義》卷七〇「登祚」條引。西方藏、金剛藏無《國語》引文。遞修本、金李本、張一鯤本、閔《裁注》本、《國語評苑》、《四庫薈要》本、《國語正義》、秦鼎本作「天地所胙」，《儀禮經傳通解》卷一　　、《禮書綱目》卷七六、《繹史》卷六四、《左傳紀事本末》卷二九、《尚史》卷二七並引作「胙」；黃刊明道本作「天地所祚」，「祚」字同《音義》所引，《國語韋解補正》、《國語詳注》、《國語集解》、商務本並從之，《資治通鑑外紀》卷六、《通志》卷八九、《經濟類編》卷四、柳宗元《非國語》並作「祚」。上古本則依公序本作「胙」，李慈銘云：「公序本作『胙』，是也，《說文》無『祚』字。」〔註26〕《說文・肉部》：「胙，祭福肉也。」〔註27〕引申為福，故此處韋注云：「胙，福也。」《說文・示部》徐鉉新附云：「祚，福也。凡祭必受胙，胙即福也。此字後人所加。」〔註28〕是「祚」與「胙」同義，或者說「祚」是「胙」引申義的書寫形式更為妥帖，在本處用「祚」或「胙」並無不同。玄應、慧琳所用本與明道同。

7・田疇：《國語》：田疇荒蕪。（卷一，葉二七，第 16 頁）

【按】本條出〈周語下〉，徐校同，七寺藏引同，金剛藏、西方藏無，今傳《國語》各本同。馬國翰《玉函山房輯佚書》引賈逵注云：「一井為疇，九夫為一井也。」「蕪，穢也。」韋注云：「穀地為田，麻地為疇。荒，虛也。蕪，穢也。」所釋「田」、「疇」與賈注不同，賈注側重單位換算而韋注側重種植作物。《說文・田部》：「疇，耕治之田也。」段注云：「有謂麻田曰疇者，劉向《說苑》、蔡邕《月令章句》、韋昭《國語注》、如淳《漢書注》同。此別為一說，非許義也。有謂疇為畔埒小畛際者，劉逵《蜀都注》、張載《魏都注》之說。亦非許義。許謂耕治之田為疇，耕治必有耦，且必非一耦。故賈逵注

〔註26〕 王利器輯纂：《李慈銘讀書簡端記》，天津：天津人民出版社 1980 年版，第 8 頁。

〔註27〕 〔漢〕許慎：《說文解字》，北京：中華書局 1963 年影陳昌治覆刻平津館本，第 89 頁上。

〔註28〕 〔漢〕許慎：《說文解字》，北京：中華書局 1963 年影陳昌治覆刻平津館本，第 9 頁下。

《國語》曰：『一井爲疇。』」〔註29〕董增齡認爲賈注「尤爲雅訓」。又《漢語方言大詞典》引乾隆五〇年《光山縣志》「田在山者曰阪，田在平壤曰疇」釋爲「平原上的田地，中原官話」〔註30〕，《國語》此處實即泛指田地。

8・霸王：《國語》：晉猶霸。（卷二，葉一〇，第 21 頁）

【按】徐校同。今傳《國語》各本中無「晉猶霸」結構，黃刊明道本《國語》中言晉之文祇見「復霸」、「始霸」、「必霸」，無「猶霸」結構，整部《國語》「晉」後亦無用「猶」者。賈注云：「霸猶把也，言把持諸侯之權也。」「霸」字，《國語》共出現 6 次，其中〈周語上〉2 次、〈晉語四〉2 次、〈晉語七〉1 次、〈晉語八〉1 次，《玉函山房輯佚書》把賈逵的這條注釋放在〈周語上〉「二十一年，以諸侯朝王於衡雍，且獻楚捷，遂爲踐土之盟，於是乎始霸」後，而汪遠孫則置於〈晉語四〉「濟且秉成，必霸諸侯」處，大約汪氏爲賈注「把持諸侯之權」這一動賓結構找原文，而《國語》中唯〈晉語四〉有「霸諸侯」之結構，其實汪、馬所定二句語境相同並皆言晉文之事。或《玄應音義》此條本牽合賈注與正文而成之者，張以仁「於是乎始霸也」注云：「疑『猶』乃『始』之誤，蓋即此文之約語耳。」〔註31〕亦可爲一說。

9・耽湎：《國語》：耽，嗜也。（卷二，葉一〇，第 24 頁）

【按】徐校同，此非《國語》正文，今傳《國語》各本無「耽」字，唯「嗜」字 3 見。《慧琳音義》卷二六「躭湎」條引同。而《慧琳音義》卷三〇「耽著」條、卷八三「耽耽」條並引賈注《國語》云：「耽，嗜也。」〔註32〕則所云《國語》實即「賈注《國語》」，《玄應音義》與《慧琳音義》卷二六並誤注爲正文。〈楚語下〉「而嗜其疾味」韋注云：「嗜，貪也。」貪古音在端紐侵部，耽古音在透紐侵部，叠韻旁轉，義亦相通〔註33〕。《本邦殘存典籍による輯佚資料集成》列賈注爲附錄，其他舊注輯佚資料皆未及之，又《集

〔註29〕〔清〕段玉裁：《說文解字注》，上海：上海古籍出版社 1981 年影經韻樓本，第 695 頁。

〔註30〕許寶華等編：《漢語方言大詞典》，北京：中華書局 1999 年版，第 6094 頁。

〔註31〕張以仁：《國語》舊注輯校〉，見載於氏著《張以仁先秦史論集》，上海古籍出版社 2010 年版，第 181 頁。

〔註32〕卷八三賈注作「媅，嗜也」，「媅」即「耽」，《慧琳音義》卷二六云：「古文作『媅』、『妉』二體，諸字書作『酖』、『耽』二體。」

〔註33〕凡言某字古音在某紐某部者，悉參考郭錫良《漢字古音手冊》（增補本），北京：商務印書館 2010 年版。

成》云：「又二十六所引作躭。」〔註 34〕引作「躭」者，「耳」、「身」形近而譌也，《玉篇·身部》云：「躭，俗耽字。」〔註 35〕張以仁繫之於《周語下》「虞于湛樂」下並云：「《說文》媅樂之本字作媅。湛、耽皆借字。賈訓為『嗜』，則是讀為『酖』字也。《說文》：『酖，樂酒也。』《詩·抑》『荒湛于酒』箋：『湛，樂於酒。』則借湛為之也。媅、湛、耽、酖諸字古書常通假，而《國語》除『湛』字於此一見，他體皆無。則賈注當繫於此矣。」〔註 36〕所繫是。

10·很戾：《國語》：很，違也；戾，曲也。（卷三，葉二四，第 40 頁）
〔註 37〕

【按】此非《國語》正文，《慧琳音義》卷六八「傲很」條引作「賈逵曰」，知《玄應音義》此處所云《國語》實即賈注。〈吳語〉「今王將很天而伐齊」韋注云：「很，違也。」則韋與賈同。《慧琳音義》卷一六「很戾」條引賈逵注《國語》云：「違戾忿恨也，言很戾之人強項難迴，名為項很。」又《玄應音義》卷三「項很」條注云：「言很戾之人強項難迴，因以名也。」此亦用賈注而未出。遞修本〈晉語九〉「宵也很」韋注云：「很，很戾，不從人也。」則是韋注與賈同。汪、馬、張輯佚俱漏此條，《本邦殘存典籍による輯佚資料集成》、陳鴻森則唯錄「很違也」三字，其他未錄。查「漢籍全文索引數據庫（第二版）」與《四庫全書》中典籍，並無「項很（項佷）」之用。《大漢和辭典》收錄「彊很」、「彊梁」詞條，《中文大辭典》收「彊很」詞條釋為「倔強」，《漢語大詞典》收有「強很」詞條，釋為「強橫凶狠；剛愎自用」並云：「亦作『強佷』。亦作『強狠』。亦作『彊狠』。亦作『彊很』。」引《世說新語·賢媛》「且郭槐彊狠，豈能就李而為之拜乎？」〔註 38〕今吾

〔註 34〕〔日〕新美寬編，鈴本隆一補：《本邦殘存典籍による輯佚資料集成》網絡版，http://www.zinbun.kyoto-u.ac.jp/~takeda/edo_min/edo_bunka/syuitu/edono_kagaku_syuitu_keibu-1.html#1-1-6-9。

〔註 35〕〔宋〕陳彭年等：《宋本玉篇》，北京：中國書店 1983 年影張氏澤存堂本，第 62 頁。

〔註 36〕張以仁：《國語》舊注輯校〉，見載於氏著《張以仁先秦史論集》，上海古籍出版社 2010 年版，第 201 頁。

〔註 37〕徐出校云：「《國語》，《麗》無，據《磧》補。」見氏著《一切經音義三種校注》第 79 頁。

〔註 38〕〔日〕諸橋轍次：《大漢和辭典》（修訂版）卷四，東京：大修館書店 1984 年版，第 4174 頁。林尹等主編：《中文大辭典》（普及本），臺北：中國文化研

鄉有「犟蠻」一語，言其人一意孤行、不聽勸導，與此近似。又《中文大辭典》收「彊忍」釋爲「忍難忍之事」，《漢語大詞典》收有「彊忍」詞條謂爲「頑強堅韌」，亦「彊很」、「犟蠻」之類，「彊」古在羣母陽部，《廣韻》在羣母漾韻，「項」古在匣母東部，《廣韻》在匣母講韻，音近義通。則「項很」、「彊很」、「彊忍」、「犟蠻」等同一語源。《漢語方言大詞典》收有「犟孫」（冀魯官話）、「犟松」（蘭銀官話）、「犟筋」（西南官話），〔註39〕亦屬「彊很」之類。

11・姻媾：《國語》：今將婚媾。（卷四，葉八，第 46 頁）

　　【按】本條出〈晉語四〉，《慧琳音義》卷一一一「媒媾」條引作「今將媒媾」，徐校《玄應音義》與《慧琳音義》卷一一一同，今傳《國語》各本俱作「婚媾」，《資治通鑑外紀》卷五引脫「今」字，《繹史》卷五一下、《通志》卷九○、《尚史》卷四五、卷四六引同。另先秦傳世文獻中並無作「媒媾」者，當是《慧琳音義》引誤，張以仁云：「《慧琳音義》卷十一引賈注『媾』誤『媒』，日本昭和六年重印高麗本、白蓮社本、丁福保石印本《一切經音義》皆『媒』字特小。蓋原不誤，校版者或據正文之誤而妄削改以從之，故字特小耳。今從《玄應音義》及《慧琳音義》卷三十七、七十七所引訂正。」〔註40〕賈注云：「重婚曰媾。」《說文》與賈同，韋注並從之。戴家祥云：「凡從冓字均含有兩方以上的事物交互結合的意思。」〔註41〕段注云：「重婚者，重疊交互爲婚姻也。」〔註42〕

12・杜門：《國語》：杜門不出。（卷五，葉六，第 58 頁）

　　【按】本條《國語》有 2 處，一爲〈晉語一〉「讒言益起，狐突杜門不

　　究所 1990 年第八版，第 4991 頁。羅竹風主編：《漢語大詞典》（縮印本），上海：漢語大詞典出版社 1997 年版，第 2205 頁 b 欄。所引《世說》之語本劉孝標注文，非《世說》原文，《大詞典》誤。

〔註39〕 見許寶華、宮田一郎主編《漢語方言大詞典》，北京：中華書局 1999 年版，第 7301 頁。

〔註40〕 張以仁：〈《國語》舊注輯校〉，見載於氏著《張以仁先秦史論集》，上海古籍出版社 2010 年版，第 275 頁。

〔註41〕 《古文字詁林》第九冊引《金文大字典》上，上海：上海教育出版社 2004 年版，第 797 頁。

〔註42〕 〔清〕段玉裁：《說文解字注》，上海：上海古籍出版社 1981 年影經韻樓本，第 616 頁上。

出」，一爲〈楚語下〉「趨而退，歸，杜門不出」，不詳究竟爲哪一語。《玄應音義》卷一九、《慧琳音義》卷四四、卷五七「杜門」條並錄此四字。《音義》本條引賈注「杜」云：「塞也；塞，閉也。」《慧琳音義》卷四四、卷五七引賈注「塞也」前有「杜」字。韋未出注，汪遠孫《國語三君注輯存》繫賈注於〈晉語一〉，而鄭良樹則繫於〈楚語下〉，皆可。

13・肴膳：《國語》云：飲而無有肴。（卷六，葉三，第 67 頁）

【按】本條出〈晉語一〉，今傳《國語》各本作「飲而無肴」，無「有」字，徐校即無「有」字。《繹史》卷五一上、《左傳紀事本末》卷二四、《通志》卷一八一、《尚史》卷四六、《冊府元龜》卷七三二、《經濟類編》卷五七引與今本《國語》同。《慧琳音義》卷二七「肴膳」條引作「飲而肴」，脫「無」字。《玄應音義》引賈注云：「肴，菹也，凡非穀而食之曰肴。」《慧琳音義》引賈注作「俎也」，卷三二引賈注作「俎豆也」。韋注云：「肴，俎實也。」段注云：「折俎謂之肴，見《左傳》、《國語》。俎實謂之肴，見毛《傳》。凡非穀而食曰肴，見鄭《箋》。皆可啖者也。」〔註43〕是賈「豆」、韋「實」之說本毛《傳》而鄭《箋》之說本賈逵。又《慧琳音義》「肴」復作「餚」、「肴」、「餐」、「齋」，後三字以「肉」爲形符，「殳」、「殳」、「爻」爲聲符，「殳」、「殳」皆「爻」之變體；「俎」又作「菹」、「殖」，「殖」應即「菹」字之俗譌，《異體字字典》未收。

14・勉出：《國語》：父勉其子，兄勉其弟。（卷六，葉一三，第 72 頁）

【按】本條出〈越語上〉，今傳《國語》各本同。韋謂句踐伐吳「得一國之歡心」，故得有「父勉其子，兄勉其弟」之事。

15・委政：《國語》：棄所役，非任政。（卷六，葉一四，第 73 頁）

【按】本條出〈晉語一〉，徐校作「棄政役，非任也」〔註44〕。今傳《國語》各本並作「棄政而役，非其任也」，《繹史》卷五一上、《左傳紀事本末》卷二四、《尚史》卷三九、《山西通志》卷一三二、《冊府元龜》三六八、卷八四七、《經濟類編》卷五七引與今本同。《慧琳音義》卷二七「委政」條更作「棄政非任也」，脫「而役」二字。《玄應音義》節引有誤，不辭。《玄應音義》

〔註43〕〔清〕段玉裁：《說文解字注》，同上，第 173 頁上。
〔註44〕見《一切經音義三種校本合刊》第 138 頁。

引賈注云：「政猶職也。」韋與賈同。張以仁云：「《慧琳音義》卷二十七『職』作『職』，蓋俗書。」〔註45〕此與前「耽」、「耽」之理同。

16·誹謗：《國語》：左史謗之。（卷六，葉一四，第73頁）

【按】本條出〈楚語上〉，〈慧琳音義〉卷二七「誹謗」條引同，今傳《國語》各本並同。《慧琳音義》卷二七「誹謗」條、卷三二「誹謗」條引賈逵注云：「對人道其惡也。」

17·歆慕：《國語》：民歆而得之。（卷七，葉一八，第85頁）

【按】本條出〈周語下〉，徐校同，《慧琳音義》卷三二「歆慕」條引同。今傳《國語》各本「得」作「德」，《禮書綱目》卷八三、《儀禮經傳通解》卷二七、《繹史》卷八二、《左傳紀事本末》卷四、《通志》卷八九、《歷代名臣奏議》卷一二七、《格物通》卷一九、《冊府元龜》卷三二五、《經濟類編》卷四六、《文章辨體彙選》卷五二引並同。汪遠孫《攷異》云：「賈本『德』作『得』。」〔註46〕張以仁云：「作『得』於文費解。」〔註47〕今傳《國語》各本句法結構當爲「民<u>歆</u>而德之」，「民」爲整個結構的主語，該結構是一個單句；按照賈本則該結構爲一複句，「而」表順承，「民」祇作「歆」的主語，「得之」的主語省略了。由「德」、「得」用字的不同引起具體語義理解的差異從而體現在語法上也有差別。《玄應音義》本條引賈注訓「歆」爲「貪」、韋訓「歆」爲「嘉服」〔註48〕是從各自的文本出發的。然典籍中「歆」字訓「貪」者很少，唯〈楚語上〉「楚必歆之」韋注、洪亮吉《春秋左傳詁》「神不歆非類」引賈逵注《國語》、《玄應音義》卷七「歆羨」條引《詩》「無然歆羨」《傳》曰俱訓「歆」爲「貪」，則是賈襲毛，而韋、洪襲賈。《詩·大雅·皇矣》云：「帝謂文王，無然畔援，無然歆羨。」毛傳釋「歆」爲「貪」，後世《詩經》注家大率依此立意，「歆」古在曉紐侵部，「貪」古在透紐侵部，

〔註45〕張以仁：〈《國語》舊注輯校〉，見載於氏著《張以仁先秦史論集》，上海古籍出版社2010年版，第280頁。

〔註46〕〔清〕汪遠孫：《國語明道本攷異》，北京：商務印書館1959年版《國語》後附，第282頁。

〔註47〕張以仁：《國語斠證》，臺北：臺灣商務印書館1969年版，第114頁。

〔註48〕《冊府元龜》卷三二五引注作「歆，猶欣欣喜服也」。蕭旭〈國語校補〉（一）已揭出，見《東亞文獻研究》第2輯，第26頁。按作「喜服」是。「嘉」或「喜」之形誤。

疊韻，《辭通》收錄「歆羨」、「歆艷」。「歆羨」或即「貪婪」，皆連語，不可分釋。《左傳·僖十年》文作「神不歆非類，民不祀非族」，杜注爲「饗」，而洪亮吉據賈妄改，未妥。楊伯峻《左傳注》引《說文》「歆，神食氣也」、《論衡》「歆者入氣，言者出氣」並云：「蓋享神之物，鬼神實不能食，以爲神但嗅其氣而已，故曰歆。」〔註49〕嚴粲謂「歆者得而貪之」，〔註50〕實未解「歆」之本義。「楚必歆之」的語境爲：「楚師可料也，在中軍王族而已。若易中下，楚必歆之。」兩軍對戰，攻其虛弱，理之常也，何「貪」之有？實際上是楚軍看到了勝利的希望，如同神見享薦祇聞其味一樣。此處之「歆」與「民歆」之「歆」實皆欣悅之義。兩軍對陣，見到對方兵力虛弱，己可攻而破之，自然高興；人主以德教化民，民心必樂。「欣」古音在曉紐文部，音近可通，先秦傳世文獻中「歆」義爲欣喜者亦多有。是〈楚語〉、〈周語〉之「歆」並可釋爲「欣」。韋以「楚必歆之」之「歆」爲貪，皆囿於毛傳，實誤。《國語》各譯注本中唯汪濟民等《國語譯註》和薛安勤等《國語譯註》譯爲「高興」，至當。《漢語大詞典》「歆」字條義項⑥爲「貪圖；羨慕」即引〈楚語上〉爲例，並誤。而《漢語大詞典》「歆」字條所收合成詞條的解釋都是「欣悅」、「饗」二義，並無「貪」義者。

18·驟墮：《國語》：驟救傾危以時。（卷九，葉二，第 102 頁）

【按】本條出〈吳語〉，徐校同，《慧琳音義》卷四六引同。今傳《國語》各本作「用能援持盈以沒，而驟救傾以時」，無「危」字，《繹史》卷九六下、《左傳紀事本末》卷五一、《尚史》卷六三、《經濟類編》卷二一、《文章辨體彙選》卷四九四引同。從上句「盈」字單字作「援持」的賓語來看，下句「傾」字亦當單字作賓語，似無闕脫。先秦傳世文獻中除了《楚辭》頗多用「傾危」結構外，其他俱未見用。而魏晉時期「傾危」則大量運用。《音義》或因運用習慣誤衍「危」字。又魏南安主編《重編一切經音義》斷《國語》引文爲「驟，救傾危以時」，誤，徐時儀已正。〔註51〕

〔註49〕楊伯峻：《春秋左傳注》，北京：中華書局 1988 年版，第 334 頁。

〔註50〕〔明〕嚴粲：《詩緝》，明味經堂刻本，卷二六，本卷第 12 頁，北京：書目文獻出版社 1988 年《北京圖書館珍本叢刊》第 2 冊，第 372 頁。

〔註51〕徐時儀：《《重編一切經音義》校補》，《東亞文獻研究》（韓國）第 3 輯，第 155 頁。

19·悠遠：《國語》：道路悠遠。（卷九，葉七，第 104 頁）

【按】本條出〈吳語〉，徐校同。公序各本〈吳語〉中有 2 處「道路悠遠」，其一爲「王其無疑，吾道路悠遠，必無有二命，焉可以濟事」，另一爲「今吾道路悠遠，無會而歸，與會而先晉，孰利」。《經濟類編》卷四二引前者同。後者慈利竹書同，《吳越春秋·夫差內傳》作「遼遠」，黃刊明道本作「脩遠」，崇文本、會文堂本、錦章書局本、商務本從之，汪遠孫《攷異》、吳曾祺《國語韋解補正》、《資治通鑑外紀》卷九俱作「修遠」。《國語舊音》亦作「脩」並云：「或爲『悠』。」汪遠孫云：「『悠』字是。」〔註52〕《慧琳音義》卷四六引賈逵云：「悠，長也。」《補音》按云：「本多作『悠』，並通。」〔註53〕

20·夷滅：《國語》：夷竈堙井。（卷九，葉八，第 105 頁）

【按】本條出〈晉語四〉，徐校同，《慧琳音義》卷四六「夷滅」條引同，今傳《國語》各本並同。《玄應音義》本條引賈注云：「夷，毀也。」韋注云：「夷，平也。」《說文·大部》：「夷，平也。」〔註54〕韋注與《說文》同。古籍中釋「夷」爲「毀」者絕少，《故訓匯纂》唯收《文選·顏延之·宋文皇帝元皇后哀策文》「夷體壽原」呂向注與《玄應音義》引賈注，呂向注或亦本賈注。「毀」是就其行爲性質而言，而「平」則就其行爲所造成的實際狀態而言，命義不同。

21·屬耳：《國語》：恐國人屬耳目於我。（卷一〇，葉七，第 115 頁）

【按】本條出〈晉語五〉，徐校正文「耳目」作「耳」，並出校記云：「『耳』，《磧》爲『耳目』。」〔註55〕《玄應音義》卷二一、卷二三「屬耳」條、《慧琳音義》卷五〇有 2「屬耳」條並收此例，唯《慧琳音義》其中 1 條「國」作「国」字，《玄應音義》卷二三引「我」誤作「垣墙」。今傳《國語》各本文作「若先，則恐國人之屬耳目於我也，故不敢」，《冊府元龜》卷七三七、

〔註52〕〔清〕汪遠孫：《國語明道本攷異》，北京：商務印書館 1959 年版《國語》後附，第 336 頁。
〔註53〕〔宋〕宋庠：《國語補音》卷三，北京：國家圖書館出版社 2006 年影宋刻宋元遞修本，本卷第 20 頁。
〔註54〕〔漢〕許慎：《說文解字》，北京：中華書局 1963 年影陳昌治覆刻平津館本，第 213 頁下。
〔註55〕見《一切經音義三種校本合刊》第 210、218 頁。

《山西通志》卷一○八引同，《資治通鑑外紀》卷六引「於」作「于」。《國語》中「恐國人之屬耳目於我也」在句子中作成分，故主謂之間加「之」。《音義》屬於節略引用，需要語氣完足，故省「之」字。3 處引用所附《國語》注皆爲韋昭注，《玄應音義》、《慧琳音義》、《希麟音義》所引《國語》注中韋注僅 2 次，此其一，其他皆賈注。《玄應音義》、《慧琳音義》並引韋注云：「屬，注也。」今傳《國語》各本韋注作：「屬，猶注也。」《儀禮·士昏禮》「三屬尊」鄭玄注云：「屬，注也。」鄭注爲《文選》李善注引之〔註 56〕，亦無「猶」字，《說文·水部》：「注，灌也。」《說文·尾部》：「屬，連也。」〔註 57〕則二字本義本不同，故韋注以「猶」字，至《類篇》則因「屬」可釋爲「注」注云：「屬，灌也。」〔註 58〕

22·眩瞀：《國語》：有眩瞀之疾。（卷一二，葉八，第 136 頁）

【按】本條出〈吳語〉，《慧琳音義》卷七四「眩瞀」條引同，徐校同。今傳《國語》各本作「有眩瞀之疾」，有 2 處，1 爲「有眩瞀之疾者，以告」〔註 59〕，1 爲「我有大事，子有眩瞀之疾，其歸若已」，且在同一章中，《繹史》卷九六下、《左傳紀事本末》卷五一、《經濟類編》卷六一、《文章辨體彙選》卷四九四並引 2 例，《資治通鑑外紀》卷九、《皇王大紀》卷五八皆引前一例。「瞀」即「冒」字，「瞀」、「瞀」皆形聲字，並見錄於《說文·目部》，「瞀」字衹見於《說文》、《廣韻》、《玉篇》、《集韻》等小學書，傳世文獻中不見有用，多見用「瞀」字。《說文》：「瞀，低目視也。」「瞀，氏目謹視也。」〔註 60〕與「眩瞀」義並不合。韋未出注，《玄應音義》引賈注云：「眩瞀，顚瞀也。」《慧琳音義》卷六九、卷七八引賈注又作「顚冒」。「眩」古匣紐字、「顚」古端紐字，二字古皆在眞部，叠韻，皆有亂義。先秦傳世文獻中唯《國語》「眩瞀」2 見，《漢語大詞典》收錄爲詞條並釋爲「眼睛昏花，視物不明」。

〔註 56〕宗福邦等主編：《故訓匯纂》，北京：商務印書館 2003 年版，第 629 頁。

〔註 57〕〔漢〕許愼：《說文解字》，北京：中華書局 1963 年影陳昌治覆刻平津館本，第 175 頁下、第 233 頁上。

〔註 58〕〔宋〕司馬光：《類篇》，上海古籍出版社 1988 年汲古閣影抄宋本，第 298 頁上。

〔註 59〕此爲黃刊明道本之文，金李本、閔《裁注》本、《國語評苑》、《四庫薈要》本、《國語正義》等無「以」字，汪遠孫《攷異》云：「公序本無『以』字，脫。」

〔註 60〕〔漢〕許愼：《說文解字》，北京：中華書局 1963 年影陳昌治覆刻平津館本，第 71 頁下、第 72 頁上。

則「眩瞀（眩瞀）」、「顚瞀（胃）」皆當爲偏義複詞，「瞀」、「瞀」襯字，無義。〔註61〕

23・不撟：《國語》：其形撟誣。（卷一二，葉二四，第 144 頁）

【按】本條出〈周語上〉，《慧琳音義》卷五五「不撟」條引同，徐校同，《原本玉篇殘卷》引作「其刑橋誣」，今傳《國語》各本作「其刑矯誣」，《繹史》卷四五、《通志》卷一八一、《文獻通考》卷九○、《冊府元龜》卷七八○引同，《經典釋文》「矯誣」3 見，傳世文獻中並用「矯誣」，《慧琳音義》云：「今皆作矯也。」《經典釋文》云：「撟，本又作矯。」〔註62〕或慧琳時《國語》各本字即亦有作「矯」者。「刑」、「形」音同而通。《玄應音義》本條引賈注云：「行非先王之法曰撟，加誅無罪曰誣。」韋注云：「以詐用法曰矯，加誅無罪曰誣。」「行非先王之法」即「詐」。張以仁云：「除慧苑《華嚴音義》引作『矯』外（慧苑以爲字宜從『才』），他均作『撟』。又慧琳卷二十一、慧

〔註61〕 蕭旭《〈淮南子・原道篇〉校補》（見刊於《學燈》2008 年第 4 期）謂：顚，讀爲瘨，《說文》：「瘨，病也。」《廣雅》：「瘨，狂也。」瞀訓昏亂，段氏謂霿，朱氏謂眊，吾從段氏，字或作惞。瞀、瞀並讀爲眊（或霿）。眩瞀，顚瞀、眩瞀，昏亂、糊塗，同義並列。《淮南》、《文子》、《莊子》有「顚冥」。王念孫曰：「『漠瞀』皆當爲『滇眠』，字之誤也。『滇眠』或作『顚冥』，《文子・九守篇》作『顚冥』，是其證也。《莊子・則陽篇》：『顚冥乎富貴之地。』《釋文》：『冥音眠。司馬云：「顚冥，猶迷惑也。」』高以『滇眠』爲『不知足』，司馬以『顚冥』爲『迷惑』，義相因也。」王叔岷《莊子校詮》曰：「竊以爲瞀與眠同，似非誤字。」合二王之說，斯爲善矣。蔣禮鴻亦曰：「瞀不必改眠。」字或作「顚瞑」，唐・韓愈《和李相公攝事南郊覽物興懷呈一二知舊》：「願瞻想嚴谷，興歎倦塵囂。惟彼顚瞑者，去公豈不遼！」宋・方崧卿《韓集舉正》卷三：「瞑，從目，古眠字也……《莊子》司馬彪云：『顚冥，猶迷惑也。』」宋・魏仲舉《五百家注昌黎文集》卷七：「孫曰：『顚瞑，眩惑也。』」顚，讀爲瘨，《說文》：「瘨，病也。」《廣雅》：「瘨，狂也。」冥、瞀（眠、瞑）讀爲惽，《說文》：「惽，恔也。」徐氏《繫傳》：「惽，亂也。」《廣韻》同。《說文》：「瞑，翕目也。」段注：「引伸爲瞑眩。」段氏以引伸說之，茲所不從。《玉篇》：「眠，同『瞑』。」《方言》卷三：「凡飲藥傅藥而毒……東齊、海、岱之間謂之瞑，或謂之眩。」郭璞注：「瞑眩，亦今通語耳。」《廣雅》：「瞑，亂也。」本書《要略》：「所以使人不妄沒於勢利，不誘惑於事態。」沒，貪也。「妄沒」亦與「滇眠（顚冥）」義相因，可發明此文之義。此二王所未及，因爲補之。朱起鳳《辭通》卷七採王念孫說，謂「漠瞀」當爲「滇眠（顚冥）」，釋爲「歆羨」；而卷一九謂「漠瞀」同「漢漫」、「漠瞀」，釋爲「煩憊」。朱駿聲謂漠叚借爲慕，高注非。並未確。

〔註62〕 〔唐〕陸德明：《經典釋文》，北京：中華書局 1983 年影通志堂經解本，第 314 頁下。

苑卷上引『非』上皆有『行』字，汪氏以爲『刑』字之誤，且略而不錄（馬同）。今慧琳亦作『行』字，則非慧苑傳抄之誤矣。又慧琳卷四十七引『之』下有『正』字（馬、汪皆無）。排比諸卷所引而斟酌之，疑作『行非先王之正法曰撟』，殆賈注原貌，謂施行（行也）而不合先王之正法曰撟也。法則先王之正法，而行之以詭譎之道，則不得曰『正法』。亦猶韋注『以詐用法』之義也。韋蓋襲賈氏之義而變其文。」〔註63〕鄙意則「行」字統括「撟」、「誣」二者言之，行爲之意，作「刑」亦可通，非如張氏之以爲「施行」也。「先王之法」本身就具有「正」之義，不必重以「正」字，在漢籍全文檢索系統（第二版）先秦部分中錄入「先王之法」得 18 篇 27 次，錄入「先王之正法」並一直延伸到魏晉，依然無用例，或可從一側面說明問題。《漢語大詞典》因《國語》此例及韋注釋爲「假託君命，誣陷無辜」。

24・不計：《國語》：計成而後行。（卷一三，葉一〇，第 150 頁）

　　【按】本條出〈魯語下〉，徐校同，《慧琳音義》卷一六「不計」條引同，今傳《國語》各本並同。《玄應音義》本條引賈注云：「計，謀也。」韋未出注。

25・旌表：《國語》：為車服旗章以旌之。（卷一三，葉一一，第 150 頁）

　　【按】本條出〈周語上〉，徐校同，《慧琳音義》卷五一「旌表」條引同。「旌」，《慧琳音義》卷六二「旋旍」條、《原本玉篇殘卷・音部》作「旍」，今傳《國語》各本俱作「旌」，《繹史》卷五一上、《通志》卷一八一、《格物通》卷八一、《太平御覽》卷二〇二、《玉海》卷八五、《經濟類編》卷四四、《文章正宗》卷四、《文編》卷二一、《文章辨體彙選》卷五八引與今本同。「生」、「令」皆聲符字，《說文》有「旌」無「旍」，「旌」、「生」、「令」古皆爲耕部字，中古則「生」入庚部而「旌」、「令」則皆在梗部，後世以「旌」爲「旍」，取其表音準確。《玄應音義》本條引賈注云：「旌，表也。」韋注與賈同。

26・子然：《國語》：胡有子然。（卷一三，葉一三，第 151 頁）

　　【按】本條出〈周語中〉，徐校同，《慧琳音義》卷四三「單子」條引同，

〔註63〕張以仁：〈《國語》舊注輯校〉，見載於氏著《張以仁先秦史論集》，上海古籍出版社 2010 年版，第 176 頁。

卷五七「子然」條云:「《國語》『有子然』是也。」今傳《國語》各本全句作「於是乎有折俎加豆,酬幣宴貨,以示容合好,胡有子然其效戎、狄也」〔註64〕。韋注云:「子然,全體之貌也。」黃刊明道本《國語》此段文字為:「子弗聞乎,禘郊之事,則有全烝;王公立飫,則有房烝;親戚宴饗,則有殽烝。今女非他也,而叔父使士季實來修舊德,以獎王室。唯是先王之宴禮,欲以貽女。余一人敢設飫禘焉,忠非親禮,而干舊職,以亂前好?且唯戎、狄則有體薦。夫戎、狄,冒沒輕儳,貪而不讓。其血氣不治,若禽獸焉。其適來班貢,不俟馨香嘉味,故坐諸門外,而使舌人體委與之。女今我王室之一二兄弟,以時相見,將和協典禮,以示民訓則,無亦擇其柔嘉,選其馨香,潔其酒醴,品其百籩,修其簠簋,奉其犧象,出其樽彝,陳其鼎俎,淨其巾羃,敬其祓除,體解節折而共飲食之。於是乎有折俎加豆,酬幣宴貨,以示容合好,胡有子然其效戎、狄也?」這是晉國大夫隨會聘周得饗周天子殽烝而疑,周天子作解釋的一段話。從這一段話看,戎狄少數民族來周,周給以「體薦」,即「不俟馨香嘉味,故坐諸門外,而使舌人體委與之」。事實上「子然」二字是就接待戎狄的整個宴饗禮儀而言,在周天子的眼裏,戎狄「若禽獸」,因此宴饗禮儀十分單一,相比於招待隨會的宴饗之禮(引文中畫單線的部分),招待戎狄之禮就如同招待隨會所用宴饗之禮的子餘。並不是就「體薦」、「體委」而言。這也符合「子」在古籍中的意義,古籍中「子」作「餘」、「少」、「遺」、「獨」、「單」等。韋注釋為「全體之貌」未為妥當,且無根據,《慧琳音義》卷八五引賈注《國語》云:「子,餘也。」〔註65〕賈注最符合語境。《方言》卷二云:「子、薹,餘也。謂遺餘。周鄭之間曰薹,或曰子;青徐楚之間曰子;自關而西秦晉之間,炊薪不盡曰薹。子,俊也。遵,俊也。」錢繹(1728~1804)箋疏云:「子者,《廣雅》:『子,餘也。』〈大雅·雲漢

〔註64〕 按:遞修本、金李本、張一鯤本、閔《裁注》本、《國語評苑》、《百家類纂》本、《四庫薈要》本、《國語正義》、秦鼎本「狄」作「翟」,上海師範大學古籍整理組點校1978年、1988年、1998年本「效」俱作「郊」,實誤。「郊」是祭禮,名詞;「效」是「致」、「與」,動詞。此處絕該用「效」,公序本、明道本系列各本俱作「效」。李維琦點校本《國語》第1版與第2版、李維琦《白話國語》、汪濟民等《國語譯註》、鄔國義等《國語譯註》、董立章《國語譯註辨析》、史延庭《國語》、趙望秦等《白話國語》亦並作「郊」,唯董立章注云:「郊通效。」曲為之說,實皆因上海師範大學古籍組點校本而誤。

〔註65〕 〔唐〕慧琳:《一切經音義》,上海古籍出版社1983年版《正續一切經音義》,第3314頁。

篇〉：『周餘黎民，靡有孑遺。』〈萬章篇〉引《詩》而釋之曰：『信斯言也，是周無遺民也。』《正義》曰：『孑然，孤獨之貌。〈周語〉曰：胡有孑然其效戎翟也。』」〔註66〕既已明此義。《漢語大詞典》即引韋注釋為「全體之貌」，亦未當。

27・捃拾：《國語》：收捃而承。（卷一三，葉一三，第 151 頁）

【按】本條出〈魯語上〉，徐校「承」作「烝」〔註67〕，《慧琳音義》卷五七「捃拾」條作「收捃而烝」，汪遠孫《國語三君注輯存》、馬國翰並引《玄應音義》此條並云《國語》今本「捃」作「攟」、「承」作「烝」，《慧琳音義》卷八〇「攟拾」條引賈逵注即作「攟」，「承」、「烝」或形近而譌。今傳《國語》各本字作「攟」，黃刊明道本、崇文本、會文堂本、錦章書局本、商務本、《國語韋解補正》、《國語詳注》、《國語集解》「烝」作「蒸」，《禮書綱目》卷三六、《六書故》卷一四、《皇王大紀》卷三八、《繹史》卷四〇、《尚史》卷三〇、《冊府元龜》卷七四〇、《玉海》卷一八五、《春秋臣傳》卷三、《事類備要外集》卷八、《經濟類編》卷二八並引作「收攟而烝」。《爾雅・釋天》云：「冬祭曰烝。」段注云：「烝，經典多叚蒸為之。」〔註68〕此處當以「烝」為止字也。孫詒讓《墨子閒詁》「是猶舍獲而捃粟也」云：「捃・攟字同。」〔註69〕先秦傳世文獻「攟」唯《國語》、《墨子》各 1 見，「捃」則未見用。在「漢籍全文檢索數據庫」（第二版）先秦至南北朝階段的典籍（包括注）共 164 部中分別輸入「捃」與「攟」字，前者得 55 篇 98 次，後者得 8 篇 12 次，可見「捃」比「攟」更為通用，以其易寫易識也，張以仁云：「案《說文》訓『拾』正字為『攗』，『攟』蓋籀文（參《羣經正字》），『捃』則俗體（參王玉樹《說文拈字》）。」〔註70〕賈注云：「攟，拾禾穗也。」韋注云：「攟，拾也。」韋注似更為允當。

28・俘取：《國語》：而安俘女。（卷一三，葉一五，第 152 頁）

〔註66〕〔清〕錢繹：《方言箋疏》，上海古籍出版社《續修四庫全書》第 193 冊影紅蝠山房刻本，第 565 頁上。

〔註67〕見《一切經音義三種校本合刊》第 274 頁。

〔註68〕〔清〕段玉裁：《說文解字注》，上海：上海古籍出版社 1981 年影經韻樓本，第 480 頁上。

〔註69〕〔清〕孫詒讓撰、孫啟治點校：《墨子閒詁》，北京：中華書局 1986 年版，第 448 頁。

〔註70〕張以仁：《國語斠證》，臺北：臺灣商務印書館 1969 年版，第 127 頁。

【按】本條出〈晉語一〉，徐校同，《慧琳音義》卷五七「俘取」條引同，今傳《國語》各本並同。《音義》引賈注云：「伐國取人曰俘，俘亦取也。」韋注云：「軍獲曰俘。」《說文・人部》云：「俘，軍所獲也。」〔註71〕韋注或本此。

29・婬豫：《國語》：豫，樂也。（卷一三，葉一六，第 153 頁）

【按】若以本條確是《國語》正文，則出〈晉語四〉，「豫」，卦名；若以本條爲《國語》注，〈晉語二〉「我教茲暇豫事君」與〈晉語四〉「母老子彊，故曰豫」韋注並云：「豫，樂也。」根據《一切經音義》引賈不引韋之例，則此條當爲賈注，韋襲賈。然《慧琳音義》卷三「猶豫」條引賈逵注云：「豫，獸名也，形如象。」張以仁繫賈注於〈晉語一〉「誠莫如豫」下並云：「《慧琳音義》未引正文。古人有以猶豫爲多疑之獸者。《史・呂后紀》『猶與未決』條正義：『與亦作豫。』《禮・曲禮上》『所以使民決嫌疑，定猶與也』疏，《釋文》謂『與亦作豫。』又有猶性多疑慮，聞有聲，恐人加害，每豫上木之說（顧氏《字說》）。又有以猶是犬子，隨人行，每豫在前之說（〈呂后本紀〉正文）。因從疑義引申爲預備義。疑其說源遠流長，賈逵之注，猶非其濫觴也。〈晉語〉此『豫』字自是先事而備之義，韋但訓『備』，猶未全得也。賈逵蓋推其本源，從豫獸說之。查《國語》『豫』字凡八見，此爲首出，皆與『獸』義無直接關係，因繫於此焉。」〔註72〕實則公序本「豫」字 7 見，黃刊明道本《國語》「豫」字共 8 見，無可釋爲動物者，或如張以仁所說「賈逵蓋推其本源，從豫獸說之」。《說文・象部》云：「豫，象之大者。」〔註73〕實則「大象」之「豫」和卦名及「豫樂」之「豫」亦並無語義上的直接關聯，吳新楚云：「豫，楚《易》作『龡』，帛《易》作『餘』，帛書《繫辭》引作『余』。」錢玄同云：「豫，訓樂者借爲忩。豫備者借爲敍，今亦作『預』。」又錢記章太炎講《說文》云：「像，《說文》讀樣。庠、序（雙聲）一字，故知象、豫（魚陽對轉）亦一字。象本大，說大話曰象，說大價（虛價）亦曰豫。大則

〔註71〕〔漢〕許慎：《說文解字》，北京：中華書局 1963 年影陳昌治覆刻平津館本，第 167 頁上。

〔註72〕張以仁：〈《國語》舊注輯校〉，見載於氏著《張以仁先秦史論集》，上海古籍出版社 2010 年版，第 258 頁。

〔註73〕〔漢〕許慎：《說文解字》，北京：中華書局 1963 年影陳昌治覆刻平津館本，第 198 頁下。

必寬，故引申爲寬豫、悅豫，又引申爲舒。舒必豫備，故作豫備，今作預，乃俗字。」〔註74〕如章說，則「樂」、「備」皆爲「豫」之引申義，可從。

30・勠力：《國語》：勠力一心。（卷一三，葉二七，第 158 頁）

【按】本條出〈晉語四〉，《慧琳音義》卷五四「勠力」條引同，徐校作「戮力一心」〔註75〕。黃刊明道本字作「戮」，汪遠孫《攷異》云：「金本『戮』作『勠』。案『勠』字是也，韋《注》並與《說文》合。」〔註76〕注說是，《繹史》卷五一下即引作「勠」，此與「殺戮」之「戮」固不同。「勠力一心」實即互文，今所云「齊心協力」意義結構皆同。「勠」、「一」義亦一。《玄應音義》引賈注云：「勠，并力也。」《說文・力部》：「勠，并力也。」〔註77〕韋與賈、許同。張以仁詳引群書證賈本作「勠」並說解「勠」字用法較詳〔註78〕，可參。

31・阜恩：《國語》：所阜則用。（卷一三，葉二八，第 159 頁）

【按】本條出〈周語上〉，《慧琳音義》卷五四「阜恩」條引作「所阜財用」，徐校即作「所阜財用」並出校云：「《麗》無，據《磧慧》補。」〔註79〕今傳《國語》各本作「所以阜財用」，《玄應音義》「則」爲「財」之誤，脫「以」字。黃刊明道本全句文作「口之宣言也，善敗於是乎興，行善而備敗，其所以阜財用、衣食者也」，則「以」字不可省略，《音義》並脫「以」字且誤「財」爲「則」。《玄應音義》引賈逵曰：「阜，厚也，阜亦盛也，大也。」韋注云：「阜，厚也。」與賈同。又張以仁云：「〈周本紀〉改『阜』作『產』，『產』字弱。」〔註80〕「產」字是以「土」爲動作主體而言，猶上文「猶土

〔註74〕 吳新楚：《周易異文校證・豫卦》，廣州：廣東人民出版社 2001 年版，第 67 頁。錢玄同著、劉思源等編：《錢玄同文集》第五卷，北京：中國人民大學出版社 1999 年版，第 278 頁。章太炎講，錢玄同、朱希祖、周樹人記錄：《章太炎說文解字講授筆記》，北京：中華書局 2010 年版，第 398 頁。
〔註75〕 見《一切經音義三種校本合刊》第 285 頁。
〔註76〕 〔清〕汪遠孫：《國語明道本攷異》，北京：商務印書館 1959 年版《國語》後附，第 306 頁。
〔註77〕 〔漢〕許慎：《說文解字》，北京：中華書局 1963 年影陳昌治覆刻平津館本，第 292 頁上。
〔註78〕 張以仁：〈《國語》舊注輯校〉，見載於氏著《張以仁先秦史論集》，上海古籍出版社 2010 年版，第 271～273 頁。
〔註79〕 見《一切經音義三種校本合刊》第 286、292 頁。
〔註80〕 張以仁：〈《國語》集證（〈周語〉上、中二卷）〉，見載於氏著《張以仁先秦史

之有山川也，財用於是乎出」之「出」字，「皁」則是就狀態而言，皆為避免上下文重複而設。

32・徒跣：《國語》「悼公跣而出」韋昭曰：「跣，徒跣也。」（卷一四，葉七，第 163 頁）

【按】本條出〈晉語七〉，徐校據《磧》補同，今傳《國語》各本無「悼」字，《通志》卷九〇、《左傳紀事本末》卷二九、《繹史》卷六四、《尚史》卷四四、《通典》卷一六九、《白孔六帖》卷五四、《太平御覽》卷二九六、《冊府元龜》卷二四二、卷二四四、卷四〇一、卷七四六、《經濟類編》卷七二、《文章正宗》卷四、《文章辨體彙選》卷四九一、《古文淵鑒》卷三引並皆無「悼」字，當是《音義》為明晰語義而加者。《玄應音義》引《國語》韋昭注 2 次，此其一。《說文・足部》：「跣，足親地也。」段注云：「古者坐必脫屨，燕坐必襪韤，皆謂之跣。如趙盾待君燕，跣以下，此襪韤之跣也。如晉悼公跣而出，此不暇屨之跣也。」〔註 81〕可作《國語》本句註腳。且此一描寫成為後世史書以及小說家為描述人君禮賢下士之程式動作。

33・以斤：《國語》「惡金以鑄鉏、夷、斤、斸」賈逵曰：「斤，鐯也。」（卷一四，葉七，第 163 頁）

【按】本條出〈齊語〉，徐校據《磧》補同，《慧琳音義》卷五九「以斤」條引《國語》「斤，鐯也」實即此處之賈逵注，然引作「鑊」字則誤，其他處則未誤〔註 82〕。《說文・金部》：「鐯，大鉏也。」「鐯，斫也。」〔註 83〕段注云：「鐯所以斫也。」〔註 84〕因「鉏」、「夷」皆農具。《冊府元龜》卷七三六、《經濟類編》卷一四引《管子》文與《音義》引同，《冊府元龜》卷七三六注云：「斸，斫也。」黃刊明道本、崇文本、會文堂本、錦章書局本、《國語韋解

論集》，上海古籍出版社 2010 年版，第 430 頁。

〔註81〕 〔清〕段玉裁：《說文解字注》，上海：上海古籍出版社 1981 年影經韻樓本，第 84 頁上。

〔註82〕 其他處未誤之根據，實為靖江蕭旭所指出者，即：徐本第 1555 頁作「鐯」，《慧琳音義》卷 42「斤斫」條、卷 58「斤頭」、卷 64「如斤」條並云：「斤，鐯也。」

〔註83〕 〔漢〕許慎：《說文解字》，北京：中華書局 1963 年影陳昌治覆刻平津館本，第 296 頁上、第 294 頁下。

〔註84〕 〔清〕段玉裁：《說文解字注》，上海：上海古籍出版社 1981 年影經韻樓本，第 704 頁上。

補正》、《國語詳注》、《國語集解》、商務本、上古本作「惡金以鑄鉬、夷、斤、斸」，字從「斤」，《皇王大紀》卷三七、《通志》卷九二引作「斸」。遞修本、《國語補音》、《經子法語》、金李本、張一鯤本、閔《裁注》本、《國語評苑》、《四庫薈要》本、《國語正義》、秦鼎本、綠蔭堂本作「欘」，從木。《管子·小匡篇》、《太平御覽》卷八一三、《繹史》卷四四之一、《左傳紀事本末》卷一八、《文章辨體彙選》卷四九三、《古文淵鑒》卷六引並作「欘」，《太平御覽》卷三四二祇引作「惡金以鑄鉬夷」，脫「斤欘」二字，與《事類賦注》卷一三引同。尹知章注云：「鋸欘，鴟類也。」《說文·木部》：「欘，斫也，齊謂之鎡錤。」段注云：「句欘者，李巡云鉬也，郭璞云鉬屬。葢似鉬而健於鉬。似斤而不以斫木，專以斫田，其首如鉬然。句於矩，故謂句欘也。」〔註85〕則《音義》、《冊府元龜》引「攎」或即「欘」字之別，從手表動作行為，從木則表器具名物也。《冊府元龜》注「研」或「斫」之誤。段注云：「凡斫木之斤，斫地之欘皆謂之樬。……從木，欘樬皆重柄，故字皆從木。」韋注云：「夷，平也。夷所以削草平地。斤，形似鉬而小。斸，斫也。」《管子·小匡》尹知章注：「夷，鋤類。」又《集韻》引《埤倉》云：「钂，鉬也。」〔註86〕《爾雅·釋器》云：「斫斸，謂之定。」郭注云：「鋤也。」「鉬、夷、斤、斸」皆當為名詞，韋注以動詞義釋「夷」、「斸」，不確。陳振中（1931～2005）云：「夷是削草平地的鋤類……從行文來看，這幾件工具是作為農具和手工業工具的類稱而被列舉的。」〔註87〕既然這幾件工具都是「試諸壞土」的，則這幾件工具「都是開墾工具」〔註88〕，不當以手工業工具目之。郭沫若〔註89〕、李亞農（1906～1962）〔註90〕、唐蘭（1901～1979）、李劍農（1880～1963）

〔註85〕〔清〕段玉裁：《說文解字注》，同上，第 295 頁下。

〔註86〕〔宋〕丁度等：《集韻》，上海：上海古籍出版社 1985 年影述古堂本，第 753 頁。

〔註87〕陳振中：《先秦手工業史》，福州：福建人民出版社 2008 年版，第 234 頁。

〔註88〕李亞農：《中國的封建領主制和地主制》，見載於氏著《欣然齋史論集》，北京：中華書局 1962 年版，第 931 頁。

〔註89〕郭沫若在〈奴隸制時代〉和〈希望有更多的古代鐵器出土——關於古代分期問題的一個關鍵〉兩篇文章中皆有「惡金」論述，見載於《郭沫若全集·歷史編 3》，北京：人民出版社 1984 年版，第 32 頁、第 195 頁。

〔註90〕李亞農在《西周與東周》一書中引用了《國語·齊語》的這段話並且說：「從這一段文章中可以看出，在桓公時代，齊國已經在大量地鑄造鐵的農業生產工具，並且在大量地販賣鐵器以增加財政收入。」見載於氏著《欣然齋史論集》，北京：中華書局 1962 年版，第 640 頁。又李亞農在《中國的封建領主

〔註 91〕、楊寬（1914～2005）、陳振中、白冰等皆認爲「惡金」爲鐵，《漢語大詞典》則直釋爲「鐵」，徐學書、楊育坤、李澤生等對此提出質疑〔註 92〕，而黃展嶽更考證認爲「惡金」是劣質的銅〔註 93〕，白雲翔從考古學的角度也論證了「惡金」當爲「劣質鑄銅」〔註 94〕，黃金貴、彭文芳〔註 95〕從農業考古、冶金史以及詞源的角度詳細考察了西周至戰國金屬冶煉和兵、農具製造的實際，證明「惡金」就是「冶煉劣質的銅」。到此似乎「惡金」爲「冶煉劣質的銅」之說已可成爲定論。但是黃展嶽在《考古紀原——萬物的來歷》一書中引用國際學術界的共識，認爲公元前 14 世紀之前，西亞赫梯人已經掌握冶鐵技術，新疆地處東亞與中西亞的連接地帶，黃氏推斷新疆的冶鐵技術可能從西亞傳來並進一步傳入中土〔註 96〕，而「從早期鐵器出土地點的分布和年代來看，中原人工煉鐵的出現，可能來自新疆冶煉技術的東傳，路線很可能是經由甘肅河西走廊及於關中秦國，最後進入東方諸國的。」〔註 97〕把冶鐵工藝放到世界冶鐵史的角度來考察，這是反對「惡金」指鐵的幾家說法所沒有涉及到的方面。如果這個冶鐵技術的傳播脈絡和途徑可信的話，則一種技術由初始的陌生到嫻熟需要一個很長的過程，從可以冶煉鑄鐵到能夠冶煉鐵合金也還需要一段時間，鑄鐵和鐵合金雖然都統稱爲「鐵」，實際卻並不一

制和地主制》一書中也認爲桓管時代已經是廣泛使用鐵製農具的時代了，相關論述見氏著《欣然齋史論集》，北京：中華書局 1962 年版，第 929～941 頁。

〔註 91〕 李劍農說見白雲翔《「美金」、「惡金」的考古學闡釋》一文所引。

〔註 92〕 徐學書：〈「惡金」辨〉，《四川大學學報》1983 年第 3 期。楊育坤、李澤生：〈「惡金」非鐵辨〉，《陝西師範大學學報》1985 年第 3 期。

〔註 93〕 黃展嶽、唐蘭論述介紹見陳振中《先秦手工業史》234、235 頁，楊寬論述見黃金貴、彭文芳〈「惡金」辨正〉徵引，《中山大學學報》2007 年第 5 期，第 34 頁。

〔註 94〕 白雲翔：〈「美金」、「惡金」的考古學闡釋〉，《文史哲》2004 年第 1 期。另白氏有專著《先秦兩漢鐵器的考古學研究》闢有「關於春秋時期是否視鐵爲『惡金』的問題」一個專題進行論證，北京：科學出版社 2005 年版，第 372～376 頁。

〔註 95〕 黃金貴、彭文芳〈「惡金」辨正〉，《中山大學學報》2007 年第 5 期，第 34～38 頁。

〔註 96〕 孫淑雲〈有關冶金起源的幾個思考〉一文認爲：「新疆地區自古就是東西方文化和技術交流的中心區域，對新疆地區出土的早期銅器進行研究，並與其相鄰地區的冶金技術進行比較，對搞清新疆地區冶金技術的起源和發展歷史以及在中西文化交流中的地位有著重要意義。」該文自網上見到，目前沒有見到紙質出版出處，http://lw.china-b.com/wxwh/20090213/89117_1.html。

〔註 97〕 黃展嶽：《考古紀原——萬物的來歷》，成都：四川教育出版社 1998 年版，第 67 頁。

樣，則「惡金」指「冶煉劣質的鐵」或者「生鐵」也還有其可能性；既然鐵和鐵合金雖然同屬於一種金屬、在柔韌度等各個方面並大不一樣，而各家在談到鐵時也並未將生鐵與鐵合金分開來談〔註98〕，看來這個問題還不是那麼容易解決掉，有待於進一步考察和研究，則最穩妥的訓釋即如《中文大辭典》之釋為「質麤的金屬」〔註99〕。

34・輕躁：《國語》：驕躁婬暴。（卷一四，葉一六，第 168 頁）

【按】本條出〈齊語〉，徐校據磧補文作「驕躁淫暴」〔註100〕，今傳《國語》各本〈齊語〉作「驕躁淫暴」者共 2 處，《古文淵鑒》卷五、《經濟類編》卷一四、《冊府元龜》卷二三九、《文獻通考》卷二八、《通志》卷九二、《左傳紀事本末》卷一八、《繹史》卷四四之一、《皇王大紀》卷三七、《禮書綱目》卷六六引與《管子・小匡篇》並同今傳《國語》。《說文・女部》：「婬，私逸也。」段注云：「厶作私，非也，今正。厶音私，姦衺也。逸者，失也。失者，縱逸也。婬之字今多以淫代之，淫行而婬廢矣。」《說文・水部》：「淫，浸淫隨理也。一曰久雨為淫。」段注云：「浸淫者，以漸而入也。〈月令〉曰：『淫雨蚤降。』《左傳》曰：『天作淫雨。』鄭曰：『淫，霖也。雨三日以上

〔註98〕 網上有七秋齡童發表的〈先行世界千年的中華——鑄楚煉鋼術〉指出，郭氏等人所謂的「鐵」是生鐵，「生鐵到如今都是『麤金』，衹能作機器座架，配重鐵和『試諸壤土』的部分農具之用的。」而所謂出土的鐵製兵器嚴格說來應該是「鐵合金」即是「鋼」，不能和「生鐵」歸入一類了，也頗有其合理性，可以做一註腳。見東湖社區：http://bbs.cnhubei.com/thread-419935-1-1.html。又大河網有一篇〈「棠溪之劍天下雄」系列之二棠溪水「淬出」百兵之君〉，文云：「儘管古代中國的冶鐵技術（煉鐵）在用鐵的古國中起步並不是最早的，但中國在發明冶煉塊鐵的同時，或在其前後不久，就又發明了高溫液態生鐵，並且發展了生鐵鑄造、退火高強度鑄鐵以及生鐵炒鋼的技術。」「人類最初獲得的鐵，不曾熔解，衹是海綿體的如爐渣一般的熟鐵。熟鐵質性柔軟，可鍛不可鑄，不能勝任創制需要硬度較高的工具，用處不是太大，其沒有受到重視的部分原因也許就是青銅比熟鐵的硬度還要高。春秋初期，我國雖然已經能夠熔解鐵礦石，獲得生鐵，但生鐵質性硬而脆，可鑄難鍛，其主要用以鑄造農具，這就是管仲對齊桓公所言的『惡金』。」並引高慶民語云：「在棠溪河或龍泉裏淬火刀劍，既能使刀劍獲得特別的鋒利，又能賦予刀劍強、硬、韌、彈的四大特質——棠溪水淬火的刀劍，可以斷鐵不損刃，彎曲不斷裂。」這又可為後來冶鐵技術提高鐵製兵器大量出現做一註腳，見 http://epaper.dahe.cn/dhb/htm2007/t20070227_859308.htm。

〔註99〕 林尹等主編：《中文大辭典》（普及本），臺北：中國文化研究所 1990 年第八版，第 5353 頁。

〔註100〕《一切經音義三種校本合刊》第 305 頁。

爲霖。』」〔註101〕「私逸」義是宗法制的產物，當比「久雨」義晚出。《玄應音義》引賈注云：「躁，擾也，亦動也。」韋未出注。「躁」，《慧琳音義》卷一八、卷五五引又作「趮」，當是「足」、「疋」形近而混，版刻古書中從二字形之字多通用。又《慧琳音義》卷五八云：「輕躁，又作趡，同。」

35・嫌隙：《國語》：上下無隙。（卷一四，葉二〇，第 170 頁）

【按】本條出〈周語中〉，徐校補文字作「隙」，《惠琳音義》卷五九「嫌陳」條「隙」作「陳」。《干祿字書・入聲》「陳隙」條云：「上通下正。」〔註102〕遞修本、《國語補音》、金李本、張一鯤本、閔《裁注》本、《百家類纂》本、《國語評苑》、《四庫薈要》本、《國語正義》、黃刊明道本等字作「隙」，《正字通・阜部》云：「隙，俗隙字。」〔註103〕今字作「隙」，《繹史》卷八〇、《左傳紀事本末》卷一、《通志》卷八九、《通鑑前編》卷一三、《尚史》卷二七、《格物通》卷四四即引作「隙」。《玄應音義》引賈逵曰：「隙，釁也。」黃刊明道本韋注云：「隙，瑕釁也。」義並同。張以仁云：「陳、隙古今字。」又云：「公序本『釁』作『釁』，汪氏《考異》及《三君注輯存》皆謂『釁』是俗字。」〔註104〕根據郭錫良《漢字古音手冊》，「巢」上古音在崇紐宵部，《廣韻》在崇紐肴韻，「隙」上古在溪紐鐸部，《廣韻》在溪紐陌韻，《說文》中唯收「隙」字，篆書作「𨻶」，《古文四聲韻》收「𣱭」字，《汗簡》「巢」字作「𣟏」，《古文四聲韻》作「𣟏」〔註105〕，「𣱭」、「𣟏」形似，「隙」之爲「陳」或形近而誤作，非古今字之關係。

36・煩苛：《國語》：苛我邊鄙。（卷一六，葉一二，第 191 頁）

【按】本條出〈晉語一〉，徐校同，《慧琳音義》卷六五條「煩苛」條引同，今傳《國語》各本並同。《玄應音義》引賈逵曰：「苛猶擾也。」韋與賈

〔註101〕〔清〕段玉裁：《說文解字注》，上海：上海古籍出版社 1981 年影經韻樓本，第 625 頁下、第 253 頁下。

〔註102〕黃征《敦煌俗字典》引《干祿字書》作「上俗下正」，誤。上海教育出版社 2005 年版，第 443 頁。

〔註103〕〔明〕張自烈撰、〔清〕廖文英續：《正字通》，上海：上海古籍出版社 2002 年輯印《續修四庫全書》第 235 冊，第 673 頁下。

〔註104〕張以仁：〈《國語》舊注輯校〉，見載於氏著《張以仁先秦史論集》，上海古籍出版社 2010 年版，第 196 頁。

〔註105〕李圃主編：《古文字詁林》，上海教育出版社 2004 年版，第 10 冊第 840 頁、第 6 冊第 310 頁。

同。

37·摜甲：《國語》：服兵摜甲。（卷一七，葉一三，第 200 頁）

【按】本條出〈吳語〉，徐校同，《玄應音義》卷二一「能摜」條、卷二二「摜甲」條引並同，《慧琳音義》卷四八、卷七〇「摜甲」條引亦同，今傳《國語》各本同。《玄應音義》引賈逵云：「摜甲，衣甲也。」《說文·手部》：「摜，貫也。」〔註106〕韋注亦云：「摜，貫也。」是韋注從《說文》爲釋。賈注在釋其義，許愼、韋昭在釋其得義之由也。

38·唱呴：《國語》：三軍譁呴。（卷一九，葉一三，第 222 頁）

【按】本條出〈吳語〉，徐校同，《慧琳音義》卷五六「唱呴」條引同。今傳《國語》各本作「三軍皆譁鉤」，《六書故》卷四、《繹史》卷九六下、《左傳紀事本末》卷五一、《尚史》卷一七、卷六三、《玉海》卷一四二、《經濟類編》卷四二、《文章辨體彙選》卷四九四引與今傳《國語》同。「皆」字或因《音義》節引而省。「呴」此處當音吼，不見《說文》，先秦傳世文獻唯《戰國策·燕策一》「呴籍叱咄」鮑彪注云：「呴，呵。」〔註107〕《玄應音義》本條引《廣雅》云：「呴，鳴也。」賈逵云：「嘷也。」《慧琳音義》卷五六「唱呴」條引賈逵曰：「呴，嘷也。」張以仁云：「《說文》無『嘷』字，『嘷』乃『嚤』之或體（見《集韻》）。王筠《說文句讀》以爲招呼字作『謼』，呼號字作『嚤』。」〔註108〕唐寫本《唐均》第三葉下云：「號嚤，俗作『呼』。」《說文·金部》：「鉤，金飾器口。」〔註109〕與呼叫義無涉。《廣雅·釋詁二》「呴，鳴也」條王念孫（1744～1832）疏證云：「〈吳語〉『三軍皆譁鉤以振旅』，《眾經音義》卷十九引作譁呴。」〔註110〕又王引之（1766～1834）《經義述聞》卷二一「譁鉤」條云：「鉤，當讀爲唬，字或作呴，俗作吼。……

〔註106〕〔漢〕許愼：《說文解字》，北京：中華書局 1963 年影陳昌治覆刻平津館本，第 296 頁上、第 294 頁下。

〔註107〕諸祖耿《戰國策集注匯考》（增補本）見引，南京：鳳凰出版社 2008 年版，第 1555 頁。

〔註108〕張以仁：《〈國語〉舊注輯校》，見載於氏著《張以仁先秦史論集》，上海古籍出版社 2010 年版，第 334 頁。

〔註109〕〔漢〕許愼：《說文解字》，北京：中華書局 1963 年影陳昌治覆刻平津館本，第 295 頁下。

〔註110〕徐復主編：《廣雅詁林》，南京：江蘇古籍出版社 1992 年版，第 118 頁。

作「釦」者，借字耳。」〔註111〕陳瑑《國語翼解》曰：「釦、叩同聲，蓋叩金聲，以應譁呼也。」〔註112〕洪頤煊（1765～1833）《讀書叢錄》卷六曰：「釦當是叩字之誤。《說文》：『叩，驚謼也。從二口，讀若讙。』與韋注義近。」〔註113〕以器具本身示器具所發之聲，亦未爲不可，「釦」字未必爲誤，或吳軍之勢如同影視劇中所演，兩軍對壘，軍士口則嘷，手則振動手中兵器，使其亦發出聲響，則〈吳語〉之「譁釦」是兩種聲音交織，易作「譁呴」則成三軍喧嘩呼號，成一種聲音矣，語義反轉狹隘。

39·舌縮：《國語》：盈縮轉化。（卷二〇，葉五，第227頁）

【按】本條出〈越語下〉，徐校同，《慧琳音義》卷四三「舌縮」條引作「盈縮轉訛」，「縮」爲「縮」之俗寫形式，「訛」則「化」字之誤。遞修本、《國語補音》、金李本、張一鯤本、閔《裁注》本、《國語評苑》、《四庫薈要》本、《國語正義》、綠蔭堂本、秦鼎本、《國語集解》、《國語詳注》、上古本「盈」作「嬴」，黃刊明道本字作「嬴」，崇文本、會文堂本、錦章書局本、《國語發正》、《國語韋解補正》、商務本從之，汪遠孫、李慈銘並云：「當依公序本作『嬴』。」〔註114〕韋注云：「嬴縮，進退也。轉化，變易也。」《史記·天官書》云：「其趨舍而前曰嬴，退舍曰縮。」《漢書·天文志》與《史記》同。《周禮·春官·馮相氏》「冬夏致日」賈公彥疏：「晷進爲盈，晷退爲縮。」〔註115〕桂馥（1736～1805）《札樸》卷四云：「《國語》『盈縮轉化』，盈當爲縋，通作嬴。」〔註116〕是「嬴」、「盈」可通。

40·軌地：《國語》：軌，法也。（卷二〇，葉一七，第233頁）

【按】徐校同，《慧琳音義》卷七五「軌地」條引同。此非《國語》正文，黃刊明道本《國語》「軌」字11見，公序本15見，無「軌」後跟「法」字之

〔註111〕〔清〕王引之：《經義述聞》，南京：江蘇古籍出版社2000年版《高郵王氏四種》本，第520頁下。

〔註112〕〔清〕陳瑑：《國語翼解》卷六，廣雅書局刊本，本卷第6頁。

〔註113〕〔清〕洪頤煊：《讀書叢錄》，上海古籍出版社2002年輯印《續修四庫全書》1157冊影印北圖藏道光二年富文齋刻本，第606頁。

〔註114〕〔清〕李慈銘撰，王利器輯纂：《越縵堂讀書簡端記》，天津：天津人民出版社1980年版，第74頁。〔清〕汪遠孫：《國語明道本攷異》，北京：商務印書館1959年版《國語》後附，第340頁。

〔註115〕〔清〕阮元校刻：《十三經注疏》，北京：中華書局1980年版，第819頁上。

〔註116〕〔清〕桂馥：《札樸》，北京：商務印書館1958年版，第114頁。

句。《慧琳音義》卷一「軌躅」條與「軌範」條、卷二一「軌度」條、卷四七「儀軌」條並作賈注《國語》曰：「軌，法也。」則此條本亦賈注。韋注無釋「軌」爲「法」者，〈周語下〉「帥象禹之功，度之於軌儀」、「度律均鐘，百官軌儀」、「所以宣佈哲人之令德，示民軌儀也」韋注並云：「軌，道也。」張以仁云：「韋訓爲『道』，與賈異。」〔註117〕《管子・明法解》云：「法者，天下之程式也，萬事之儀表也。」從這個角度看，「道」、「法」義亦同。《玄應音義》引誤賈注爲正文，《慧琳音義》沿其誤。

41・師捲：《國語》曰：有捲勇。（卷二一，葉一五，第 244 頁）

【按】本條出〈齊語〉，徐校本無「國語曰有捲勇」六字。《慧琳音義》卷五一「解捲」條引《國語》曰：「子有捲勇也。」今傳《國語》各本作「有拳勇」，黃丕烈《札記》云：「《說文》引《國語》『有捲勇』，《集韻》、《類篇》同，捲、拳字一耳。《玉篇》、《廣韻》載《說文》『予有捲勇』，『予』字蓋衍。」〔註118〕則《慧琳音義》「子有捲勇」之「子」亦衍，子、予形近易混，徐淑娟云：「就今本〈齊語〉上下文意連併讀之，『予有捲勇』或『子有捲勇』均有所窒礙，當如大徐引作『有捲勇』爲佳。」〔註119〕言是。又《慧琳音義》卷二八「捲杷」條、卷三二「空捲」條、卷五一「解捲」條引《國語》云：「捲，收也，舒也。」卷五七「師捲」條引《國語》云：「捲舒也。」《國語》中無此正文，並且也沒有義爲「收也，舒也」之「捲」，當是他書之義而誤爲《國語》者。《說文・手部》云：「《國語》曰：『有捲勇。』一曰：捲，收也。」段注云：「此別一義，即今人所用舒卷字也。」〔註120〕《慧琳音義》或因《說文》引《國語》而將所引「一曰」亦誤認爲是《國語》之文。韋注云：「大勇爲拳。」董志翹以爲「拳」亦「捲」之假字〔註121〕，「拳」實「手」與「卷」

〔註117〕張以仁：〈《國語》舊注輯校〉，見載於氏著《張以仁先秦史論集》，上海古籍出版社 2010 年版，第 203 頁。

〔註118〕〔清〕黃丕烈：《校刊明道本韋氏解國語札記》，北京：商務印書館 1959 年版《國語》後附，第 251 頁。

〔註119〕徐淑娟：《王筠〈說文句讀〉校改〈說文〉之研究》，臺灣屏東教育大學中國語文學系 2008 年碩士論文，第 101 頁。

〔註120〕〔清〕段玉裁：《說文解字注》，上海：上海古籍出版社 1981 年影經韻樓本，第 608 頁下。

〔註121〕董志翹：〈《漢書》舊訓考辨（三）〉，見載於氏著《訓詁類稿》，成都：四川大學出版社 1999 年版，第 40 頁。

省去「巳」形之組合。

42・身寐：《國語》：公寢而不寐。（卷二三，葉一五，第 268 頁）

　　【按】本條出〈晉語一〉，徐校本字作「寢」、「寐」〔註122〕。遞修本、金李本、黃刊明道本、蜚英館石印本、錦章書局本、閔《裁注》本、《國語韋解補正》、商務本、上古本作「獻公田，見翟柤之氛，歸寢不寐」，是《漢語大字典》「今本《國語・晉語一》作『歸寢不寐』」〔註123〕之所自，崇文本則作「歸寢不寐」，注仍作「寐」。《資治通鑑外紀》卷四、《繹史》卷五一上引並作「寢」。張一鯤本字作「寢」、「寐」，《國語評苑》、秦鼎本「寢」字與之同。鄭良樹云：「《太平御覽》七〇六、《天中記》四八引此『寢』下並有『而』字。《太平御覽》三一七引此有注『翟柤，國名也。言有亡國之氣也。一曰：敵國有善祥，己國凶惡也』二十四字，與韋解不同。」〔註124〕宋本《太平御覽》「柤」誤作「相」，張以仁謂「韋注云：『翟柤，國名也。氛，祲氛，凶象也。凶曰氛，吉曰祥。』與此不同，當是舊注。『相』則『柤』之誤。諸家皆未收。」〔註125〕汪遠孫《國語三君注輯存》實已收之矣〔註126〕，又張氏所引韋注爲明道本，遞修本等公序本系列則作「翟柤，國名。氛，禮氣象也。凶曰氛，吉曰祥」。陳新雄云：「《碑別字新編・十二畫》引《齊高獻國妃敬氏墓誌》寐作寐。《干祿字書・去聲》：『寐、寐、寐。並上俗、中通、下正。』《龍龕手鑑・穴部》：『窚，舊藏作寐。寐、寢、寐。三俗，莫庇反，正作寐，寢也。』《中國書法大字典・穴部》引王羲之作『寐』。按：寐左下部件刂即爿，行書之省，還原楷體作爿，故寐作寐。今從《龍龕手鑑》定作『寐』之異體。」〔註127〕《漢語大字典》引《字彙補・宀部》云：「寢，古寢字。《國語》：『歸寢不寐。』」〔註128〕《字彙補》引《國語》當

〔註122〕見《一切經音義三種校本合刊》第 478 頁。

〔註123〕徐中舒主編：《漢語大字典》（縮印本），成都：四川、湖北辭書出版社 1993 年版，第 956 頁右欄。

〔註124〕鄭良樹：〈國語校證〉（中），《幼獅學誌》第 8 卷第 1 期，第 3 頁。

〔註125〕張以仁：〈國語舊注輯校〉，見載於氏著《張以仁先秦史論集》，第 259 頁。

〔註126〕〔清〕汪遠孫：《國語三君注輯存》卷三，芝加哥大學圖書館遠東圖書分館藏道光振綺堂本，本卷第 2 頁。

〔註127〕陳新雄：「寐」字研訂說明，《異體字字典》網絡版，http://dict.variants.moe.edu.tw/yitia/fra/fra01041.htm。

〔註128〕徐中舒主編：《漢語大字典》（縮印本），成都：四川、湖北辭書出版社 1993 年版，第 956 頁右欄。

是據張一鯤本。《四庫薈要》本、《國語翼解》、《國語正義》、綠蔭堂本、《國語集解》、《國語詳注》、鮑校本字作「寢」，《尚史》卷三九即引作「寢」。《說文・宀部》：「寢，臥也，从宀㑴聲。」段注云：「今人皆作寢，寢乃寢部𡪢字之省，與寢異義。」〔註129〕《說文・寢部》：「𡪢，病臥也，从寢省，㑴省聲。」〔註130〕日本學者白川靜（1910～2006）《說文新義》云：「若以為『寢』與『寢』為不同之字，則可以說『寢』表示廟中裸禮，『寢』為臥寢之義，二字不可以相混，然而二字是由古字『𡪢』而來的，經籍中皆用『寢』字，而不用『寢』。」〔註131〕《國語》本文二字則通用不別。汪遠孫《攷異》云：「公序本無『寢』字，疑脫。」〔註132〕未知汪氏所云公序本者何本？或汪氏誤記。

二、《慧琳音義》引《國語》斠證

1・業墜：《國語》：敍也，大也。（卷一，葉四，第 43 頁）

【按】《大正藏》本「敍」作「叙」，徐校亦作「叙」〔註133〕。此非《國語》正文，「墜」無「敍」、「大」義，故當釋「業」字。《爾雅・釋詁》云：「弘、廓、宏、溥、介、純、夏、幠、厖、墳、嘏、丕・奕、洪、誕、戎、駿、假、京、䆲、濯、訏、宇、穹、壬、路、淫、甫、景、廢、壯、塚、簡、昄、晊、將、業、蕑，大也。」「舒、業、順，敍也。」此則合《爾雅》「業」字二注為一注。當為《國語》賈注。今傳《國語》唯〈晉語四〉「則民從事有業」章注云：「業，猶次也。」與《慧琳音義》引賈注義同，《本邦殘存典籍による輯佚資料集成》、張以仁皆繫賈注於〈晉語四〉。

2・遂古：《國語》：信也，從也。（卷一，葉五，第 45 頁）

〔註129〕〔清〕段玉裁：《說文解字注》，上海：上海古籍出版社 1981 年影經韻樓本，第 340 頁下。

〔註130〕〔漢〕許慎：《說文解字》，北京：中華書局 1963 年影陳昌治覆刻平津館本，第 153 頁下。

〔註131〕轉引自白冰《青銅器銘文研究——白川靜金文學著作的成就與疏失》，上海：學林出版社 2007 年版，第 260 頁。

〔註132〕〔清〕江遠孫：《國語明道本攷異》，北京：商務印書館 1959 年版《國語》後附，第 298 頁。

〔註133〕《大正藏》54 事匯部下，第 313 頁上欄；《一切經音義三種校本合刊》第 523 頁。

【按】本條非《國語》正文，〈晉語八〉「是遂威而遠權」韋注云：「遂，申也。」「信」通「申」，《三國志・蜀書五》：「孤不度德量力，欲信大義於天下。」則《慧琳音義》所引本條當即〈晉語八〉「遂」字賈逵注，《本邦殘存典籍による輯佚資料集成》繫賈注於〈晉語八〉本句。

3・儇慧：《國語》：智也。（卷二，葉一○，第 92 頁）

【按】本條非《國語》正文。今傳《國語》各本「慧」字共 3 見，遞修本等公序本系列〈齊語〉「聰慧質仁」2 見，前一見黃刊明道本「慧」作「惠」，張以仁云：「此文『惠』字，公序本作『慧』。下文『聰慧質仁』明道本亦作『慧』。《國語》『惠』字人名以外凡四十五見，除此及〈晉語四〉『而惠以有謀』、〈晉語九〉『巧文辨惠則賢』三處外，他皆爲慈和寬柔之義，則此作『慧』明矣。」〔註 134〕張言是。〈齊語〉本條韋注云：「慧，解瞭也。」另〈晉語五〉有 1 見「今陽子之情譓」韋注：「譓，辯察也。」〈晉語七〉「夫絳之智慧治大官」無注。「解瞭」、「辯察」皆與「智」義同。《說文・心部》：「慧，儇也。」《說文・人部》：「儇，慧也。」〔註 135〕互訓。《音義》此條所引亦當爲《國語》注。又《慧琳音義》卷三「點慧」條引賈注《國語》云：「明察也。」卷四「點慧」條引賈逵：「察也。」《本邦殘存典籍による輯佚資料集成》皆繫於〈齊語〉「聰慧質仁」下，張以仁唯繫「明察也」一釋，注云引自《慧琳音義》卷三、四，是未審卷四闕一「明」字，又未得卷二本條注。

4・鶂鶋：《國語》云：海鳥也。（卷四，葉一二後，第 162 頁）

【按】本條出〈魯語上〉，今傳《國語》各本作「海鳥曰『爰居』」，《爾雅》郭注引作「海鳥爰居」。《集韻・元韻》云：「鶂，通用爰。」〔註 136〕韋注云：「爰居，雜縣也。」《文選・郭璞・遊仙詩》「雜縣寓魯門，風煖將爲災」李善注引賈逵《國語注》：「爰居，雜縣也。」〔註 137〕則是韋與賈同。

〔註 134〕張以仁：〈《國語》舊注輯校〉，見載於氏著《張以仁先秦史論集》，上海古籍出版社 2010 年版，第 249 頁。

〔註 135〕〔漢〕許慎：《說文解字》，北京：中華書局 1963 年影陳昌治覆刻平津館本，第 217 頁下、第 162 頁上。

〔註 136〕〔宋〕丁度等：《集韻》，上海：上海古籍出版社 1985 年影述古堂本，第 134 頁。

〔註 137〕〔南朝梁〕蕭統編、〔唐〕李善注：《文選》，北京：中華書局 1977 年影胡克家本，第 308 頁。

又《爾雅·釋鳥》云：「爰居，雜縣。」〔註138〕當是賈注所本。《莊子·至樂篇》釋文引司馬彪曰：「爰居一名雜縣，舉頭高八尺。樊光注《爾雅》云：『形似鳳凰。』」〔註139〕關於「爰居」的解釋《故訓匯纂》收有 7 條，《左傳》文公二年「祀爰居」，杜注據〈魯語上〉釋為「海鳥曰爰居。」郭璞（276～324）《爾雅注》云：「漢元帝時，琅邪有大鳥如馬駒，時人謂之爰居。」邢昺雜合以上二種說法疏云：「爰居，海鳥也，大如馬駒，一名雜縣。」郝懿行（1757～1825）《爾雅義疏》云：「爰居，《廣雅》作延居。」〔註 140〕又顏師古（581～645）注《急就篇》云：「乘風一名爰居一名雜縣。」《論衡》卷一六《講瑞篇》云：「春秋之時鳥有爰居，不可以為鳳皇。」記載本不詳，後人皆附會為說，並無實際根據。《莊子·至樂篇》：「昔者海鳥止於魯郊。」此最為得義，即爰居是一種海鳥。且為當時之魯人不識，故以「爰居」名。「爰居」之「爰」義為「易」，同於〈晉語〉「焉作爰田」之「爰」，「易居」者，因海有災，故去海而居於魯東門外，此海鳥名為「爰居」之由。王念孫以「延居」即「爰居」，「延」上古音在余紐元部，「爰」上古音在匣紐元部，二字音近，義亦相通。《爾雅新義》云：「魯君悅之而雜之以縣，是所謂以己養養鳥也。」《爾雅集解》云：「陳鐘鼓以祀之，故曰襍縣。」〔註141〕此名雜縣之所由。所謂似鳳皇，大如馬駒云云，不過形容其體形龐大之辭。因不能明其所以，故《廣雅》以「怪鳥」釋之。又蕭旭云：《詩·邶風·擊鼓》「爰居爰處，爰喪其馬」，此中「爰居」或為〈魯語上〉「爰居」命名之所據，毛傳云：「有不還者，有亡其馬者。」鄭箋云：「不還，謂死也，傷也，病也。今于何居乎？於何處乎？于何喪其馬乎。」〔註142〕毛、鄭之釋亦頗合於〈魯語上〉海鳥事情，亦通。

5·醒悟：《國語》曰：醉而怒、醒而喜。（卷四，葉一六後，第 170 頁）

〔註138〕《四庫總目提要》「《爾雅注疏》」條云：「今觀其文，大抵採諸書訓詁名物之同異，以廣見聞，實自為一書，不附經義。……〈釋鳥〉曰：『爰居，雜縣。』此取《國語》之文也。」

〔註139〕〔唐〕陸德明：《經典釋文》，北京：中華書局 1983 年影通志堂經解本，第 384 頁上。

〔註140〕宗福邦等主編：《故訓匯纂》，北京：商務印書館 2003 年版，第 1385 頁 d 欄。

〔註141〕朱祖延主編：《爾雅詁林》，武漢：湖北教育出版社 1995 年版，第 4202 頁。

〔註142〕〔清〕阮元校刻：《十三經注疏》，北京：中華書局 1980 年影世界書局本，第 300 頁上。

　　【按】本條出〈魯語下〉，卷五五「醒也」條引同，今傳《國語》各本並同。又《慧琳音義》卷一七「醒悟」條引《國語》「醒而喜」。卷一「醒悟」條引賈注云：「醉除解爲醒。」本條後引賈逵曰：「醉除爲醒。」章未出注。張以仁輯錄《慧琳音義》本條所引賈注，《本邦殘存典籍による輯佚資料集成》則並錄之。

6·鋸解：《國語》曰：中刑用刀鋸。（卷七，葉一後，第 252 頁）

　　【按】《大正藏》「曰」作「云」〔註 143〕。本條出〈魯語上〉，今傳《國語》各本同。又《慧琳音義》卷六二「以鋸」條引《國語》云：「中古刑用刀鋸。」卷六六「鋸解」條引《國語》云：「刑用刀鋸。」卷七五「鐵鋸」條引《國語》云：「古刑法用刀鋸。」則卷六二衍「古」字，卷七五衍「法」字，卷六六省略「中」字，亦或脫。本條引賈逵曰：「以刀有所鋸斷謂大辟宮劓音義刖音月等刑是也。」「音義」、「音月」當屬注中注文而誤入正文中者，徐校把「音義」、「音月」字號縮小處理，至當。張以仁徑改作「以刀有所鋸斷，謂大辟、宮、劓、刖等刑是也」，《本邦殘存典籍による輯佚資料集成》誤「刖」爲「別」，「劓」字《龍龕手鑑》、《玉篇》並收之，「劓」之異體，《說文》即見錄，《正字通·刀部》云：「劓，劓本字。」又云：「从鼻爲正。」〔註 144〕言是。卷八一「錐鋸」條引賈逵注《國語》云：「鋸斷謂大辟，宮刑也。」章注云：「割劓用刀，斷截用鋸，亦有大辟。」則章注與賈同。

7·魍魎：《國語》云：水佐，妡鬼也。（卷七，葉五後，第 260 頁）

　　【按】本條非《國語》正文，《慧琳音義》卷四一「魍魎」條引作「水恠妖鬼也」，《大正藏》本卷引作「水怪妖鬼也」，徐校本本條引與《大正藏》本同〔註 145〕，「妖」或「妡」之形譌。《慧琳音義》卷四三「魍魎」條引作「水恠也」。「佐」，「恠」之省譌，《敦煌俗字典》見錄。根據《敦煌俗字典》，「兩」之譌寫形式可爲「雨」，「罔」的譌寫形式可爲「冈」。今傳《國語》各本〈魯語下〉云：「木石之怪曰夔、蝄蜽。」「恠」、「怪」異體，孔仲溫教授認爲「恠」是「怪」的俗字，「是從圣的聲符形體略作訛變而成。」〔註 146〕

〔註 143〕《大正藏》54 事彙部，第 345 頁，中欄。
〔註 144〕〔明〕張自烈撰、〔清〕廖文英續：《正字通》，上海：上海古籍出版社 2002年輯印《續修四庫全書》第 234 冊，第 123 頁下。
〔註 145〕見《一切經音義三種校本合刊》第 619 頁。
〔註 146〕孔仲溫：《〈玉篇〉俗字研究》，臺北：臺灣學生書局 2000 年版，第 100 頁。

言是。汪遠孫《攷異》云：「公序本作『罔兩』。案《內傳》宣三年疏及《周禮・方相氏》注、《文選・思玄賦》注、《續漢書・禮儀志》注引《國語》並作『罔兩』，《說文》引作『蝄蜽』。」〔註147〕《慧琳音義》卷六「魍魎」條引賈注《國語》云：「水怪妭鬼也。」《希麟音義》卷一「魍魎」條引賈註《國語》云：「水恠妭鬼也。」韋注云：「蝄蜽，山精，效人聲而迷惑人也。」與賈注異。段注云：「杜注、左氏罔兩曰水神，蓋因上文蛧訓山神。故訓罔兩爲水神。猶韋因《國語》水怪爲龍，罔象，故謂蝄蜽爲山精也。許兼言山川爲長矣。又賈注《國語》曰：『罔兩，罔象，言有蘷龍之形而無實體。』許云精物，殆亦與賈說異。」〔註148〕又胡紹煐云：「罔象，即《漢書儀》云『顓頊氏有三子，亡而爲疫鬼，一居若水爲罔兩』是也。」〔註149〕可輔段注之說。凡此皆本虛幻之物，「魍魎」、「罔象」、「方相」云云者，皆以音記詞，固無定形，用從「鬼」、「虫」者，以其虛無縹緲而不可得見故也，張以仁謂當依《說文》視「蝄蜽」爲本字，「魍魎」爲後起字，「罔兩」、「罔閬」、「方良」爲假借字，亦未必是。

8・植眾：《國語》云：獸三爲群，人三爲眾。（卷八，葉一三後，第306頁）

【按】本條出〈周語上〉，今傳《國語》各本「群」作「羣」，施安昌〈補《干祿字書》表〉以「群」爲俗字〔註150〕，今則以「群」、「羣」爲構字部件相同但是所處位置不同的異體字。

9・刃矟：《國語》：偃五刃。（卷八，葉一五後，第310頁）

【按】本條出〈齊語〉，即《玄應音義》所引「定三革」之下句，今傳《國語》各本作「隱五刃」，《文選・阮籍・爲鄭沖勸晉王牋》李注、《資治通鑑外

〔註147〕〔清〕汪遠孫：《國語明道本攷異》，北京：商務印書館1959年版《國語》後附，第291頁。

〔註148〕段注又云：「按蝄蜽，《周禮》作方良。《左傳》作罔兩。《孔子世家》作罔閬。俗人作魍魎。」孫星衍曰：「徐鉉以『魍魎』爲俗字，其實《左傳》祇作『罔兩』，爲最古。《國語》作蝄蜽，與《說文》同。『魍魎』二字已見《玉篇》，亦繇來久矣。」

〔註149〕〔清〕胡紹煐撰，蔣立甫校點：《文選箋證》，合肥：黃山書社2007年版，第106頁。

〔註150〕施安昌編：《顏眞卿書干祿字書》，北京：紫禁城出版社1990年版，第80頁。

紀》卷四、《繹史》卷四四之一、《左傳紀事本末》卷一八、《冊府元龜》卷二三九、《玉海》卷一三六、卷一五一、《經濟類編》卷一四、《古文淵鑒》卷六引亦作「隱」，則各本引用所據本與今傳《國語》各本同，《本邦殘存典籍による輯佚資料集成》云：「明道本偃作隱。」〔註151〕實《國語》各本皆作「隱」字。韋注云：「隱，藏也。」〈吳語〉「兩軍偃兵結好」韋注：「偃，匿也。」「偃」古在影母元部，《廣韻》在影母阮韻，「隱」古在影母文部，《廣韻》在影母隱韻，是「隱」、「偃」二字音近義同。然訓「隱匿」，隱爲本字；訓「止息」，偃爲本字，是〈吳語〉「兩軍偃兵結好」之「偃」字當訓「止息」，小說家言謂偷襲之軍「偃旗息鼓」，是其證。《文選‧顏延年‧皇太子釋奠會作詩》「偃閉武術」李善注引賈逵《國語》注曰：「偃，息也。」〔註152〕汪遠孫繫之於〈吳語〉，張以仁繫之於〈齊語〉本句，云：「然《慧琳》卷八引此作『偃』，則賈本『偃』字此爲首出，汪氏未見慧琳資料，故不知也。而此義亦可通。韋訓爲『藏』，訓〈吳語〉爲『匿』，義實相同，故繫於此。」〔註153〕或賈本作「偃」而韋本作「隱」。就〈齊語〉、〈吳語〉之注而言，〈齊語〉則以韋爲勝，〈吳語〉取賈最切，因〈齊語〉「五刃」器具性更顯明，顯明者則如後世言「刀槍入庫馬放南山」，「入庫」者與「隱」義最近。〈吳語〉之「兵」兼有戰事之義，如後世之承平曰「息干戈」者。《慧琳音義》本條引賈逵曰：「刀、劍、矛、戟、矢是也。」韋注「五刃」與賈同。

10‧㣃疲：《國語》曰：疲士無位，疲女無家。（卷一一，葉四後，第 407 頁）

【按】本條出〈齊語〉，徐校同，《正字通‧网部》引作「疲士無任，疲女無家」，今傳《國語》各本作「罷士無伍，罷女無家」，《管子‧小匡篇》同，《周禮正義》卷三六、《通鑑前編》卷一〇、《禮書綱目》卷七二、《孟子正義》卷六、《繹史》卷四四之一、《經濟類編》卷一四、《左傳紀事本末》

〔註151〕〔日〕新美寬編，鈴本隆一補：《本邦殘存典籍による輯佚資料集成》網絡版，http://www.zinbun.kyoto-u.ac.jp/~takeda/edo_min/edo_bunka/syuitu/edono_kagaku_syuitu_keibu-1.html#1-1-6-9。

〔註152〕〔南朝梁〕蕭統編、〔唐〕李善注：《文選》，北京：中華書局1977年影胡克家本，第290頁。

〔註153〕張以仁：〈《國語》舊注輯校〉，見載於氏著《張以仁先秦史論集》，上海古籍出版社2010年版，第255頁。

卷一八引並同，四庫本《通志》卷九二誤「伍」爲「任」。賈注云：「疲，病
也。」鄭良樹云：「賈注本蓋作疲耳。」〔註154〕張以仁云：「《慧琳》十一引
『罷』作『疲』、『伍』作『位』，蓋賈本如此。」〔註155〕韋云：「罷，病也。
無行曰病。無伍，無與爲伍也。」李元吉《讀書囈語》卷八云：「言人皆爲
善，而爲無行之士、女無所容也。」〔註156〕「疲」、「罷」同義，「罷」是借
字。「伍」是軍事單位，段注云：「凡人所處皆曰位。」適用範圍比「伍」寬
泛。蕭旭云：「兩句是說，沒用頭的男子就沒有同伴，沒用頭的女子就嫁不
了人。」按照蕭氏的說法，則「無位」之「位」當從今傳《國語》各本作「伍」。
鄙意以《音義》所引作「位」爲更允當。原因如下：（一）從〈齊語〉本文
看，〈齊語〉該句語境爲「桓公曰：『吾欲從事於諸侯，其可乎？』管了對曰：
『未可，國未安。』桓公曰：『安國若何？』管子對曰：『修舊法，擇其善者
而業用之；遂滋民，與無財，而敬百姓，則國安矣。』……正月之朝，鄉長
復事。君親問焉，曰：『於子之鄉，有居處好學、慈孝於父母、聰慧質仁、
發聞於鄉里者，有則以告。有而不以告，謂之蔽明，其罪五。』有司已於事
而竣。桓公又問焉，曰：『於子之鄉，有拳勇股肱之力秀出於眾者，有則以
告。有而不以告，謂之蔽賢，其罪五。』…… 桓公又問焉，曰：『於子之鄉，
有不慈孝於父母、不長悌於鄉里、驕躁淫暴、不用上令者，有則以告。有而
不以告，謂之下比，其罪五。』……是故匹大有善，可得而舉也；匹夫有不
善，可得而誅也。政既成，鄉不越長，朝不越爵，罷士無伍，罷女無家。」
齊桓公的政治改革在人才啓用上用的是「善者」，而「居處好學、慈孝於父
母、聰慧質仁、發聞於鄉里者」〔明〕和「有拳勇股肱之力秀出於眾者」（賢）
都是，後者入卒伍無可非議，前者體現出的特徵絕非「卒伍」之才。又下面
所說的「匹夫」、「不慈孝於父母、不長悌於鄉里、驕躁淫暴、不用上令」都
是指比軍隊成員更廣泛的群體而言。（二）《國語》中「士」字共 83 見。從
這 83 見「士」所指看，有這樣幾個意義：①人名用字，「伯士」（1）、「士季」
（2）、「士蔿」（7）、「士貞子」（1）、「士魴」（1）、「士景伯」（1）、「士茁」

〔註154〕鄭良樹：〈國語校證〉（上），《幼獅學誌》第 7 卷第 4 期，第 44 頁。

〔註155〕張以仁：〈《國語》舊注輯校〉，見載於氏著《張以仁先秦史論集》，上海古籍
　　　　出版社 2010 年版，第 249 頁。

〔註156〕〔明〕李元吉：《讀書囈語》卷八，《續修四庫全書》1143 冊影科圖藏明崇禎
　　　　十六年刻本，第 507 頁。

（1）、「士曇」（1）；②統治階級的最下層，如「列士」、「士」；③社會階層，如「士農工商」之「士」；④軍事作戰人員，如「三軍之士」、「士卒」、「軍士」。〔註157〕非僅指戰士而言。就〈齊語〉一語而言，〈齊語〉「士」字共15見。爲「卑聖侮士，而唯女是崇」（a）、「戎士」（2見，b）、「處士、農、工、商若何」（c）、「聖王之處士也，使就閒燕」（d）、「令夫士，羣萃而州處」（e）、「故士之子恒爲士」（f）、「其秀民之能爲士者，必足賴也」（g）、「士鄉十五」（h）、「君有此士也三萬人」（i）、「罷士無伍，罷女無家」（j）、「是故士莫敢言一朝之便」（k）、「爲遊士八十人」（1）、「以號召天下之賢士」（m）。這些「士」字都是指社會階層而言，但是並不一定就是戰士。（c）（d）（e）（f）（g）（h）都是指社會階層即「士農工商」四個社會階層中的一個，（b）（i）則專指軍士；（1）（m）「遊士」、「賢士」則絕對不是軍士，是就某一特定社會群體言。（三）從先秦「士」、「女」對用的習慣看，「士」多指成年男子，不特指某一社會身份。如「女曰雞鳴，士曰昧旦」（《詩·鄭風·女曰雞鳴》）、「好內，女死之；好外，士死之」（《國語·魯語下》）等。

11·捶楚：《國語》：鞭捶使之。（卷一八，葉一○，第687頁）

【按】本條出〈吳語〉，徐校同，卷五一「鞭拷」條、卷五五「杖捶」條引同。今傳《國語》各本作「越國固貢獻之邑也，君王不以鞭箠使之，而辱軍士使寇令焉」，字作「箠」，《太平御覽》卷四五六、《冊府元龜》卷七三六、《文章正宗》卷一、《文編》卷四五、《皇霸文紀》卷一三、《文章辨體彙選》卷二○一、卷四九四、《古文淵鑒》卷六、《繹史》卷九六上、《左傳紀事本末》卷五一引同。《說文·竹部》：「箠，擊馬也。」段注云：「所以擊馬也，今借作杖人之稱。」〔註158〕《說文·手部》：「捶，以杖擊也。」〔註159〕先

〔註157〕關於先秦之「士」，閻步克總結幾義爲「爲一切成年男子之稱，爲氏族正式男性成員之稱，爲統治部族成員之稱，爲封建貴族之稱，爲受有爵命之貴族官員之稱，爲貴族官員之最低等級之稱」（〈「士」形義源流衍變說略〉，《閻步克自選集》，桂林：廣西師範大學出版社1997年版，第192頁）。呂文鬱認爲「『士』在古代典籍中是一個內涵和外延都極廣泛的概念。有時是指官職，有時就性別而言，有時就道德或社會群體而言」（《春秋戰國文化史》，上海：東方出版中心2007年版，第72頁）並進一步概括爲5種含義：「（1）男子，特指青年男子。（2）軍士，多指甲士。（3）商、西周和春秋時代的卿大夫可統稱爲士。（4）法官、獄官。（5）讀書人。」（第70～71頁）
〔註158〕〔清〕段玉裁：《說文解字注》，上海：上海古籍出版社1981年影經韻樓本，

秦傳世文獻用「箠」者絕少，《國語》之外他處未見。「鞭捶」《越絕書》1 見，爲「操鞭捶笞平王之墓」，又《列女傳》卷二〈楚老萊妻〉：「可食以酒肉者，可隨以鞭捶。」「捶」亦名詞用法。《說文·金部》「錣，羊箠也」段注：「捶，同箠。」〔註160〕又先秦傳世文獻中多見用「捶」字，如《莊子·天下》：「一尺之捶，日取其半，萬世不竭。」《莊子·大宗師》：「撥以馬捶。」《荀子·富國》：「威彊足以捶笞之。」在「漢籍全文檢索系統」（第二版）先秦至南北朝文獻範圍中分別輸入「捶」和「箠」字，前者得266篇434次，後者得30篇43次，「捶」比「箠」字應用要廣泛。或今傳《國語》各本與《音義》所據本不同。《漢語大詞典》並收「鞭捶」、「鞭箠」兩個詞條，實可作一詞條、另作「或作」處理。

12·開闔：《國語》曰：闔門而與之言。（卷一九，葉一五，第735頁）

【按】本條出〈魯語下〉，今傳《國語》各本同。《音義》本卷引賈逵曰：「闔，關也。」韋注云：「闔，關也。」《說文·門部》：「闔，閉門也。」〔註161〕並與賈同。張以仁云：「《慧琳》19引『門』下有『而』字。以仁案：《說文》『門』部『闔』下引《國語》亦有『而』字。苗夔（1783～1857）《說文繫傳校勘記》謂『而』字衍，以此參之，則知賈本原有『而』字。苗夔蓋據韋本爲說，不知許慎用賈侍中本也。」〔註162〕另詳見〈《廣韻》引《國語》斠證〉第3、4條。

13·勸勵：《國語》云：請王勵士。顧野王云：勵猶勉也。（卷二〇，葉八，第759頁）

【按】本條出〈吳語〉，黃刊明道本「勵」字與《慧琳音義》引同，汪遠孫云：「公序本『勵』作『厲』，《注》同。」〔註163〕「厲」、「勵」古今字。

第196頁上。
〔註159〕〔漢〕許慎：《說文解字》，北京：中華書局1963年影陳昌治覆刻平津館本，第257頁上。
〔註160〕〔清〕段玉裁：《說文解字注》，同上，第713頁上。
〔註161〕〔漢〕許慎：《說文解字》，北京：中華書局1963年影陳昌治覆刻平津館本，第248頁下。
〔註162〕張以仁：〈《國語》舊注輯校〉，見載於氏著《張以仁先秦史論集》，上海古籍出版社2010年版，第241頁。
〔註163〕〔清〕汪遠孫：《國語明道本攷異》，北京：商務印書館1959年版《國語》後

14‧秀出：《國語》曰：秀出於眾，有則以吉。（卷二一，葉一三，
　　　第 803 頁）

【按】本條出〈齊語〉，徐校同，今傳《國語》各本作「秀出於眾者，有
則以告」，共 2 見。《慧琳音義》誤「告」作「吉」且省「者」字。《辭源》（修
訂版）、《漢語大詞典》俱引《國語》本條並收錄「秀出」詞條，前者訓爲「英
秀出眾」，後者釋爲「美好特出」。

15‧蚊蟎：《國語》云：蟎蛾蜂蠆，皆言能害人。（卷二九，葉三後，
　　　第 1146 頁）

【按】本條出〈晉語九〉，徐校同，又《慧琳音義》卷三二「蚊蟎」條、
卷七六「蟎了」條引作「蟎蛾蜂蠆，皆能害人」，卷六九「蚊蟎」條字作「蟎」，
並皆無「言」字。「蟎」字當即「蟎」字之譌。今傳《國語》各本無「言」
字，《音義》二九「言」字衍。遞修本、金李本、張一鯤本、閔《裁注》本、
《國語評苑》、《百家類纂》本、秦鼎本、《四庫薈要》本作「蟎蛾蠶蠱」，《尚
史》卷四一、《山西通志》卷六○引同。《國語舊音》、《國語補音》作「蟎蛾
蠡蠱」，《國語正義》作「蟎蛾蠱蠡」。黃刊明道本、崇文本、《國語韋解補正》、
《國語詳注》、《國語集解》、商務本、上古本作「蟎蟻蜂蠆」，《資治通鑑》
卷一、《通鑑紀事本末》卷一上、《歷代名臣奏議》卷二二六引同，《說苑》
卷五、《經濟類編》卷九二作「蚋蟻蜂蠆」。《國語翼解》作「蟎蟻蜂蠆」，「蠆」
字爲「蠆」字之誤。《爾雅翼》卷二七、《繹史》卷八七下、《文章辨體彙選》
卷五七引作「蟎蛾蠶蠆」，《冊府元龜》卷七九六作「蚋蛾蜂蠆」，《喻林》卷
六引作「蟎蛾蜂蠆」，《記纂淵海》卷四三引作「蚋蟻蝰蠆」。《國語舊音》「蟎
蛾」云：「下音蟻，《周禮》、《禮記》皆爲『蟻』。」《國語補音》云：「字或
作『蚋』，同。秦人謂『蚊』爲『蟎』。下通作『蟻』。」又《國語補音》「蠡
蠆」云：「字亦作『蜂』、『蠡』。」〔註 164〕王煦《國語釋文》卷六「蟎蛾蠶
蠆」條云：「《禮記‧學記》『蛾子』、《內傳》『蛾析』皆爲『螻蛾』字。《說
文》『蛾』或體作『螘』，俗作『蟻』。至蠶化之『蛾』，《說文》作『蟊』，列
在蟲部，俗多誤讀。」〔註 165〕段注云：「《爾雅》『螘』字本或作『蛾』，蓋

　　　附，第 336 頁。
〔註164〕〔宋〕宋庠：《國語補音》卷三，北京：國家圖書館出版社 2006 年影宋刻宋
　　　元遞修本，本卷第 9 頁。
〔註165〕〔清〕王煦：《國語釋文》卷六，觀海樓刊本，本卷頁 12。

古因二字雙聲通用。」〔註 166〕

16・豐稔：《國語》：盛也。……賈注《國語》云：「稔，熟也。」（卷二九，葉八，第 1153 頁）

【按】《國語》「盛」字共 12 見，若以《國語》本文釋「豐稔」的話，則「粢盛」（〈周語上〉2 見，〈魯語下〉、〈楚語下〉各 1 見）、「夫人必自舂其盛。況其下之人，其誰敢不戰戰兢兢，以事百神！天子親舂禘郊之盛」〈楚語下〉等近是。具體是哪一語，則不可知。賈注《國語》「稔」字當出於〈吳語〉「吳王夫差既殺申胥，不稔於歲」，韋注即云：「稔，熟也。」

17・聰叡：《國語》：明也。（卷二九，葉一〇，第 1157 頁）

【按】本條非《國語》正文，實爲賈逵注。《慧琳音義》卷二四「叡唐」條、卷三〇「叡喆」條、卷三二「叡達」條、卷五一「聰叡」條、卷六六「聰叡」條、卷六七「聰叡」條、卷七六「叡通」條、卷八八「叡想」條「明也」〔註 167〕俱引作「賈注《國語》」。〈楚語下〉「及其沒也，謂之叡聖武公」韋注云：「叡，明也。」賈注或即釋〈楚語下〉之文，《本邦殘存典籍による輯佚資料集成》以爲〈楚語上〉文，誤。又《集成》云：「叡聖武公，明道本叡作睿。」〔註 168〕張以仁則繫賈注於〈楚語上〉並云：「『睿』乃『叡』之古文，公序本此『睿』正作『叡』。」〔註 169〕「叡」、「叡」《異體字字典》並收之，周小萍云：「『叡』之字形，見於《字彙・又部》、《正字通・又部》。《字彙・又部》叡注云：『于芮切。深明通達，俗作叡』。《正字通・又部》：『叡，同睿，篆作𡜎，俗作叡』。今之字書《中文大辭典・又部》、《漢語大字典・又部》收與『叡』同。」〔註 1709〕《龍龕手鑑》即以「叡」字爲俗。

〔註166〕〔清〕段玉裁：《説文解字注》，上海：上海古籍出版社 1981 影經韻樓本，第 666 頁下。

〔註167〕卷三〇注作「明，叡也」，卷五一、七六、八八注作「叡，明也」，其他各卷注文無「叡」字，依例，則當注作「明也」或「叡，明也」。

〔註168〕〔日〕新美寬編，鈴本隆一補：《本邦殘存典籍による輯佚資料集成》網絡版，http://www.zinbun.kyoto-u.ac.jp/~takeda/edo_min/edo_bunka/syuitu/edono_kagaku_syuitu_keibu-1.html#1-1-6-9。

〔註169〕張以仁：〈《國語》舊注輯校〉，見載於氏著《張以仁先秦史論集》，上海古籍出版社 2010 年版，第 317 頁。

〔註1709〕　周小萍：「叡」字研訂說明，《異體字字典》網絡版，http://dict.variants.moe.edu.tw/yitib/frb/frb00288.htm。

18．羸瘠：《國語》：病也。（卷二九，葉一五後，第 1168 頁）

【按】本條非《國語》正文，實為賈逵注。《慧琳音義》卷一一一「羸瘦」條、卷一七「羸劣」條、卷三○「羸劣」條、卷三二「羸瘦」條、卷三九「羸苦」條、卷四○「羸瘦」條、卷四一「尪羸」條、卷四二「能羸」條、卷四四「羸損」條、卷四七「羸劣」條、卷五一「羸劣」「羸形」條、卷六二「羸瘠」條、卷六三「學羸」條、卷六四「羸弱」和「羸老」條、卷六六「羸損」條、卷六七「羸悷」條、卷七二「力羸」條、卷八九「體羸」條、卷九二「體羸」條，《希麟音義》卷一「尪羸」條、卷五「能羸」條所引「病也」俱云為賈注《國語》。可知《慧琳音義》此條亦當為賈逵注。韋注「羸，病也」有 2 處，為〈魯語上〉「饑饉薦降，民羸幾卒」和〈楚語下〉「朝夕勤志，恤民之羸」，賈注或亦在此二處之某一處。「羸」字之異在於「亡」字之形可作「亾」，「亾」又與「止」形近，又形體扁作長方形之「口」易與「皿」相混。「損」即「損」字，金周生云：「『貟』為『員』之異體，《敦煌俗字譜・口部・員字》作『貟』。《新加九經字樣・口部》同。《俗書刊誤・卷一・先韻》『員』下云：『從口從貝，俗作貟，非。』蓋視『貟』為『員』之俗體。」〔註171〕實際上『貟』之有和『員』的古文字字形有關，林義光（？～1932）《文源》卷三云：「口，鼎口也。鼎口，圓象。」〔註172〕故甲骨文字形作「鼎」、「鼎」等形，至〈史晨碑〉則為「貟」、〈袁博殘碑〉則為「貟」，即由甲金文的「口」或「○」形變為「△」形，「厶」當是「△」形進一步楷化的結果。拙稿〈《國語補音》三種版本校異（吳、越部分）〉〔註173〕有辨，可參。

19．戰掉：《國語》：掉，搖也。（卷二九，葉一六，第 1169 頁）

【按】本條非《國語》正文，實為賈逵注。《慧琳音義》卷一「掉舉」條、卷一二「小撽」條〔註174〕、卷三○「戰掉」條、卷三九「戰掉」條、卷五一與卷六六及卷六九之「掉舉」條、卷七八「掉頭」條並引「掉，搖也」

〔註171〕金周生：「員」字條研訂說明，見於《異體字字典》網絡版，
　　　　http://dict.variants.moe.edu.tw/yitia/fra/fra00594.htm。
〔註172〕林義光：《文源》，北京：中國大學，1920 年手寫石印本。
〔註173〕拙稿〈《國語補音》三種版本校異（吳、越部分）〉，見刊於臺灣中華大學《中華人文社會學報》第 13 期。
〔註174〕按《慧琳音義》本條注云：「經作『撽』，非也，正作『掉』字。」見上海古籍出版社《正續一切經音義》卷一二第 4 頁，《續修四庫全書》第 196 冊第 424 頁。

爲賈逵注《國語》，則可知此處亦必是賈注無疑。又《慧琳音義》卷一四「掉戲」條引語「搖也」亦當是賈注而誤爲語。卷五一「掉戲」條引賈注《國語》云：「大能掉小也。」又曰：「掉，搖也。」

「大能掉小」爲〈楚語上〉文，今傳《國語》各本文作「大能掉小，故變而不勤」。《國語》「掉」字 2 見，都出在〈楚語上〉一章中。韋注云：「掉，作也。」與賈異。《說文·手部》：「掉，搖也。」〔註175〕與賈同。

20·驟駕：《國語》云：疾也。（卷二九，葉一六，第 1169 頁）

【按】本條亦爲賈逵注而誤爲《國語》正文者。《慧琳音義》卷一「馳驟」條、卷六二「驟轡」條並引「驟，疾也」作賈逵注《國語》，卷八二「驟徙」條引「疾也」作賈逵，卷四六「驟隨」條引《國語》「驟救傾危以時」賈逵曰：「驟，疾也。」此條亦同。

「驟救傾危以時」爲〈吳語〉文，今《國語》傳本無「危」字，見《〈玄應音義〉引《國語》斠證》第 18 條。

21·暎徹：《國語》云：徹猶明也。（卷三二，葉一六後，第 1296 頁）

【按】卷四五「遠徹」條引同。實爲《國語》賈逵注而誤爲《國語》。《慧琳音義》卷一六「透徹」條、卷二三「徹瑩」條、《希麟音義》卷三「瑩徹」條俱引「徹，明也」作賈注《國語》。《國語》「徹」字凡 14 見，韋注並以「通」、「達」釋之。《說文·攴部》：「徹，通也。」〔註176〕則韋與許同。

22·關鬝：《國語》云：請委管鬝。（卷三二，葉一八，第 1299 頁）

【按】本條出〈越語下〉，徐校同，今傳《國語》各本作「請委管籥」，《資治通鑑外紀》卷八、《大事記》卷一、《繹史》卷九六上、《左傳紀事本末》卷五一、《尚史》卷六四、《資治通鑑綱目前編》卷一八、《經濟類編》卷一四、《文章辨體彙選》卷四九五、《古文淵鑒》卷六引並與今傳《國語》各本同。韋注云：「委，歸也。屬，付也。管籥，取鍵器也。〈月令〉曰：『修鍵閉，愼管籥。』」《說文·門部》：「鬝，關下牡也。」〔註177〕《玉篇·門部》：「鬝，

〔註175〕〔漢〕許慎：《說文解字》，北京：中華書局 1963 年影陳昌治覆刻平津館本，第 254 頁上。
〔註176〕〔漢〕許慎：《說文解字》，同上，第 67 頁下。
〔註177〕〔漢〕許慎：《說文解字》，北京：中華書局 1963 年影陳昌治覆刻平津館本，第 249 頁上。

或作『簹』。」〔註178〕從門者示其功能，從竹者示其器質。

23・彷徉：《國語》曰：屏營彷徉於山林之中也。（卷三三，葉九，第 1327 頁）

【按】本條出〈吳語〉，徐校同。遞修本、《國語補音》、金李本、張一鯤本、閔《裁注》本、《國語評苑》、《百家類纂》本、《國語正義》「彷徉」作「傍徨」，《經濟類編》卷六五、《文章辨體彙選》卷四九四引同。《四庫薈要》本、黃刊明道本、崇文本、會文堂本、錦章書局本、《國語韋解補正》、《國語詳注》、《國語集解》、商務本、上古本作「仿偟」，《冊府元龜》卷七四二引同。《繹史》卷九六下引作「傍偟」，《左傳紀事本末》卷五一、《太平御覽》卷七〇七引作「傍徨」，《古今事文類聚續集》卷二一、《天中記》卷四八引作「彷徨」。《辭源》修訂本、《漢語大詞典》、陳復華主編《古代漢語詞典》引例俱依上古本。今傳《國語》各本雖有差池，然與《音義》所引都不同。「彷徉」、「傍徨」、「仿偟」皆連綿詞，音近義通。《辭通》卷九陽部並錄「彷徉」、「彷徨」、「仿佯」、「傍偟」、「仿偟」〔註179〕。或《音義》所據本與今傳《國語》各本所自不同。韋未出注。

24・覺胤：《國語》：胤者，子孫蕃育之謂也。（卷四二，葉一四後，第 1670 頁）

【按】本條出〈周語下〉，徐校同。遞修本、金李本、張一鯤本、閔《裁注》本、《國語評苑》、《四庫薈要》本、《國語正義》、秦鼎本、綠蔭堂本作「祚胤也者，子孫蕃育之謂也」，《國語補音》亦作「祚胤」。汪遠孫《攷異》云：「公序本『胤』上有『祚』字。余友長洲陳氏奐曰：『有祚非也。子孫蕃育，但釋胤不釋祚。』」〔註180〕則《音義》所引與明道本近。

〔註178〕〔宋〕陳彭年等：《宋本玉篇》，北京：中國書店 1983 年影張氏澤存堂本，第 212 頁。

〔註179〕《辭通》「傍徨」條引《史記・楚世家》為例，「傍徨」條引《國語・吳語》為例，所引〈吳語〉例未知朱氏確有所本抑或引誤。（北京：警官教育出版社 1993 年版《歷代工具書精品叢書》，第 878、第 879 頁）葉萌《古代漢語貌詞通釋・並母・微部》「傍徨」條亦引《國語・吳語》為例，或沿襲《辭通》之誤。（濟南：山東文藝出版社 1993 年版，第 59 頁）

〔註180〕〔清〕汪遠孫：《國語明道本攷異》，北京：商務印書館 1959 年版《國語》後附，第 281 頁。

25・竭涸：《國語》云：天眼見而水涸一竭也。（卷四三，葉四後，第 1688
　　　頁）

　　　【按】本條出〈周語中〉，徐校作「天眼見而水涸涸竭也」〔註 181〕，則
「一」為重文符號，徐直接書以本字。今傳《國語》各本作「夫辰角見而雨
畢，天根見而水涸」，作「根」不作「眼」，《原本玉篇殘卷・水部》也引作
「天根」。韋注：「天根，亢、氐之間。」《爾雅・釋天》：「天根，氐也。」
郭璞注：「角亢下繫於氐，若木之有根。」〔註 182〕則「天根」為天文術語，
而「天眼」為佛教術語，丁福保《佛學大辭典》云：「五眼之一。為天趣之
眼，故名天眼。以色界四大所造清淨之眼根前知粗細遠近一切之諸色，及眾
生未來生死之相者。此有修得生得之二種，在人中依禪定於肉眼上彼修得淨
眼者，謂為修得之天眼，生於色界諸天自得此淨眼者，謂為生得或報得之天
眼。」〔註 183〕《慧琳音義》或因個人知識背景而誤，張以仁云：「《慧琳》
43 引『根』誤『眼』。」〔註 184〕「竭也」非《國語》本文，實為賈逵注，因
《慧琳音義》卷二「枯涸」條、卷七「枯涸」條、卷一○「竭涸」條、卷二
四「消涸」條、卷二九「欲涸」條和「枯涸」條、卷四一「涸池」條、卷七
六「欲涸」條、卷九二「泉涸」條、《希麟音義》卷二「怗涸」條皆引賈逵
注《國語》曰：「涸，竭也。」韋注與賈同。

26・眼眩：《國語》：觀美眩。（卷四三，葉二○，第 1719 頁）

　　　【按】本條出〈周語下〉。今傳《國語》各本作「若聽樂而震，觀美而
眩，患莫甚焉」，《音義》脫「而」字。賈逵曰：「眩，惑也。」韋未出注。

27・涝池：《國語》：塞泉源而為潢涝。（卷四四，葉一四，第 1751 頁）

　　　【按】本條出〈周語下〉，徐校同。遞修本、金李本、張一鯤本、閔《裁
注》本、《國語評苑》、《百家類纂》本、秦鼎本、綠蔭堂本作「塞川原而為
潢汙」，敦煌研究院藏寫本殘卷《國語》、黃刊明道本、《國語正義》、《國語

〔註 181〕見《一切經音義三種校本合刊》第 1247 頁。
〔註 182〕〔清〕阮元校刻：《十三經注疏》，北京：中華書局 1980 年影世界書局本，第
　　　　　2609 頁上。
〔註 183〕丁福保編：《佛學大辭典》，北京：文物出版社 1984 年版，第 236 頁。
〔註 184〕張以仁：〈《國語》舊注輯校〉，見載於氏著《張以仁先秦史論集》，上海古籍
　　　　　出版社 2010 年版，第 192 頁。

翼解》、《國語韋解補正》、《國語詳注》、《國語集解》、商務本、上古本作「塞川原而爲潢汙」。黃丕烈《札記》引惠云：「《漢書》『潢』。」〔註185〕則《音義》和《漢書》用字同。《慧琳音義》卷四四「潢池」條引賈逵注云：「大曰潢，小者曰汙。」韋與賈同。敦煌殘卷寫本〈周語下〉注云：「大曰潢，小曰汙也。猷塞川潢□原，絕其本根而以爲汙池也。」「猷」即「猶」字，注與賈注義同，韋注釋亦同。張以仁云：「汙、潢音義皆通。又『汙』或曲筆作『污』（金、秦本），其實皆一也。」〔註186〕言是。

28 · 名譽：賈逵曰：譽，稱也。《國語》：以聲曰譽。（卷四五，葉一三後，第 1790 頁）

【按】徐校同，今傳《國語》各本無「以聲曰譽」文，現存賈逵注、韋注中亦未見有類似注文，唯〈周語上〉「爲令聞嘉譽以聲之」有「以聲」結構，韋注云：「謂有功德者，則以策命述其功美，進爵加錫以聲之也。」似稍近之，張以仁即繫於此。而《本邦殘存典籍による輯佚資料集成》則繫之於〈周語中〉「王叔子譽諸朝」下，亦通。

29 · 覜死：《國語》：戎狄覜沒輕傹。（卷四六，葉七後，第 1820 頁）

【按】本條出〈周語中〉，徐校同，《音義》本條後引「賈逵曰：『覜沒猶輕觸也。』字體從冃從見，冃音茫報反，今皆作『冒』。案冒，亡報反。冒，覆也，蒙也。冒，貪也。」遞修本、金李本、張一鯤本、閔《裁注》本、《國語評苑》、《百家類纂》本、《四庫薈要》本、綠蔭堂本、《國語正義》、秦鼎本作「戎翟冒沒輕傹」，《繹史》卷六三、《左傳紀事本末》卷三、《經濟類編》卷四二引同。黃刊明道本、崇文本、會文堂本、錦章書局本、《國語韋解補正》、《國語詳注》、《國語集解》、上古本「翟」作「狄」，《皇王大紀》卷四八、《太平御覽》卷七九九引同。「翟」、「狄」之別，亦是區別公序本與明道本的一個標準，凡字作「翟」者即歸屬於公序本系列，字作「狄」者則以之爲明道本系列，當然遞修本亦有用「狄」字之處，這個標準是就總體而言。柳宗元《非國語》字即作「翟」，是所本與公序本之所本同也。《說文·見部》：「覜，突前

〔註185〕〔清〕黃丕烈：《校刊明道本韋氏解國語札記》，北京：商務印書館 1959 年《國語》後附，第 246 頁。

〔註186〕張以仁：《國語斠證》，臺北：臺灣商務印書館 1969 年版，第 114 頁。

也。」《說文·冃部》：「冒，冡而前也。」〔註187〕韋注：「冒，抵觸也。沒，入也。儳，進退上下無列也。」汪遠孫《三君注輯存》云：「蓋《國語》本作『覭沒』，後人多見『冒』少見『覭』，遂改『覭』爲『冒』耳。」〔註188〕又汪遠孫引賈注「輕」作「抵」，或因韋注訓爲「抵觸」而誤，又《玄應音義》卷一〇「干覭」條云：「覭沒，猶抵觸也。」未云誰人之注，亦或汪氏誤「輕」爲「抵」之由，此張以仁已揭出者。此皆囿於字形，「冒沒」實連綿詞，汪中《國語校譌》云：「『冒沒』即『冒昧』語之轉。」〔註189〕《辭通》「冒昧」條就錄有「冒冗」、「冒愧」、「冒沒」、「覭沒」等。王綸云：「今杭州謂事不詳審徑前曰莽撞，『莽』應作『覭』，安徽蕪湖人謂人莽撞曰『覭』。」〔註190〕蕭旭以爲：「冒即冒突、蒙犯之義；沒爲頭埋於水，亦冒義。」〔註191〕鄭良樹云：「《禮記·王制》疏、《玉海》引此『狄』咸作『翟』，同。沒，惑溺也。《漢書·匈奴傳》曰：『故與之厚利，以沒其意。』注：『沒，惑溺也。』是其證。韋解訓沒爲入，與『冒』義不相類，非也。」〔註192〕是「冒」、「沒」義小同。

30·頂戴：《國語》云：在首曰戴。（卷四七，葉六，第 1855 頁）

【按】徐校「首」徑作「首」〔註193〕，實古字楷化之不同形式也，葉鍵得云：「首，古文作『𩠐』。由《說文解字·首部》：『凡首之屬皆從首。』知字可作『𩠐』。《新加九經字樣·雜辨部》：『𩠐首，頭也。象人面，上從𡿧，象髮。上《說文》，下隸省。』《玉篇》：『𩠐，舒酉切。《說文》與百同。古文首也。』《廣韻·上聲·有韻》：『首，頭也，始也。』下出『𩠐』字，云：『上同。』『𩠐』爲古文，爲『首』本字，故可定『𩠐』爲『首』之異體。」〔註194〕《國語》中「戴」字 5 見，無前有「曰」字用例，先秦其他傳世文獻中亦無相關

〔註187〕〔漢〕許慎：《說文解字》，北京：中華書局 1963 年影陳昌治覆刻平津館本，第 178 頁下、第 157 頁上。

〔註188〕〔清〕汪遠孫：《國語三君注輯存》卷一，芝加哥大學圖書館藏道光振綺堂本，本卷第 10 頁。

〔註189〕〔清〕汪中：《國語校譌》，見載於氏著《經義知新記》，上海：商務印書館 1937 年《叢書集成初編》本，第 26 頁。

〔註190〕王綸：〈《新方言》雜記〉，《制言》第 3 期，本文第 11 頁。

〔註191〕蕭旭：〈國語校補〉（一），《東亞文獻研究》第 2 輯（2008 年 6 月）。

〔註192〕鄭良樹：〈國語校證〉（上），《幼獅學誌》第 7 卷第 4 期，第 16 頁。

〔註193〕見《一切經音義三種校本合刊》第 1321 頁。

〔註194〕葉鍵得：「𩠐」字研訂說明，《異體字字典》網絡版，http://dict.variants.moe.edu.tw/yitia/fra/fra04615.htm。

用例。〈齊語〉云：「脫衣就功，首戴茅蒲。」此「戴」字最合「在頁曰戴」之義，則「在頁曰戴」亦或爲賈注之文，張以仁云：「《慧琳音義》卷四十七引正文作『在首曰戴』。然《國語》實無其文，疑亦舊注。」〔註195〕《玉篇·異部》：「戴，在首也。」〔註196〕《集韻·代韻》：「戴，首戴。」〔註197〕皆當本《慧琳音義》所引。

31·煙等：《國語》云：啖煙達於上。（卷五一，葉三後，第 2016 頁）

【按】本條出〈魯語上〉，徐校同，卷六六「煙燄」條引作「焚煙達於上」，遞修本、金李本、《四庫薈要》本、黃刊明道本、崇文本、錦章書局本、《叢書集成初編》排印本作「既其葬也，焚，煙徹于上」，張一鯤本、穆文熙《國語評苑》、閔《裁注》本、秦鼎本、吳曾祺《補正》「于」作「於」，綠蔭堂本「於」字同於張一鯤本，「烟」作「煙」。《繹史》卷四六、《日知錄》卷一五、《古今事文類聚》卷五六引作「於」，《尚史》卷三〇、《楊文忠三錄》卷七、《容齋隨筆》卷一三、《經濟類編》卷四〇引「於」作「于」。《慧琳音義》本卷引「啖」字當即「焚」字之誤。「烟」、「煙」異體，《說文·火部》云：「煙，火气也。从火、垔聲，或从因。」〔註198〕「達」、「徹」義同。韋注：「徹，達也。」今傳《國語》「達」字 8 見，其中〈晉語〉4 見，〈吳語〉、〈越語〉各 2 見，其他語則無。而「徹」字 14 見，分布範圍比「達」要廣。且〈晉語三〉「臭達於外」汪遠孫《攷異》云：「《尚書·盤庚篇》疏、《內傳》僖十年疏引《國語》『達』作『徹』。」〔註199〕《左傳》則「徹」字 13 見，「達」字 28 見。兩個出現頻次相當的同義詞同時出現在一部典籍中，容易發生互相替代的現象。又〈魯語上〉本句韋注釋云：「已葬，而火焚其棺槨也。」王引之引王念孫曰：「韋解未明。『既』爲一句，『其葬也焚』爲一句。『既』猶『既而』也。言既而夏父弗忌之葬也，火焚其棺槨，煙達於上也。」

〔註195〕 張以仁：〈《國語》舊注輯校〉，見載於氏著《張以仁先秦史論集》，上海古籍出版社 2010 年版，第 162 頁。

〔註196〕 〔宋〕陳彭年等：《宋本玉篇》，北京：中國書店 1983 年影張氏澤存堂本，第 512 頁。

〔註197〕 〔宋〕丁度等：《集韻》，上海：上海古籍出版社 1985 年影述古堂本，第 534 頁。

〔註198〕 〔漢〕許慎：《說文解字》，北京：中華書局 1963 年影陳昌治覆刻平津館本，第 209 頁上。

〔註199〕 〔清〕汪遠孫：《國語明道本攷異》，北京：商務印書館 1959 年版《國語》後附，第 303 頁。

〔註200〕王氏正以「達」釋「徹」字至當。俞樾云王氏「義亦未得。『既其葬
也』四字仍當連讀，『既』猶『暨』也，《禮記‧喪大記篇》『塗不暨于棺』
鄭注曰：『暨，及也。』《史記‧秦始皇本紀》『東至海暨朝鮮』《正義》曰：
『暨，及也。』『暨其葬也』猶曰『及其葬也』，『既』與『暨』古字通。」
〔註201〕張以仁以俞說爲是，可從。

32‧鑽火：《國語》云：鑽鑿。（卷五七，葉五後，第2284）

【按】本條出〈魯語上〉，徐校正文云：「鑽，鑿也。」〔註202〕張以仁《舊
注輯校》亦斷如此，似誤，二字非解釋與被解釋之關係，實兩器具。今傳《國
語》各本作「鑽筡」，黃丕烈《札記》引惠云：「筡，賈逵爲『鑿』。」又黃云：
「李善曰：音義同也。段云：見《文選‧長笛賦》注。」〔註203〕劉台拱云：「段
曰：《文選‧長笛賦》注《國語》臧文仲曰：中刑用刀鋸，其次用鑽筡。韋昭
注爲『筡』，而賈逵注爲『鑿』。」〔註204〕汪遠孫云：「『鑿』，公序木作『筡』。
案：韋作『筡』，賈作『鑿』，詳《發正》。據此，則作『鑿』字非韋氏之舊。」
〔註205〕明道本亦作「筡」，非僅公序本爲然。又審其《發正》無說，《三君注
輯存》云：「《漢書‧刑法志》、《後漢書‧章帝紀》注、《初學記‧政理部》皆
作『鑿』，《禮記‧文王世子》正義引『小刑用鑽鑿，次刑用刀鋸。』句微異，
或亦據賈本也。」〔註206〕張以仁云：「《周禮‧掌戮》疏引作『筡』，《書‧舜
典》疏引作『筡』，《白帖》十三、《初學記》二十引作『鑿』。『鑿』是本字，
『筡』、『筡』皆假字。又疑『筡』乃『筡』之誤書。」〔註207〕《繹史》卷一
五九上、《通志》卷一一八下、《通典》卷一六三、《敬齋古今注》卷三、《白

〔註200〕〔清〕王引之：《經義述聞》卷二〇，南京：江蘇古籍出版社2000年版《高
郵王氏四種》，第490頁上。

〔註201〕〔清〕俞樾：《羣經平議》卷二八，上海古籍出版社2002年輯印《續修四庫
全書》第178冊，第466頁上。

〔註202〕《一切經音義三種校本合刊》第1511頁。

〔註203〕〔清〕黃丕烈：《校刊明道本韋氏解國語札記》，北京：商務印書館1959年版
《國語》後附，第247頁。

〔註204〕劉台拱：《國語補校》，見載於王先謙編《清經解續編》卷208，上海：上海
書店1988年版，第985頁上。

〔註205〕〔清〕汪遠孫：《國語明道本攷異》，北京：商務印書館1959年版《國語》後
附，第288頁。

〔註206〕〔清〕汪遠孫：《國語三君注輯存》卷二，芝加哥大學圖書館藏道光振綺堂本，
本卷第2頁。

〔註207〕張以仁：《國語斠證》，臺北：臺灣商務印書館1969年版，第133頁。

孔六帖》卷四六、《太平御覽》卷三四一、卷七六四、《說略》卷一七、《山堂
肆考》卷八八、《淵鑑類函》卷一四八、卷一五三、《文苑英華》卷七三五長
孫無忌（？～659）〈律疏序〉、《文章辨體彙選》卷六二○引並作「鑿」。《文選》
卷一八馬融（79～166）〈長笛賦〉「丸挻雕琢，刻鏤鑽笮」李善注云：「韋昭
注爲笮，而賈逵注爲鑿，然笮與鑿音義同也。」〔註208〕桂馥《說文解字義證・
金部》：「鑿，通作笮。」〔註209〕是賈、韋用字不同，然皆形聲造字。韋注云：
「鑽笮，臏刑也。」

33・斟酌：《國語》：王斟酌焉。（卷五九，葉九後，第 2386 頁）

　　【按】本條出〈周語上〉，徐校同，今傳《國語》各本同。《國語》「斟酌」
僅此 1 見，韋注云：「斟，取也。酌，行也。」《慧琳音義》卷一四、卷五九
「斟酌」條引賈逵注亦云：「斟，取也；酌，行也。」是韋襲賈注。《說文・
斗部》：「斟，勺也。」段注云：「科曰勺。用科挹注亦曰勺。」《說文・酉部》：
「酌，盛酒行觴也。」《說文・女部》：「妁，酌也，斟酌二姓者也。」〔註210〕
皆單釋，且二字亦可單用。然《國語》此處「斟酌」之義與二字本義無涉，
段注云：「斟酌二姓者，如挹彼注茲欲其調適也。」〔註211〕《漢語大詞典》「斟
酌」詞條義項③云：「倒酒不滿曰斟，太過曰酌，貴適其中。故凡事反覆考慮、
擇善而定，亦稱斟酌。」此訓最爲得義。

34・刱始：《國語》云：刱制天下。（卷六三，葉一一後，第 2548 頁）

　　【按】本條出〈周語中〉，徐校同，今傳《國語》各本作「創制天下」，
《春秋考》卷一六、《皇王大紀》卷四二、《繹史》卷四九、《尙史》卷六、
《經濟類編》卷五九、《駢志》卷七、《文章正宗》卷一、《妙絕古今》卷一、
《文編》卷四五、《皇霸文紀》卷一三、《古文淵鑒》卷五引亦俱作「創」。《說
文・井部》：「刱，造法刱業也。」〔註212〕「刱」、「刜」或皆「刱」之譌寫。

〔註208〕 〔南朝梁〕蕭統編、〔唐〕李善注：《文選》，北京：中華書局 1977 年影胡克
　　　　　家本，第 254 頁。
〔註209〕 〔清〕桂馥：《說文解字義證》，上海：上海古籍出版社 1987 年影道光連筠簃
　　　　　本，第 1228 頁上。
〔註210〕 〔漢〕許愼：《說文解字》，北京：中華書局 1963 年影陳昌治覆刻平津館本，
　　　　　第 300 頁下、第 312 頁下、第 259 頁上。
〔註211〕 〔清〕段玉裁：《說文解字注》，上海：上海古籍出版社 1981 年影經韻樓本，
　　　　　第 613 頁下。
〔註212〕 〔漢〕許愼：《說文解字》，北京：中華書局 1963 年影陳昌治覆刻平津館本，

段注云：「《國語》、《孟子》字皆作『創』。趙氏、韋氏皆曰：『創，造也。』假借字也。」〔註213〕朱駿聲（1788～1858）《說文通訓定聲》云：「經傳皆以創為之。」〔註214〕李添富云：「《說文解字・刃部》云：『𠚒，傷也。從刃從一。楚良切。𠠽，或從刀倉聲。』又《說文解字・井部》云：『㓝，造法㓝業也。從井刃聲。讀若創。初亮切。』『創』、『㓝』二字本音義各異，故《六書正譌・去聲・漾宕映韻》云：『創，楚良切，傷也。與刃同。非㓝始字也。』而《玉篇・井部》云：『㓝，楚向切；造法㓝業。今作創。』《集韻・平聲・陽韻》云：『刃，初良切。說文傷也。從刃從一。或作創、荆、㓝、刱，古作𠚒。』故而『創』、『㓝』互通。《類篇・刃部》云：『刃，楚良切，傷也；從刃從一。或作㓝。』《字學三正・體製上・古文異體》以『㓝』為『創』之古文，《正字通・刀部》、《漢語大字典・刀部》引《集韻》謂『㓝』通『創』。《佛教難字字典・刀部》引《字學舉隅》定『㓝』、『創』同字，《中華字海・刀部》則逕云：『㓝，同創。』而『创』為『創』之簡化字，故知『㓝』字與『刃』、『創』無別，故可收為『創』字之異體。」〔註215〕賈注云：「始也。」「造」亦有「始」義，《廣雅・釋詁》：「造，始也。」《呂氏春秋・大樂》「造於太一」高誘注：「造，始也。」〔註216〕是「創造」本同義合成結構。

35・防援：《國語》云：為四鄰之援。（卷七二，葉三，第 2839 頁）

【按】本條出〈魯語上〉，今傳《國語》各本並同。韋注云：「援，所攀援以為助也。」韋注更符合文意。《慧琳音義》卷八一「援繼」條引賈注《國語》云：「引也。」《本邦殘存典籍による輯佚資料集成》繫賈注於〈晉語四〉「侏儒不可使援」下，是，他書未錄。

36・刀槍：《國語》云：挾其槍。（卷七二，葉八，第 2849 頁）

【按】本條出〈齊語〉，今傳《國語》各本同。韋注云：「在掖曰挾。槍，

第 106 頁上。

〔註213〕〔清〕段玉裁：《說文解字注》，上海：上海古籍出版社 1981 年影經韻樓本，第 216 頁上。

〔註214〕〔清〕朱駿聲：《說文通訓定聲》，武漢古籍書店 1983 年影臨嘯閣本，第 901 頁下。

〔註215〕李添富：「㓝」字研訂說明，《異體字字典》網絡版，http://dict.variants.moe.edu.tw/yitia/fra/fra00368.htm。

〔註216〕〔漢〕高誘注：《呂氏春秋》，上海：上海書店 1986 年影世界書局《諸子集成》本，第 46 頁。

椿也。」《玉篇・木部》:「椿,櫢也。」〔註217〕桂馥《札樸》云:「糵曰椿。」
〔註218〕名詞。黎翔鳳《管子校注》引尹知章(?669～?718)注作「槍,椿
也。」〔註219〕《玉篇・手部》:「撞,衝也。」〔註220〕則以之爲動詞,非是。
《故訓匯纂》所引並以韋、尹注爲「椿」,亦誤。

37・蔭蓋:《國語》云:木有枝葉猶庇蔭人。(卷七四,葉一七後,第2944
　　頁)

　　【按】本條出〈晉語九〉,「蔭蓋」之「蓋」,徐校逕作「蓋」字,正文同。
張以仁謂:「《慧琳音義》七四引『人』下有『也』字。」〔註221〕「也」字煞
尾之詞,或亦《音義》引述之語,未必自《國語》。遞修本、金李本、張一鯤
本、閔《裁注》本、《國語評苑》、《百家類纂》本、《四庫薈要》本、綠蔭堂
本、《國語正義》、秦鼎本作「蔭」,同《音義》,《禮書綱目》卷七六、《繹史》
卷八七下、《左傳紀事本末》卷三一、《尚史》卷四○、《學史》卷八、《格物通》
卷二八、《冊府元龜》卷九○一、《喻林》卷九四引同。而黃刊明道本、崇文本、
會文堂本、錦章書局本、《國語韋解補正》、《國語詳注》、《國語集解》、商務
本、上古本作「廕」,《資治通鑑外紀》卷七、《太平御覽》卷六○七引同。《廣
韻・沁韻》:「廕,庇廕。」〔註222〕《集韻・沁韻》:「廕,庇也。」〔註223〕
《說文・艸部》:「蔭,艸陰也。」段注云:「引申爲凡庇覆之義也。」〔註224〕
然「廕」字後出則是事實。明道本作「廕」原因或二:(1)或本當作「蔭」,
後則以「庇」從「广」因類推而以「廕」代「蔭」。(2)《左傳》「蔭」、「廕」
各1見,且《左傳・文公七年》:「若去之,則本根無所庇廕矣。」已經出現

〔註217〕〔宋〕陳彭年等:《宋本玉篇》,北京:中國書店1983年影張氏澤存堂本,第
　　　　243頁。
〔註218〕〔清〕桂馥:《札樸》,北京:商務印書館1958年版,第327頁。
〔註219〕黎翔鳳:《管子校注》,北京:中華書局2004年版,第401頁。
〔註220〕〔宋〕陳彭年等:《宋本玉篇》,北京:中國書店1983年影張氏澤存堂本,第
　　　　121頁。
〔註221〕張以仁:《國語斠證》,臺北:臺灣商務印書館1969年版,第294頁。
〔註222〕〔宋〕陳彭年等:《宋本廣韻》,北京:中國書店1982年影張氏澤存堂本,第
　　　　421頁。
〔註223〕〔宋〕丁度等:《集韻》,上海:上海古籍出版社1985年影述古堂本,第622
　　　　頁。
〔註224〕〔清〕段玉裁:《說文解字注》,上海:上海古籍出版社1981年影經韻樓本,
　　　　第28頁上。

「庇蔭」結構，因從《左傳》，以《國語》之「庇蔭」爲「庇廕」。《漢語大詞典》並收「庇廕」、「庇蔭」詞條，其實亦一。

38・經緯：《國語》云：經之以天，緯之以地。（卷七六，葉一○後，第 3012 頁）

【按】本條出〈周語下〉，今傳《國語》各本同。辨見〈《原本玉篇殘卷》引《國語》斠證〉第 39 條。

39・壇場：《國語》：屏樹之位，壇塲之所。（卷八○，葉二後，第 3128 頁）

【按】本條出〈楚語下〉，徐校同，今傳《國語》各本作「屏攝之位、壇場之所」，《宋本玉篇・土部》引作「屏攝之位曰場壇之所」，《音義》「樹」實「攝」之誤。《音義》本條引賈注云：「在郭曰壇，在野曰場。」《本邦殘存典籍による輯佚資料集成》、張以仁皆收錄。韋注云：「除地曰場。」《字彙・土部》：「塲，同場。」〔註225〕韋注云：「屏，屏風也。攝，形如今要扇。皆所以明尊卑，爲祭祀之位。近漢亦然。」又韋注引周氏云：「屏，並也。攝，主人之位。」《札記》引《左傳補注》云：「漢儒說《春秋》者，周仲文也。」〔註226〕《周禮・春官・宗伯》孔疏云：「云『屏攝之位』者，服氏云：屏猶并也，謂攝主不備并之其位，不得在正主之位。又云即引曾子問云，若宗子有罪，居于他國，庶子爲大夫，其祭也，祝曰：孝子某使介子某執其常事。又云：攝主不厭祭，不旅，不假，不綏祭，不配。是其攝主并之事。」〔註227〕張以仁備引之。以此服氏注觀之，則韋注所引周或本服氏。

40・鸑鷟：《國語》云：周之興也，鸑鷟鳴於岐山。（卷八一，葉一後，第 3170 頁）

【按】本條出〈周語上〉，今傳《國語》各本同。詳見〈《說文解字繫傳》引《國語》斠證〉第 17 條。

〔註225〕〔明〕梅膺祚：《字彙》，上海古籍出版社 2002 年輯印《續修四庫全書》第 232 冊，第 494 頁上。

〔註226〕〔清〕黃丕烈：《校刊明道本韋氏解國語札記》，北京：商務印書館 1959 年版《國語》後附，第 262 頁。

〔註227〕〔清〕阮元校刻：《十三經注疏》，北京：中華書局 1980 年影世界書局本，第 751 頁中。

41．鰥寡：《國語》：嫁娶不時曰鰥。（卷八二，葉五，第 3213 頁）

【按】本條非《國語》正文，「鰥」字《國語》2 見，一在〈魯語下〉「於是乎有鰥、寡、孤、疾」；一在〈晉語七〉「逮鰥寡，振廢淹」。韋俱未出注。《慧琳音義》卷九六「鰥絕」條引「嫁娶不時曰鰥」作「賈逵注《國語》」，則此條亦必爲賈逵注無疑，張以仁未見卷九六之證而定爲注並繫之於〈魯語下〉，《本邦殘存典籍による輯佚資料集成》備引《音義》所引二處賈注，所繫與張同。

42．計度：《國語》云：度，揆也。（卷八四，葉五，第 3283 頁）

【按】本條爲賈逵注，因《慧琳音義》卷三「比度」條、卷三九「度量」條並引賈逵注《國語》曰：「度，揆也。」韋注「度，揆也」2 處，一爲〈晉語二〉「君不度而賀大國之襲」，一爲〈晉語三〉「監戒而謀，謀度而行」，未能確知賈注在哪一處，《本邦殘存典籍による輯佚資料集成》繫於「君不度而賀大國之襲」，他皆未錄。

43．鼃黽：《國語》云：當待黽長而食之。（卷八四，葉六，第 3285 頁）

【按】本條出〈魯語下〉，徐校同。今傳《國語》各本作「將使黽長而後食之」。《音義》取其義而轉述其文，故文字不盡同。

44．精捘：《國語》云：捘於農隙。（卷八四，葉六，第 3285 頁）

【按】本條出〈周語上〉，徐校「隙」字作「隟」〔註228〕，《禮書綱目》卷六二引「捘」字作「搜」，柳宗元《非國語》亦作「搜」，《國語補音》作「獀」。金李本、《百家類纂》本、黃刊明道本、《四庫薈要》本、《國語翼解》、《國語發正》、商務本、上古本作「蒐于」，遞修本作「捘于」，《古史》卷五、《尚史》卷二六引同，《百家類纂》本脱「隙」字。張一鯤本、綠蔭堂本、閔《裁注》本、《國語評苑》、《國語正義》、秦鼎本、《國語韋解補正》、《國語詳注》、《國語集解》「蒐」與金李本等同，「于」作「於」，《五禮通考》卷一二四引同。鄭良樹云：「《玉海》二十引『蒐』作『搜』。蒐亦作獀；《禮記・祭義》：『而弟子獀狩矣。』作『搜』者，疑是『獀』之誤。」〔註229〕「捘」、「獀」一從手，一從犬，命義不同，其實無別，「捘」即「搜」字，「蒐」、「獀」用本亦同。

〔註228〕見《一切經音義三種校本合刊》，第 1985 頁。
〔註229〕鄭良樹：〈國語校證〉（上），《幼獅學誌》第 7 卷第 4 期，第 10 頁。

韋注云：「春田曰蒐。蒐，擇也。禽獸懷姙未著，搜而取之也。農隙，仲春既耕之後。隙，間。」

45．謗黷：《國語》云：問謗譽於路人。又曰：厲王虐，國人謗之。……《國語》云：黷則生怨。（卷八四，葉一○後，第 3294 頁）

【按】徐校同。「問謗譽於路人」出〈晉語六〉，今傳《國語》各本無「人」字。無「人」字是，因〈晉語六〉本句前有「風聽臚言於市，辨祅祥於謠，考百事於朝」，「市」、「謠」、「朝」皆單音節，則此處亦當單音節，故應為「路」不當為「路人」。

「厲王虐，國人謗之」出〈周語上〉，今傳《國語》各本「之」作「王」。審《周語》，天子無用代稱者，則《慧琳音義》以意改之。

「黷則生怨」出〈晉語四〉，今傳《國語》各本並同。《慧琳音義》卷八七「再黷」條引賈逵注云：「黷，媾也。」又《慧琳音義》卷八八「塵黷」條、卷九六「穢黷」條引賈逵注俱作「黷，媟也」，《文選》石崇〈思歸引序〉「困於人間煩黷」、陸機（261～303）〈漢高祖功臣頌〉「卜墋下黷」李善注俱引賈逵《國語注》，亦作「黷，媟也」，是《慧琳音義》卷八七「再黷」條引誤「媟」為「媾」，張以仁已揭出。又陸機〈漢高祖功臣頌〉「上墋下黷」李善注引《國語》正文云：「觀射父曰：民神異業，敬而不黷。」〔註230〕汪遠孫因之繫於〈楚語下〉並云：「韋本作『瀆』。」〔註231〕張以仁誤「楚語下」為「鄭語」。審〈晉語四〉與〈楚語下〉之語境完全相同，則字亦本當畫一，而今傳本一作「黷」一作「瀆」。《說文‧黑部》：「黷，握持垢也。」《說文‧水部》：「瀆，溝也。」〔註232〕《公羊傳》桓八年「黷則不敬」何休（129～182）注云：「黷，渫也。」〔註233〕《漢書‧郊祀志》「黷則不敬」顏注則注作：「黷，汙渫也。」〔註234〕

〔註230〕〔南朝梁〕蕭統編、〔唐〕李善注：《文選》，北京：中華書局 1977 年影胡克家刻本，第 662 頁。

〔註231〕〔清〕汪遠孫：《國語三君注輯存》卷四，芝加哥大學圖書館藏道光振綺堂本，本卷第 7 頁。

〔註232〕〔漢〕許慎：《說文解字》，北京：中華書局 1963 年影陳昌治覆刻平津館本，第 211 頁下、第 233 頁下。

〔註233〕〔清〕阮元校刻：《十三經注疏》，北京：中華書局 1980 年影世界書局本，第 2218 頁下。

〔註234〕〔漢〕班固撰、〔唐〕顏師古注：《漢書》，北京：中華書局 1962 年點校本，第 1190 頁。

《風俗通・山澤・四瀆》云：「瀆者，通也，所以通中國垢濁，民陵居，植五穀也。」〔註 235〕班固（32～92）《白虎通》卷六《巡守》云：「瀆者，濁也。中國垢濁發源東注海，其功著大，故稱瀆也。」〔註 236〕《禮記・表記》「瀆則不告」鄭玄注云：「瀆之言褻也。」〔註 237〕又《禮記・表記》云：「上不瀆於民，下不褻於上。」「瀆」、「褻」對文同義。則「瀆」、「黷」可通。

46・巫覡：《國語》云：在男曰覡，在女曰巫。（卷八四，葉一一，第 3295 頁）

【按】本條出〈楚語下〉，今傳《國語》各本同。韋注云：「巫、覡，見鬼者。《周禮》男亦曰巫。」據趙容俊考查，「不惟在甲骨文中未見男性的覡字，在先秦兩漢重要典籍中亦僅見少次，除此少次之外，經檢查古代典籍，均難見覡字蹤影。」〔註 238〕韋注引《周禮》即在於說明「巫」可作為巫者的統稱，而且在一般情況下也稱作巫，趙氏的考查正可佐證。

47・姜苟兒：《國語》云：炎帝以姜水成為姜。（卷八四，葉一五，第 3303 頁）

【按】本條出〈晉語四〉，徐校同，今傳《國語》各本文作「黃帝以姬水成，炎帝以姜水成。成而異德，故黃帝為姬，炎帝為姜」，《音義》則取其義節略引之。韋注：「成，謂所生長以成功也。」日本學者內藤湖南（1866～1934）云：「這指的是黃帝成長於姬水，炎帝養育於姜水，成了該地方的首腦。這二條河在陝西地方渭水的上游。後來，姬水的人姓姬，姜水的人姓姜，成了周及輔佐他的齊的太公的家。」〔註 239〕徐旭生（1888～1976）考證亦認為「炎帝氏族的發祥地在今陝西境內渭水上游一帶」〔註 240〕，楊向

〔註 235〕〔漢〕應劭撰、王利器校注：《風俗通義校注》，北京：中華書局 1981 年版，第 461 頁。

〔註 236〕〔漢〕班固撰、〔清〕陳立疏證、吳則虞點校：《白虎通疏證》，北京：中華書局 1994 年版，第 301 頁。

〔註 237〕〔清〕阮元校刻：《十三經注疏》，北京：中華書局 1980 年影世界書局本，第 1638 頁下。

〔註 238〕趙容俊：《先秦巫俗之研究》，國立臺灣師範大學中國文學研究所碩士論文，2002 年，第 35 頁。

〔註 239〕〔日〕內藤湖南著，夏應元選編並監譯：《中國史通論》（上），北京：社會科學文獻出版社 2003 年版，第 27 頁。

〔註 240〕徐旭生：《中國古史的傳說時代》，北京：三聯書店 1982 年版，第 42 頁。

奎（1910～2000）經過考察認爲「姬水」實即《詩經》中屢次提到的「漆沮」，以「漆」、「姬」古聲母相近可以通假，根據前代學者考證，認爲即「譚其驤先生主繪的《中國歷史地圖集》第一冊《西周時期中心區域圖》有漆沮水，發源於麟遊縣西偏之杜林，在今武功縣入渭水」。〔註241〕凡此皆可以存說。

48・塿土：《國語》云：擇塿土而處之。（卷八四，葉一六，第3305頁）

【按】本條出〈魯語下〉，徐校同，今傳《國語》各本作「擇瘠土而處之」。「處」即「處」之俗寫形式。《玉篇・土部》：「塿，薄土也。」《玉篇・广部》：「瘠，瘦也。」〔註242〕韋注：「磽确爲瘠。」從字形的意義類屬上看，以「塿」爲是。

49・檐籆：《國語》：籆笠相望於艾陵。（卷八六，葉六後，第3344頁）

【按】本條出〈吳語〉，徐校同。「籆」，遞修本、《國語補音》、《經了法語》、金李本、張一鯤本、閔《裁注》本、《國語評苑》、《四庫薈要》本、《國語正義》、綠蔭堂本、秦鼎本作「蔆」，《管城碩記》卷二三、《冊府元龜》卷七四五、《皇霸文紀》卷一三即從公序本引作「蔆」；黃刊明道本、崇文本、錦章書局本、《國語章解補正》、《國語詳注》、《國語集解》、商務本、上古本則與《音義》引同，《繹史》卷九六下、《左傳紀事本末》卷五一、《經濟類編》卷四二、《尚史》卷六三〔註243〕、《太平御覽》卷七六五、《文章辨體彙選》卷四九四皆從明道本作「籆」。汪遠孫《攷異》認爲「蔆」爲「籆」字之誤。「蔆」字不見於《說文》，《玉篇・艸部》：「蔆，金蔆草。」〔註244〕其義與「籆」無任何關聯。此實因從竹之字與從艸之字多有混同而致，嚴元照（1773～1817）云：「籆字《說文》艸部所無，竹部有籆字，云：『笠也。』韋云：『籆笠，備雨器也。』則自當從竹。近時翻刊宋明道本《國語》從竹。」〔註245〕則字當

〔註241〕楊向奎：《自然哲學與道德哲學》，濟南：濟南出版社1995年版，第266～第268頁。

〔註242〕〔宋〕陳彭年等：《宋本玉篇》，北京：中國書店1983年影張氏澤存堂本，第32頁、第220頁。

〔註243〕《尚史》卷六三引「於」作「于」。

〔註244〕〔宋〕陳彭年等：《宋本玉篇》，北京：中國書店1983年影張氏澤存堂本，第264頁。

〔註245〕〔清〕嚴元照：《娛親雅言》卷四，上海古籍出版社2002年輯印《續修四庫全書》第1158冊影光緒湖城義塾刻《湖州叢書》本，第298頁上。

作「簽」。《音義》本卷引賈注云：「簽，偙雨笠器也。」鄭良樹謂賈注「葢韋解所本也」〔註246〕，言是。

50・李𠕋：《國語》云：柱下史伯陽也。（卷八八，葉五，第 3391 頁）

【按】徐校同。本條恐非《國語》正文，「伯陽父」唯〈周語上〉出現 1 次，韋注云：「伯陽父，周大夫也。」又《慧林音義》卷九五「老聃」條云：「《國語》謂之伯陽，亦謂之老聃。」《史記・周本紀》集解引唐固曰：「伯陽父，周柱下史老子也。」〔註247〕張以仁引張守節辨曰：「按幽王元年至孔子卒，三百餘年。老子當孔子時，唐固說非也。」〔註248〕董增齡引《漢書・五行志》服虔注云：「伯陽父，周太史。」〔註249〕並以爲服注得之。

51・郊禋：《國語》：精意以享曰禋。（卷九一，葉二後，第 3464 頁）

【按】本條出〈周語上〉，徐校同，《禮部韻略・諄韻》「禋」字注引《國語》「精意以享」，今傳《國語》各本作「精意以享，禋也」，《音義》以「×曰×」形式爲訓詁而《國語》則是以「×，×也」形式爲訓詁。韋注云：「潔祀曰禋。享，獻也。」

52・地肺：《國語》云：土乃服登。（卷九八，葉二後，第 3644 頁）

【按】本條出〈周語上〉，「服登」誤，遞修本、金李本、《百家類纂》本、張一鯤本、閔《裁注》本、《國語評苑》、文淵閣本、綠蔭堂本、黃刊明道本、博古齋本、蜚英館本、崇文本、會文堂本、錦章書局本、徐元誥《國語集解》作「土乃脉發」，徐校本引與遞修本同，並出校云：「今傳本《國語》：『土乃脉發。』」〔註250〕然薈要本、高嶼《國語鈔》、《國語正義》、秦鼎本、《國語韋解補正》作「土乃脈發」。《儀禮經傳通解》卷三一、《冊府元龜》卷三二五、《文編》卷三、《天中記》卷二引作「脈」，李善注《文選》卷三、《六臣注文選》卷三、卷三六、元人汪克寬《經禮補逸》卷四、《繹史》卷

〔註246〕鄭良樹：〈國語校證〉（下），《幼獅學誌》第 8 卷第 2 期，第 27 頁。
〔註247〕〔漢〕司馬遷撰、〔南朝宋〕裴駰集解、〔唐〕司馬貞索隱、〔唐〕張守節正義：《史記》，北京：中華書局 1959 年點校本，第 146 頁。
〔註248〕張以仁：〈《國語》集證（〈周語〉上、中二卷）〉，見載於氏著《張以仁先秦史論集》，上海古籍出版社 2010 年版，第 485 頁。
〔註249〕〔清〕董增齡：《國語正義》卷一，成都：巴蜀書社 1985 年影清式訓堂本，本卷第 34 頁。
〔註250〕見於徐時儀《一切經音義三種校本合刊》第 2170 頁。

二七、《尙史》卷二六、《歷代名臣奏議》卷一一〇、卷二七九、《文獻通考》卷七、卷八七、《玉燭寶典》卷一、《冊府元龜》卷一一五、《玉海》卷七六、卷一七八、《經濟類編》卷四一、《文章正宗》卷四、《文章辨體彙選》卷四二引作「脉」,「脈」爲《說文》之字,「脉」則經籍沿用之字。「服」與「脈」、「登」與「發」皆形近,《音義》或因而誤。賈注云:「脈,理。」韋與賈同。《慧琳音義》本條又云:「或作『衇』。」張以仁云:「『脉』乃俗體,正作『𧖴』,或從肉作『脈』。」〔註251〕言是,「衇」、「𧖴」亦異體。

三、《希麟音義》引《國語》斠證

1‧惡獸:《國語》云:獸三為群。（卷五,葉一〇後,第 3888 頁）

【按】本條出〈周語上〉,徐校同,今傳《國語》各本「群」作「羣」,二字異體。

2‧竦堅:《國語》云:竦善抑惡。（卷六,葉七後,第 3920 頁）

【按】本條出〈楚語上〉,徐校同,唐寫本《切韻》卷三、《宋本廣韻》、《鉅宋廣韻》、《禮部韻略》、王文鬱《新刊韻略》卷三引《國語》字皆作「竦」,或《希麟音義》本寫本《切韻》。今傳《國語》各本作「教之春秋,而爲之聳善而抑惡焉」,字作「聳」不作「竦」。文淵閣《四庫全書》中唯《元憲集》卷三四《故朝奉郎守尙書駕部員外郎上輕車都尉賜緋魚袋濟陽江府君墓誌銘》、《松溪集》卷八《南安軍興福院慈氏觀音堂閣碑銘》、《雙溪醉隱集》卷一《龍和宮賦並序》作「竦善」。《禮書綱目》卷六八、《繹史》卷五七、《通志》卷九二、《尙史》卷五七、《新書》卷五《傅識》、《格物通》卷三六、《習學記言》卷一二、《玉海》卷四六、《經濟類編》卷一五、《天中記》卷三七引皆與今本同作「聳」,《冊府元龜》、《文苑英華》雖未引《國語》此條,然所引用亦皆作「聳」不作「竦」。鄭良樹云:「《續一切經音義》六注、《楚辭‧九歌》補注引『聳』皆作『竦』,竦、聳古通。」〔註252〕蕭旭云:「聳、竦古通用。聳本訓聾,字當作𢥓,《方言》卷一〇:『𢥓漇,勸也。』」〔註253〕

〔註251〕張以仁:〈《國語》舊注輯校〉,見載於氏著《張以仁先秦史論集》,上海古籍出版社 2010 年版,第 169～170 頁。
〔註252〕鄭良樹:〈國語校證〉（下）,《幼獅學誌》第 8 卷第 2 期,第 6 頁。
〔註253〕蕭旭:〈國語校補（三）〉,《東亞文獻研究》第 5 輯,第 38 頁。

然「聳」較「竦」更爲常用也。又《方言》卷六云：「自關而西秦晉之間相勸曰聳，或曰獎；中心不欲，而由旁人之勸語，亦曰聳。」《說文・立部》：「竦，敬也。」〔註254〕韋注：「聳，獎也。抑，貶也。」此處以「聳」爲是，以「獎」有弘揚的意義蘊涵，而「敬」衹是個體內心心理活動。

3・糠粃：《國語》云：軍無粃稈。（卷七，葉一二，第 3963 頁）

【按】本條出〈晉語七〉，徐校同並出校云：「『稈』，今傳本《國語》作『政』。」〔註 255〕徐言是，今傳《國語》各本作「軍無粃政」，字作「政」不作「稈」，《資治通鑑外紀》卷七、《皇王大紀》卷五二、《繹史》卷六四、《左傳紀事本末》卷二九、《尙史》卷四一、《山西通志》卷一〇一、《古今事文類聚後集》卷九、《喻林》卷一〇七引俱作「政」，《希麟音義》引「稈」字誤。《說文・禾部》：「粃，不成粟也。」〔註256〕韋注云：「粃，以穀諭也。」徐仁甫云：「『粃』當爲『稗』之借，粃之通稗，猶庀之通裨也。稗又借爲敗。」〔註257〕即〈晉語八〉所云「軍無敗政」。「粃」、「敗」義實通，又宋陳騤《文則》卷上引《國語》本句並注云：「粃穀之不成者，以喻政。」〔註258〕歸入「隱喻類」中。故不必以假借視之。

〔註254〕〔漢〕許愼：《説文解字》，北京：中華書局 1963 年影陳昌治覆刻平津館本，第 216 頁上。
〔註255〕見《一切經音義三種校本合刊》第 2301、2304 頁。
〔註256〕〔漢〕許愼：《説文解字》，北京：中華書局 1963 年影陳昌治覆刻平津館本，第 145 頁下。
〔註257〕徐仁甫：〈《晉語》辨正〉，《晉陽學刊》1984 年第 2 期，第 78～82 頁。
〔註258〕〔宋〕陳騤撰、劉明輝點校：《文則》，北京：人民文學出版社 1960 年版，第 13 頁。

肆、《說文解字繫傳》引《國語》斠證

　　《說文解字繫傳通釋》，南唐徐鍇（920～974）撰。沈兼士（1887～1947）言其流傳過程頗有條理，可以參看。〔註1〕《說文解字繫傳通釋》傳世版本較多，根據董希謙等編的《〈說文解字〉研究論著索引》，計有乾隆四十七年（1782）新安汪氏刻木、道光十九年（1839）壽陽祁氏覆影宋鈔本、嘉慶二年（1797）大酉山房刊本、光緒元年（1875）歸安姚氏川東館重刻道光十九年祁氏影宋本、光緒三年（1877）吳縣吳氏重刻祁氏本、光緒九年（1883）江蘇書局重刊祁氏本、四部叢刊本、四部備要本、龍威秘書本、古經匯函本、1918 年上海掃葉山房石印本、清孔氏嶽雪樓影鈔本等版本。〔註2〕臺北縣花木蘭文化出版社 2007 年 9 月出版了一套《古典文獻研究輯刊》叢書，其中第五編第八冊為張翠雲《說文繫傳板本源流攷辨》，專門討論《說文解字繫傳》的版本，另有邵敏發表在《信陽師範學院學報》2007 年第 6 期上的文章〈徐鍇《說文解字繫傳》版本考〉以及她的碩士學位論文《〈說文解字繫傳〉研究》，後者對《繫傳》的版本言之亦頗詳審〔註3〕，是皆可以參考。楊恒平對《說文解字繫傳》引書進行過統計，認為《繫傳》共引四部書籍「一百五十餘種」，並對其引書條例進行了分析〔註4〕，張秋霞、劉黎也揭示了《繫傳》

〔註1〕　沈兼士：《文字形義學》，見載於氏著《沈兼士學術論文集》，北京：中華書局 2004 年版，第 545～548 頁。

〔註2〕　董希謙等、王興業、魏清源、王星麟編：《〈說文解字〉研究論著索引》，見載於王寧主編《許慎與〈說文解字〉》，開封：河南人民出版社 1991 年版，第 184 ～185 頁。

〔註3〕　邵敏：《〈說文解字繫傳〉研究》，山東大學中國古典文獻學 2006 年碩士學位論文。有關《說文解字繫傳》的版本沿革介紹在該論文的第 4～第 17 頁。

〔註4〕　楊恒平：《〈說文解字繫傳〉引書考》，《古籍整理研究學刊》2006 年第 2 期，

在引書方面的得失〔註 5〕。目前坊間常見的以商務印書館《四部叢刊》縮印常熟瞿氏藏殘宋本補配吳興張氏藏影宋寫本為古，以中華書局影印清祁雋藻（1793～1866）刻本最為流行。本文以商務印書館《四部叢刊》初編縮本為主，同時參照祁雋藻刻本、新安江氏藏版本、四庫本〔註 6〕以及汪憲（1721～1771）《說文繫傳攷異》、苗夔《說文繫傳校勘記》、王筠《說文繫傳校錄》等著作。整部《繫傳》引用《國語》的一共有 63 個字頭，這 63 處引例有保留《說文》原引用《國語》的，但主要是徐鍇自己加上的。凡徐鍇自己的撰述，必加「臣鍇案」、「臣鍇曰」字樣。下面依據出現次序逐條進行辨正，後注明《繫傳》卷次以及在《四部叢刊》縮印本中的頁碼。

1．王部——瑱，《國語》左史之言：吾憖寘之於耳，對曰：豈以規為瑱乎。規，諫也。（卷一，第 7 頁）

【按】本條出〈楚語上〉，祁雋藻刻本同，徐鍇釋「規」與韋注同。黃刊明道本文作：「王病之，曰：『子復語。不穀雖不能用，吾憖寘之於耳。』對曰：『賴君用之也，故言。不然，巴浦之犀、犛、兕、象，其可盡乎，其又以規為瑱也？』」崇文本、錦章書局本、吳曾祺《國語韋解補正》、沈鎔《國語詳注》、徐元誥《國語集解》、《叢書集成初編》本並同，《經稗》卷六、《冊府元龜》卷七四二、《文章正宗》卷五、《文編》卷三引同，《禮書》卷五引衍一「瑱」字。遞修本、《國語補音》、《經子法語》、金李本、張一鯤本、閔《裁注》本、《國語評苑》、《國語正義》、綠蔭堂本、秦鼎本、《四庫薈要》本、《國學基本叢書》本、今上古本、鮑校本以及今《國語》各譯注本「憖」皆作「憖」，《皇王大紀》卷五七、《繹史》卷七六、《尚史》卷五七、《湖廣通志》卷五一、《困學紀聞》卷三、《冊府元龜》卷二五五、《文章辨體彙選》卷五三、《古文淵鑒》卷六引同。《孝經衍義》引字作「憖」。汪遠孫《攷異》云：「《舊音》作『憖』。」〔註7〕《字彙》以為「憖」是「憖」的俗字。《漢語大字典》引《正字通》以「猌」為「猌」的訛字。按「憖」是形聲造字，「猌」作「猌」或因「犬」、「攵」在隸變過程中發生訛變所致。又《國語評苑》、《四庫薈要》本

第 28～32 頁。

〔註 5〕 張秋霞、劉黎：〈論徐鍇《說文解字繫傳》的引書〉，《河南紡織高等專科學校學報》2005 年第 2 期，第 49～51 頁。

〔註 6〕 新安江氏藏版本、四庫本見之於瀚堂典藏，http://www.hytung.cn/。

〔註 7〕 〔清〕汪遠孫：《國語明道本攷異》，北京：商務印書館 1959 年版《國語》後附，第 330 頁。

「規」作「槻」，《敦煌俗字典》收錄「槻」字，以爲「規」之俗。另外《經子法語》「賓之於耳」之「於」作「于」。黃侃（1886～1935）云：「『於』即『于』也。本字爲『于』。」〔註8〕何樂士（1930～2007）根據《左傳》「于」、「於」的用法研究認爲，引進專名地名以「于」爲主，非專名處所名詞則以「於」爲主。〔註9〕實際上這祇是一種大致區分，先秦傳世文獻中作爲引介處所的介詞「于」、「於」之間區別已經不明顯，可以混用。

「左史之言」最不可解，可以作兩種推斷：（1）「國語」和「左史之言」是同位結構。對於這樣一個同位結構又可以作兩種理解：①「左史」是古代的一種官職，與「右史」相對而言，其職能皆是記史，但是分工不同。《禮記·玉藻》：「動則左史書之，言則右史書之。」《孔叢子·答問》：「舉則左史書之，言則右史書之。」徐幹（170～217）《中論·虛道第四》：「先王之禮：左史記事，右史記言。」《史記正義》云：「左陽，故記動；右陰，故記言。」《漢書·藝文志》：「古之王者世有史官，君舉必書，所以慎言行，昭法式也。左史記言，右史記事。」《後漢書》卷六二〈荀悅列傳〉：「朝有二史，左史記言，右史書事。」《晉書》卷八二〈徐廣傳〉：「左史述言，右官書事。」《南齊書》卷二八〈崔祖思傳〉：「古者左史記言，右史記事。」《史通通釋》卷一〈內篇·六家〉云：「王者因事而有言，有言必有事，理勢本自相連，筆如何分記？況左右配屬，班、荀之與鄭、戴，又各悟。此等皆出自漢儒，難可偏據。」〔註10〕是關於「左史」、「右史」職能分工，是《禮記》主左記事右記言而《漢志》則主左記言右記事，其他載籍每從二說中之一種，眞僞莫辨，故浦起龍起而疑之，這是古史制度問題，不在本篇的研究範圍之

〔註8〕 〔清〕王引之：《經義述聞》，長沙：嶽麓書社1984年版黃侃、楊樹達批校本，第20頁。

〔註9〕 何樂士：《〈左傳〉虛詞研究》（修訂本），北京：商務印書館2004年版，第81～122頁。

〔註10〕分別見〔清〕阮元校刻《十三經注疏》，北京：中華書局1980年影世界書局本，第1473、1474頁。〔漢〕孔鮒《孔叢子》，上海：商務印書館1936年《叢書集成初編》本，第144頁。〔漢〕徐幹：《中論》，臺北：臺灣商務印書館1986年《景印文淵閣四庫全書》第696冊，第475頁下。〔漢〕司馬遷：《史記》，北京：中華書局1959年點校本，第1頁。〔漢〕班固：《漢書》，北京：中華書局1965年點校本，第1715頁。〔南朝宋〕范曄：《後漢書》，北京：中華書局1965年點校本，第2061頁。〔唐〕房玄齡等：《晉書》，北京：中華書局1974年點校本，第2158頁。〔南朝梁〕蕭子顯：《南齊書》，北京：中華書局1972年點校本，第520頁。〔唐〕劉知幾撰、〔清〕浦起龍釋：《史通通釋》，臺北：臺灣商務印書館1986年《景印文淵閣四庫全書》第685冊，第166頁上。

內。假定這種左史、右史的分工存在，因爲《國語》是「語」，以記言爲主，按照《漢志》的職能分工標準，則《國語》應該就是「左史之言」。②「左史」指左丘明。司馬遷（公元前 145～約前 87？）《報任安書》云：「左丘失明，厥有《國語》。」然自古迄今，皆言爲「左氏」不言「左史」。且祇言左丘明爲「魯君子」，未言其是否作過史官。若言「左史」爲「左氏」之誤倒是可通。可是由於孤例，不可遽斷其非。審《繫傳》引《國語》的所有用例，都是祇出《國語》書名，沒有複指者。故這種推斷不能成立。（2）「左史之言」屬於徐氏引《國語》的內容，本爲「王病之曰」，因《國語》「左史」在〈楚語〉中共出現 6 次，其他部分未曾出現過。故徐氏誤引爲「左史之言」。古人聚書不易，引用往往憑記憶，偶有張冠李戴之處，在所難免。

2．王部──珠，蚌之陰精。《春秋國語》曰「珠足以禦火災」。（卷一，第 9 頁）

【按】本條出〈楚語下〉，祁刻本同，《宋本玉篇》、《類篇》引與《繫傳》同，《集韻》引無「足」字。此條實是《說文》原文，爲《說文》後小學書轉引。《說文・玉部》云：「珠，蚌之陰精。从玉朱聲，《春秋國語》曰『珠以禦火灾』是也。」〔註11〕是《集韻》從《說文》。今傳《國語》各本俱有「足」字，《繹史》卷八九、《尚史》卷五九、《通典》卷八、《格物通》卷七八、《玉海》卷八六、《喻林》卷六一等引亦俱有「足」字，又鄭良樹云：「《初學記》引『禦』作『扞』，扞亦禦也。」〔註12〕義則可通，文字則不同，或《初學記》別有所本。

3．王部──珩，佩上玉也，所以節行止也。從玉行。臣鍇按，《國語》趙簡子問王豫圉曰：「楚之白珩猶在乎？爲寶也幾何歲矣？」荅曰：「若夫囂譁之美，楚雖蠻夷，不能寶也。」限美反。（卷一，第 9 頁）

【按】本條出自〈楚語下〉，「豫」，祁刻本正作「孫」字。「限美反」之「美」，祁刻本正作「羹」。《繫傳校勘記》云：「『從玉行』下脫『聲』字，『爲寶』上當有『其』字。」又《繫傳校錄》云：「『歲』字似衍，顧本無其字。」

〔註11〕〔漢〕許慎：《說文解字》，北京：中華書局 1963 年影陳昌治覆刻平津館本，第 13 頁上。

〔註12〕鄭良樹：〈國語校證〉（下），《幼獅學誌》第 8 卷第 2 期，第 19 頁。

又《二徐箋異》以《校勘記》「脫『聲』字」之說為是。〔註13〕今傳《國語》各本亦無「歲」字，「寶」前有「其」字。黃刊明道本文作：「趙簡子鳴玉以相，問於王孫圉曰：『楚之白珩猶在乎？』……簡子曰：『其為寶也，幾何矣。』曰：『……若夫譁嚻之美，楚雖蠻夷，不能寶也。』」崇文本、會文堂本、錦章書局本、吳曾祺《國語韋解補正》、《叢書集成初編》本、《國學基本叢書》本「圍」字與黃刊明道本同，他本俱作「圉」。《資治通鑑外紀》卷八、《繹史》卷八九、《尚史》卷五九、《太平御覽》卷六九三、卷八○二、《記纂淵海》卷五六、卷六三、《玉海》卷八六、《經濟類編》卷三一、《淵鑑類函》卷三六一、柳宗元《非國語》、《文章正宗》卷一、《文編》卷四五、《古文淵鑒》卷六俱引作「圉」。汪遠孫《攷異》云：「公序本『圉』作『圍』，下同。案《羣書治要》、《後漢書·李固傳》注、《太平御覽》服章部九、珍寶部一引《國語》並作『圉』，與《內傳》合。疑作『圍』者誤字也。」〔註14〕李慈銘云：「楚靈王名圍，臣下不應同之，此明是涉上了圍而誤。」〔註15〕徐元誥（1878～1955）亦云：「明道本作『圍』，誤。」〔註16〕「嚻」，各本俱作「嚻」，「嚻」、「嚻」異體。韋注云：「譁嚻，猶讙譁，謂若鳴玉以相。」

《國語》「譁嚻」，《繫傳》倒作「嚻譁」。檢索「漢籍全文檢索系統（二）」數據庫，先秦至清「譁嚻（系統作「哗嚻」，簡體，下「嚻譁」同）」唯《國語》1 見、《宋史》卷一二一〈軍禮志〉「師律整嚴，人無譁嚻」1 見、《清史稿》卷一○○〈樂志第七〉「啓譁嚻，盛朝不尚」1 見、《湘軍志·營制篇第十五》「負販往來營門，隘雜譁嚻，十軍而九」1 見、《清代野記》卷中「頃之，賊隊裹譁嚻而退」與「且公之兵所以譁嚻者，以公不反正也」2 見，總共 6 見；而「嚻譁」則衹有韓愈〈招楊之罘〉「嚻譁所不及，何異山中閑」1 見、《四庫全書總目提要》卷三七「至憤而嚻譁於朝」與卷一五二「然實襄隨眾嚻譁，非靖之本志」2 見，總共 3 見。《漢語大詞典》收錄「譁嚻」詞條依韋注釋為「喧譁；喧嚻」。

〔註13〕見載於丁福保編《說文解字詁林》，北京：中華書局 1988 年版，第 1270 頁。

〔註14〕〔清〕汪遠孫：《國語明道本攷異》，北京：商務印書館 1959 年版《國語》後附，第 333 頁。

〔註15〕〔清〕李慈銘撰、王利器輯纂：《越縵堂讀書簡端記》，天津：天津人民出版社 1980 年版，第 62 頁。

〔註16〕徐元誥著，王樹民、沈長雲點校：《國語集解》（修訂版），北京：中華書局 2006 年版，第 525 頁。

依據今傳《國語》各本，《繫傳》脫一「其」字，蓋承前而省。先秦傳世文獻中尚無「幾何歲」之數量結構，至《史記》卷一〇五〈扁鵲倉公列傳〉始見 1 例：「有其書無有？皆安受學？受學幾何歲？」則《繫傳》所引「歲」字當屬衍文無疑。

4．艸部——蔆，芰也。……又按《國語》楚屈到嗜芰。則許慎云「楚謂之芰也」。屈到死，將以芰祭。其子去之，以為芰非祭用也。今按：蔆，邊豆之實也。則屈到嗜芰，則決明之菜，非水中芰審蔆矣。祭不用，故去之。（卷二，第 16 頁）

【按】本條出〈楚語上〉，祁刻本「芰」作「芰」、「死」作「𣦵」，《繫傳考異》云：「文有倒置，應云：『非水中蔆審矣。芰，祭不用，故去之。』按汪刻已改正。」〔註 17〕祁刻本亦改作「非水中蔆審矣」。「芰」字，《漢語大字典》、《中華字海》、《敦煌俗字典》、臺灣教育部《異體字字典》均未收，當爲「芰」之譌寫，又《異體字字典》收錄「芰」之異體字「[illegible]」、「[illegible]」、「[illegible]」與「[illegible]」〔註 18〕，構字部件爲「攴」、「攵」者顯因「攴」、「支」形近而誤「支」作「攴」，又「攴」、「攵」異體互通，故又作「攵」矣。李慈銘《讀書簡端記》云：「『芰』當作『芰』，從支聲。」〔註 19〕又張以仁云：「《御覽》三八九引『芰』作『艾』，下同。蓋由形近而訛。」〔註 20〕「𣦵」實是「死」甲金篆文字形「[illegible]」、「[illegible]」、「[illegible]」等的直接楷化。《說文・死部》：「死，从歺人。」〔註 21〕「𣦵」是將「歺」字上部分構件「卜」中移而成，《字鑑》卷三旨韻云：「𣦵，殁也。《說文》：澌也，从歺从人。隸作𣦵，俗从變匕字作『死』，誤。」〔註 22〕或祁刻本作「𣦵」字之由。

今傳〈楚語上〉文作：「**屈到嗜芰**。有疾，召其宗老而屬之，曰：『祭我

〔註 17〕見載於丁福保編《說文解字詁林》，北京：中華書局 1988 年版，第 1629 頁。

〔註 18〕臺灣國語推行委員會：異體字字典網絡版，http://dict.variants.moe.edu.tw/yitib/frb/frb03798.htm。

〔註 19〕〔清〕李慈銘撰、王利器輯纂：《越縵堂讀書簡端記》，天津：天津人民出版社 1980 年版，第 55 頁。

〔註 20〕張以仁：《國語斠證》，臺北：臺灣商務印書館 1969 年版，第 306 頁。

〔註 21〕〔漢〕許慎：《說文解字》，北京：中華書局 1963 年影陳昌治覆刻平津館本，第 86 頁上。

〔註 22〕〔元〕李文仲：《字鑑》，臺北：臺灣商務印書館 1986 年《景印文淵閣四庫全書》第 228 冊，第 43 頁下。

必以芰。』及祥，宗老將薦芰，屈建命去之。宗老曰：『夫子屬之。』子木曰：
『不然。夫子承楚國之政，其法刑在民心而藏在王府，上之可以比先王，下
之可以訓後世，雖微楚國，諸侯莫不譽。其祭典有之曰：國君有牛享，大夫
有羊饋，士有豚犬之奠，庶人有魚炙之薦，籩豆、脯醢則上下共之。不羞珍
異，不陳庶侈。夫子不以其私欲干國之典。』遂不用。」徐鍇引此段文字在
於證明「芰」是一種菜，非僅水中植物。

5・艸部──茀，道多艸不可行，從艸弗聲。臣鍇按：《國語》曰：陳
　　　道茀不可行也。分勿反。（卷二，第 20 頁）

【按】此條出〈周語中〉，四庫本、祁刻本、新安江氏藏版本同。《繫傳》
係轉述文義，故加「陳」字以明所指，張以仁云：「金、秦、董本皆有『也』
字，《天中記》十六、《事類賦》二四、《山堂肆考・羽集十》引《國語》皆有
『也』字，曰、時、崇則無。」〔註 23〕遞修本、張一鯤本、穆文熙《國語評
苑》、閔《裁注》本、綠蔭堂本亦有「也」字，黃刊明道本、會文堂本、錦章
書局本則無「也」字，則《繫傳》所引與公序本近似。韋注云：「草穢塞路為
茀。」

6・艸部── 蕝，朝會束茅表位曰蕝。《春秋國語》：「致茅蕝表坐」。
　　　（卷二，第 20 頁）

【按】本條出〈晉語八〉，新安江氏藏版本、祁刻本同。本條為原《說
文》引《國語》之文，凡《說文》引《國語》，多稱「春秋國語」而《繫傳》
祇稱《國語》。遞修本、金李本、張一鯤本、閔本、穆文熙《評苑》、董增齡
《國語正義》、綠蔭堂本、秦鼎本作「置茅蕝、設望表」，黃刊明道本、崇文
本、會文堂本、錦章書局本、陳瑑《國語翼解》作「置茆蕝、設望表」。《札
記》作「茆」並曰：「《補音》作『茅』。」〔註 24〕《攷異》「茅」作「茆」
並曰：「公序本『茆』作『茅』，是也。」〔註 25〕張以仁云：「《考異》亦引
《說文》為說，略與《札記》同，而結論則異，蓋《考異》以公序作『茅』
為是，從許所引也。案《玉海》一四四引亦作『茅』。」〔註 26〕《說文・艸

〔註 23〕張以仁：《國語斠證》，臺北：臺灣商務印書館 1969 年版，第 79 頁。
〔註 24〕〔清〕黃丕烈：《校刊明道本韋氏解國語札記》，北京：商務印書館 1959 年《國
　　　　語》後附，第 258 頁。
〔註 25〕〔清〕汪遠孫：《國語明道本攷異》，同上，第 319 頁。
〔註 26〕張以仁：《國語斠證》，臺北：臺灣商務印書館 1969 年版，第 281 頁。

部》:「茆,鳧葵也。从艸、夗聲。」「夗」即「卯」字,又〈艸部〉云:「茅,
菅也。从艸、矛聲。」〔註27〕是二字本不同。又段注《說文·艸部》云:「茅,
菅也。从艸、矛聲。可縮酒爲藉。」〔註28〕則字本當作「茅」,今上古本、
鮑校本俱改作「茅」。《說文》、《繫傳》所引「茅」字與公序本《國語》同。
又段注引〈晉語八〉文字並云:「司馬貞引賈逵云:『束茅以表位爲蕝。』許
用賈侍中說也。《史記》、《漢書》《叔孫通傳》字作『蕝』,如淳曰:『蕝謂以
茅翦樹地,爲纂位尊卑之次也。』」〔註29〕述古堂本《集韻》云:「蕝,《說
文》:朝會束茅麦位曰蕝。引《春秋國語》『置茅麦蕝表坐』。或作『蕞』。」
〔註30〕四庫本《集韻》更作:「《說文》:朝會束茅表位曰蕝。引《春秋國語》
『置茅蕝表坐』。或作『蕞』。」〔註31〕《集韻考正》卷九云:「『曰』訛『日』,
據《說文》正。『置』,〈晉語〉及《類篇》同,二徐及段校本並作『致』。」
〔註32〕述古堂本《集韻》引《說文》「麦」爲「表」字之形誤,引《國語》
衍一「麦」字。又惠棟《讀說文記》云:「『致』與『置』通,《後漢書》『置』
字皆作『致』。」〔註33〕王筠《句讀》云:「『表坐』衍文也,或曰當作『設
望表』。」又王氏《說文釋例》云:「至於『表坐』則非『設望表』之誤也。
直緣許說曰『束茅表位』,率增二字耳。古者朝會臣皆立,故位字從人立,
安得有坐可表?」〔註34〕惠、王言是。

7.艸部——荼,苦茶也,又茅秀也,《國語》曰:「白羽之矰,望之如
　　　荼。」（卷二,第22頁）

　　【按】本條出〈吳語〉,祁刻本同。今傳《國語》各本並與徐引同。韋
注云:「荼,茅秀也。」《爾雅·釋草》:「荼,秀也。」《儀禮·既夕禮》「茵

〔註27〕〔漢〕許慎:《說文解字》,北京:中華書局1963年影陳昌治覆刻平津館本,
　　　　第17頁下、第26頁下。
〔註28〕〔清〕段玉裁:《說文解字注》,上海:上海古籍出版社1981年影經韻樓本,
　　　　第27頁下。
〔註29〕〔清〕段玉裁:《說文解字注》,同上,第42頁下。
〔註30〕〔宋〕丁度等:《集韻》,上海:上海古籍出版社1985年影述古堂本,第708
　　　　頁。
〔註31〕〔宋〕丁度等:《集韻》,臺北:臺灣商務印書館1986年《景印文淵閣四庫全
　　　　書》第236冊,第743頁上。
〔註32〕〔清〕方成珪:《集韻考正》,上海:上海古籍出版社2002年輯印《續修四庫
　　　　全書》第253冊,第347頁。
〔註33〕見載於丁福保編《說文解字詁林》,北京:中華書局1988年版,第1814頁。
〔註34〕見載於丁福保編《說文解字詁林》,同上,第1815頁。

著用荼」鄭玄注：「荼，茅秀也。」《周禮・地官・司徒》「掌荼」鄭玄注：「荼，茅莠。」〔註35〕鄭、韋、徐並同。又鄭良樹云：「《太平御覽》三〇一引有注『茅也』二字，與韋解不同，疑是賈注。」〔註36〕亦或爲《御覽》引脱「秀」字。

8・牛部——犕，以鬻莝養牛也。從牛鬻，鬻亦聲。《春秋國語》曰：「犕豢幾何。」阻虞反。（卷三，第 25 頁）

【按】本條出〈楚語下〉，新安江氏藏版本、四庫本、祁刻本同。述古堂本《集韻》與四庫本《集韻》並云：「《説文》：從鬻莝養牛。引《春秋國語》『犕豢幾何』。」清人方成珪（1785～1850）《集韻考正》卷二云：「『從』當依《説文》作『以』。」《繫傳》可正《集韻》之非。王筠云：「《春秋國語》，大徐同。朱氏謂大徐作《春秋傳》，不知所據何本？」〔註37〕《集韻・虞韻》釋作「以鬻莝養牛」，《文選》李善注引《説文》作「以鬻莝養國牛」〔註38〕，段注則云「以鬻莝養圈牛」，嚴章福以「豢」訓爲「以穀養圈豕也」認爲「語例當同」，此處亦當依段注作「圈牛」。〔註39〕《説文繫傳》釋爲「以鬻莝養牛」，杳《説文》各本，《續古逸叢書》／《四部叢刊》影靜嘉堂藏宋大徐本作「以鬻莝養牛也」，元包希魯《説文解字補義》卷四〔註40〕、平津館校本、鈕樹玉（1760～1827）《校錄》作「以鬻莝養牛也」。方成珪（1785～1850）《集韻考正》卷二又云：「二徐本『莝』並作『莝』，段氏據此及《類篇》、《文選・七發》注、《初學記》『牛』字注正。」〔註41〕湯可敬《説文解字今釋》引桂馥（1736～1805）《義證》云：「莝當爲莝。《文選・七發》李善注引本

〔註35〕〔清〕阮元校刻：《十三經注疏》，北京：中華書局 1980 年版，第 1163 頁下、第 700 頁中。

〔註36〕鄭良樹：〈國語校證〉（下），《幼獅學誌》第 8 卷第 2 期，第 25 頁。

〔註37〕〔清〕王筠：《説文繫傳校錄》卷三，《續修四庫全書》第 215 冊影復旦圖書館藏清咸豐七年王彥侗刻本，第 464 頁上。

〔註38〕王貴元《説文解字校箋》並云《初學記》卷二七引《説文》亦作「莝」，見王著第 50 頁，上海：學林出版社 2002 年版。

〔註39〕〔清〕嚴章福：《説文校議議》卷二上，《續修四庫全書》第 214 冊影復旦圖書館藏清豫恕堂抄本，第 20 頁上。

〔註40〕〔元〕包希魯：《説文解字補義》，《續修四庫全書》第 202 冊影北圖藏明刻本，第 323 頁上。

〔註41〕〔清〕方成珪：《集韻考正》，上海古籍出版社 2002 年輯印《續修四庫全書》第 253 冊，第 151 頁下。

書『犢，以芻莝養國牛也』，《初學記》、《太平御覽》、《集韻》、《類篇》並引作『莝』。」〔註43〕以今《類篇》證之，則非是，因今傳《類篇》作「莝」不作「莝」。錢坫（1744～1806）云：「刈艸乃芻蕘字，其『芻豢』字應用此。」〔註43〕嚴可均（1762～1843）《說文校議》云：「莝當作莝，《文選·七發》注、《初學記》卷廿九引作『莝』。」〔註44〕朱駿聲（1788～1858）《說文通訓定聲》「犢」字注亦改作「莝」〔註45〕。沈濤（1792～1855）因謂：「是古本莝作莝。莝，斬芻也。莝字無義。」〔註46〕《說文引經證例》直接改「莝」爲「莝」並云：「各本誤『莝』。」〔註47〕按《說文·艸部》：「莝，斬芻。」「莝，枝柱也。」是「莝」爲動詞而「莝」爲名詞，且上引《說文》各家亦從「莝」與「莝」之本義出發，然「芻」之義則未關注。從《說文》本句釋文句式上看，是介詞「以」＋名詞作狀語表示對象，然後後面跟一個動賓結構的句子。無論「芻」後面跟什麼詞，整個結構充當名詞性成份則是沒有問題的。《說文·艸部》：「芻，刈艸也。象包束艸之形。」從《說文》對「芻」和「莝」二字的解釋看，《說文》中的「芻」既可以作動詞，也可以作名詞。事實上也確實是這樣，如《說文·艸部》：「茭，乾芻也。」此處之「芻」即是名詞，《說文》艸部中與「芻」同訓釋類型的還有「芨」，《說文》亦訓作「刈艸也」，然「芨」字不曾出現在類似「乾芻」這樣的訓釋條目中。「莝」也同樣存在這樣的情形，《說文·艸部》：「萩，以穀萎馬置莝中。」〔註48〕這裏的「莝」作名詞。也即《說文》中的「芻」、「莝」兼有名、動兩個詞類。段玉裁云：「芻，謂可飤牛馬者。」「謂以鈇斬斷之芻。《小雅》『秣之摧之』，以摧爲莝。莝之者，以莝飤馬也。」「以穀曰餗，穀褢莝中曰

〔註43〕 湯可敬：《說文解字今釋》，長沙：嶽麓書社 1997 年版，第 171 頁。

〔註43〕 〔清〕錢坫：《說文解字斠詮》卷二，《續修四庫全書》第 211 冊影清嘉慶 12 年錢氏吉金樂石齋刻本，第 475 頁上。

〔註44〕 〔清〕嚴可均：《說文校議》卷二上，《續修四庫全書》第 213 冊影津圖藏清嘉慶 23 年冶城山館刻四錄堂類集本，第 482 頁上。

〔註45〕 〔清〕朱駿聲：《說文通訓定聲》，武漢古籍書店 1983 年影臨嘯閣本，第 365 頁上。

〔註46〕 〔清〕沈濤：《說文古本考》卷二上，《續修四庫全書》第 222 冊影印華東師大藏清光緒 13 年潘氏滂喜齋刻本，第 217 頁下。

〔註47〕 見載於丁福保編《說文解字詁林》，北京：中華書局 1988 年版，第 2042 頁。

〔註48〕 上所引並見〔漢〕許慎：《說文解字》，北京：中華書局 1963 年影陳昌治覆刻平津館本，第 22 頁上、第 25 頁上。

薪。」〔註49〕從段注的解釋看,「芻」、「莝」亦皆可作名物詞。這樣看來,「芻莝」和「芻莖」的存在都有語法上的合理性。再看「芻莝」與「芻莖」這兩個結構的組合關係,《說文》釋「莝」爲「斬芻」,《說文·車部》:「斬,截也,從車從斤,斬法車裂也。」〔註50〕《釋名·釋喪制》:「斫頭曰斬,斬要曰要斬,斬,暫也,暫加兵即斷也。」〔註51〕「斬芻」也就是把草截斷,以名物形式釋之即爲截斷的草。「刈」字則今《說文》未列爲字頭,《說文·丿部》云:「乂,芟艸也。」〔註52〕則「刈」爲「乂」之後起字。《國語·吳語》「而又刈亡之」韋注云:「芟草曰刈。」《國語·齊語》「挾其槍刈耨鎛」韋注云:「耨,鎌也。」〔註53〕今吾鄉農活中還有「芟麥茬」、「芟玉米茬」的勞作方式,即用鎌刀把玉米秸從根部截斷,可爲「刈」字作一註腳。雖然「芻」和「莝」都是把「草」截斷,但是「芻」是把草從根上割下來,而「莝」則是把草截成段,動作的語義指向和動作結果並不相同,因而作爲名物的「芻」和「莝」也是有區別的,則「芻莝」是並列結構,而「芻莖」則是偏正結構。另外,從語義上分析。「芻」本義應該指嫩草,詳細分析見下文。則作爲並列結構的「芻莝」應該是指嫩草和切斷的草。而「芻莖」則是偏正結構,即「嫩草的莝」。就現在農村牛的圈養方式而言,餵的就是兩種草,一種是或割或拔來的綠草,直接給牲口吃,不作任何處理,連莖帶葉一起被牲畜吃掉;另外一種就是所謂乾飼料,包括乾草和秸稈類飼料,乾草和秸稈類飼料往往要用鍘刀或者鍘草機來切成小段,這個過程實際上亦即《說文》之所謂「莝」,這些切碎的飼料進行乾貯預備作爲牲畜日常的飼料。而這些需要被切成段狀的乾草往往其莖幹比較粗壯或者堅硬,如豆秸、玉米秸之類。故《養牛省草方法》云:「俗話說:『寸草鍘三刀,無料也生膘。』把飼草鍘短後餵牛,比直接餵節省20%左右。難以采食的粗硬莖幹,如果將其鍘短飼餵,便能充分

〔註49〕 〔清〕段玉裁:《說文解字注》,上海古籍出版社1981年影經韻樓本,第44頁上。

〔註50〕 〔漢〕許慎:《說文解字》,同上,第303頁下。

〔註51〕 〔漢〕劉熙:《釋名》卷八,上海:商務印書館《四部叢刊》影明嘉靖翻宋本。

〔註52〕 〔漢〕許慎:《說文解字》,北京:中華書局1963年影陳昌治覆刻平津館本,第265頁下。

〔註53〕 〔吳〕韋昭注:《國語》,上海古籍出版社1992年影蚩英館重刻黃丕烈讀未見書齋刊本,第18頁下欄、第47頁上欄。

利用。」〔註54〕另王根林主編《養牛學》云：「牛依靠高度靈活的舌採食飼料，把草捲入口中，匆匆咀碎，吞咽入胃。牧食時，依靠舌和頭的轉擺動作扯斷牧草。」〔註55〕這是飼料切碎的原因所在。牛採食之後，段狀莖幹最終都被留在食槽中，這些段狀秸稈莖幹被清除出來積肥，處理起來也較之整個秸稈莖幹更為方便。以現代的牲畜飼料的方式來觀照古代的牲口，大體近似。就食草而言，莖葉都在牲畜的食用對象之內，而就食用秸稈類飼料而言，則牲畜祇食其葉而不食其莖幹，祇要是乾飼料，就必須「莝」而食之，那麼說以「芻莝」圈養就有些不通之處。現代養牛飼料分為青飼料、青貯飼料、粗飼料和精飼料。綠草屬於青飼料，而秸稈、乾草之類則屬於粗飼料，至於「菽」之以「穀置莝」中則屬於精飼料羼合在粗飼料中，飼料青貯在我國應該比較晚，中國古代沒有，我們經常聽評書、看小說講到草料場起火，可知古人一般是乾貯飼料。也就是說，古人圈養的飼養方式為兩種，一種餵青草，即所刈之「芻」，一種餵切成段狀的乾草，即「斬芻」。由於「莝」字從草，而又兼具名動兩用功能，後則用「剉」、「銼」字表達其動詞義，如《齊民要術》卷六云：「多有父馬者，則作一坊，多置槽廄；剉芻及穀豆，各自別安。」又云：「細剉芻。」〔註56〕繆啓愉譯作「剉」〔註57〕，實即「莝」的動詞用法。如上所述，則《說文》本當作「芻莝」。而《說文》所記載的「芻莝」實際上反應了我國古代對圈養牛的飼料種類與飼養方式。「牛從野生狀態到被馴化、馴化成家畜的歷史，是人類社會生產力發展歷史的一個佐證，估計至少距今已有五六千年。而這方面的文字證據，則始見於殷墟出土的卜辭，其中有許多的甲骨文象形『牛』字，雖然牛的馴化要遠早於文字的記載。」〔註58〕一些遺址發掘中出土的化石也證明我國養牛歷史的悠久，則我國對圈養牛的飼養方式方法也必源遠流長。上引各家皆云「莖」當作「莝」，主要是文獻證據，即《文選注》、《初學記》等早於二徐的引文皆作「莝」。從字形上看，《說文》小篆「莖」作「莖」、「莝」字作「莝」，二者形本相近，

〔註54〕周樺、楊仁幫：《養牛省草方法》，《中國民兵》2009年第9期，第54頁。

〔註55〕王根林主編：《養牛學》，北京：中國農業出版社2006年版，第17頁。

〔註56〕繆啓愉：《齊民要術校釋》，北京：中國農業出版社1998年版，第406頁。

〔註57〕繆啓愉、繆桂龍：《齊民要術譯注》，上海古籍出版社2006年版，第403頁。

〔註58〕王根林主編：《養牛學》，北京：中國農業出版社2006年版，第1頁。

聲符構件「坖」和「𡉈」上皆有一橫〔註59〕。至《汗簡》「坐」作「坐」，《古孝經》作「坐」〔註60〕，馬王堆帛書作「坐」、「坐」、「坐」、「坐」等形〔註61〕，《汗簡》「坖」字作「坖」〔註62〕，《說文》亦曰：「坖，古文坖。」〔註63〕馬王堆帛書作「王」、「王」、「王」、「王」〔註64〕「經」字有俗誤為「經」字者，曾良認為「王」經由「坖」演變而來，進而可演化為「至」〔註65〕，「至」字和「坐」字亦形近，而在魏晉碑刻中，「從『坖』之字，『坖』皆寫作『王』。」〔註66〕再如「經」俗寫作「経」，日文中還在普遍運用這一書寫形式。「圣」的甲骨文字形為「圣」、「圣」、「圣」、「圣」，其直接楷化形式為「圣」，《說文》作「圣」是省去一「彡」〔註67〕。漢魏以降，文字字形中的構件省減、形體趨同、混用現象所在多有。「埜」、「莖」二字主要構字部件形體相近，也確實容易造成混同。通過上面的分析可證，《說文》本當作「猇埜」，「莖」字當為「埜」字之誤，段注改作「埜」字，《句讀》從之。

宋庠《國語補音》各本、洪邁《經子法語》並今傳《國語》各本作「猇」，黃丕烈《札記》引惠云：「《說文》引作『犢』。」〔註68〕《儀禮經傳通解續》卷二八下、《禮書綱目》卷四六、卷四七、《五禮通考》卷三、卷八六、《冊府元龜》卷七八〇、《經濟類編》卷四〇並引作「猇」。《國語》韋昭注云：「草

〔註59〕按「坐」字古文從土從二人，而《說文》云：「從土從畱省。」按照《說文》的解釋，「𡖕」是其構字部件，故與「坖」上都有一橫。

〔註60〕引自李圃主編《古文字詁林》第 10 冊，上海教育出版社 2004 年版，第 232 頁、第 233 頁。

〔註61〕李正光等編：《楚漢簡帛書典》，長沙：湖南美術出版社 1998 年版，第 248 頁、第 249 頁。

〔註62〕引自李圃主編《古文字詁林》第 9 冊，上海教育出版社 2004 年版，第 268 頁。

〔註63〕〔漢〕許慎：《說文解字》，北京：中華書局 1963 年影陳昌治覆刻平津館本，第 239 頁下。

〔註64〕李正光等編：《楚漢簡帛書典》，長沙：湖南美術出版社 1998 年版，第 357 頁。

〔註65〕曾良：《俗字及古籍文字通例研究》，南昌：百花洲文藝出版社 2006 年版，第 193 頁。

〔註66〕陸明君：《魏晉南北朝碑別字研究》，北京：文化藝術出版社 2009 年版，第 67 頁。

〔註67〕〔漢〕許慎：《說文解字》，北京：中華書局 1963 年影陳昌治覆刻平津館本，第 288 頁上。

〔註68〕〔清〕黃丕烈：《校刊明道本韋氏解國語札記》，上海：商務印書館 1959 年《國學基本叢書》本《國語》後附，第 262 頁。

養曰芻，穀養曰豢。」〔註69〕《說文詁林》引《校錄》云：「今〈楚語〉作『芻』。」〔註70〕朱駿聲云：「犓，今作芻。按此字後出，當爲芻之俗字。」〔註71〕段注云：「經傳犓豢字，今皆作芻豢。」〔註72〕《正字通·牛部》云：「从芻爲正。凡飼牛馬羊皆曰芻。」張舜徽（1911～1992）云：「犓即芻之後增體。」〔註73〕今《漢語大詞典》收錄「芻豢」詞條，引《孟子》「猶芻豢之悅我口」及朱熹（1130～1200）注，并注云：「牛羊犬豕之類的家畜。泛指肉類食品。」〔註74〕又收「犓豢」詞條，列二義項：①謂飼養牲畜。引《說文》「犓，以芻莝養圈牛也……《春秋國語》曰：『犓豢幾何？』」並云：「今本《國語·楚語下》作『芻豢』。」②泛指牛羊犬豕等牲畜。引《墨子·非乐上》：「非以犓豢煎炙之味，以爲不甘也。」〔註75〕二者其實義同，可以互見或合併。朱起鳳（1874～1948）《辭通》並收「芻豢」、「犓豢」、「犓豢」、「莝豢」，認爲「芻豢」是正字，其他都是俗體。〔註76〕符定一（1877～1968）《聯綿字典》亦收「犓豢」、「犓豢」、「芻豢」，并引《墨子·耕柱》孫詒讓（1848～1908）《間詁》云：「『犓』，吳鈔本作『犓』，道藏本同。」〔註77〕

　　《說文》「犓」字從牛，反映了中國古代牛的普遍。因祭祀所需、畜力之備，莫廣如牛。按「芻」的甲骨文字形爲「𠣾」、「𠣾」等，羅振玉云：「从又持斷草。」〔註78〕這是通過其字形所體現的意義，即字本義。張秉權云：「芻是用來飼養牲畜，和祭祀時候薦牲的。」〔註79〕此說是綜合小學書與

〔註69〕〔吳〕韋昭注：《國語》，上海：商務印書館1959年《國學基本叢書》本，第205頁。

〔註70〕見載於丁福保編《說文解字詁林》，北京：中華書局1988年版，第2040頁。

〔註71〕〔清〕朱駿聲：《說文通訓定聲》，武漢古籍書店1983年影臨嘯閣本，第365頁上。

〔註72〕〔清〕段玉裁：《說文解字注》，上海古籍出版社1981影經韻樓本，第52頁上。

〔註73〕張舜徽：《說文解字約注》，鄭州：中州書畫社1983年版，卷3第13頁。

〔註74〕羅竹風主編：《漢語大詞典》（縮印本），上海：漢語大詞典出版社1997年版，第819頁中欄。

〔註75〕羅竹風主編：同上，第3502頁右欄。

〔註76〕朱起鳳：《辭通》，北京：警官教育出版社1993年影開明書店本，第2006頁。

〔註77〕符定一：《聯綿字典·巳集》，北京：中華書局1983年版，第393、394頁。

〔註78〕羅振玉：《增訂殷虛書契考釋》，轉引自李圃主編《古文字詁林》第1冊，上海教育出版社2004，第540頁。

〔註79〕張秉權：《殷虛文字丙編考釋》，轉引自李圃主編《古文字詁林》第1冊，第

《禮記‧祭統》鄭玄注的訓釋，總結出了「芻」的兩種功能。趙誠云：「打草叫做芻，打草喂牲畜叫芻，把牲畜趕去喂草也叫芻，這三種意義之間的引申關係比較正常，層次也很分明。」〔註 80〕趙氏指出了「芻」的幾個意義之間的關聯。實際上是打草叫做「芻」，因爲是用手完成的，故又作「搊」，《廣韻‧虞韻》：「搊，解也。」〔註 81〕《集韻‧有韻》：「搊，持也。」〔註 82〕因動作的對象是草，打下來的草也作「芻」，《玉篇‧艸部》：「芻，茭草。」〔註 83〕因爲「芻」字雖然在「艸」部，但是「艸」字的兩個構件「屮」分別處在兩個「勹」字中，從「艸」的形體表徵已經不夠明顯，故字也作「蒭」，《廣韻‧虞韻》：「芻蒭，《說文》云『刈草也』，俗作『蒭』。」〔註 84〕所打之草也作「蒭」，《玉篇‧艸部》：「芻，茭草，俗作蒭。」〔註 85〕《國語‧魯語下》：「其歲，收田一井，出稯禾、秉芻、缶米，不是過也。」韋注引《聘禮》云：「十六斗曰庾，十庾曰秉。秉，二百四十斗也。四秉曰筥，十筥曰稯。稯，六百四十斛也。」此處之「芻」即「蒭」，《廣韻‧虞部》：「蒭，稯蒭。」〔註 86〕黃侃云「蒭」爲「『芻』之後出」〔註 87〕，言是。「蒭」本草本，也是廣義上的草類。以所打之「蒭」喂牲畜也叫做「芻」，因爲「主要用於喂牛羊」，故字又作「犓」，《廣韻‧虞韻》：「養牛曰犓。」〔註 88〕《玉篇‧牛部》：「犓，養牛羊也，今作芻。」〔註 89〕所喂牲畜也叫做「芻」，《孟子‧告子上》「故義理之悅我心，猶芻豢之悅我口」朱熹集注：「草食曰芻，

542 頁。

〔註 80〕趙誠：《甲骨文行爲動詞探索》，轉引自李圃主編《古文字詁林》第 1 冊，第545 頁。

〔註 81〕〔宋〕陳彭年等：《宋本廣韻》，北京：中國書店 1982 年影張氏澤存堂本，第58 頁。

〔註 82〕〔宋〕丁度等：《集韻‧有韻》，北京：中華書局 1996 年版《小學名著六種》影《四部備要》本，第 100 頁下。

〔註 83〕〔宋〕陳彭年等重修：《宋本玉篇》，北京：中國書店 1983 年影張氏澤存堂本，第 259 頁。

〔註 84〕〔宋〕陳彭年等：《宋本廣韻》，北京：中國書店 1982 年影張氏澤存堂本，第52 頁。

〔註 85〕〔宋〕陳彭年等重修：《宋本玉篇》，同上，第 259 頁。

〔註 86〕〔宋〕陳彭年等：《宋本廣韻》，同上，第 58 頁。

〔註 87〕黃侃箋識、黃焯編次：《廣韻校錄》，上海：上海古籍出版社 1985 年版，第 270頁。

〔註 88〕〔宋〕陳彭年等：《宋本廣韻》，第 52 頁。

〔註 89〕〔宋〕陳彭年等重修：《宋本玉篇》，第 427 頁。

牛羊是也。」〔註90〕因之養馬、駕車之人也稱「騶」，《左傳》成公十八年「程鄭爲乘馬御，六騶屬焉」孔疏：「騶是主駕之官也。」〔註91〕《後漢書》卷七八《張讓傳》「凡詔所徵求，皆令西園騶密約勑，號曰『中使』」章懷太子注：「騶，養馬人。」〔註92〕古君主豢養禽獸之地亦曰「騶」，賈誼（前200～前168）《新書・禮篇》：「騶者，天子之囿。」〔註93〕打草之人身份低賤，故「卑微」、「淺陋」亦稱之曰「芻」，《宋書》卷九四《徐爰傳》：「先朝嘗以芻輩之中，粗有學解，故漸蒙驅策，出入兩宮。」〔註94〕此皆地位低下者。因爲指稱人，故加「人」字作「傗」，《漢語大字典》引明焦竑（1540～1620）《俗書刊誤・俗用雜字》云：「任身傭作曰傗。」〔註95〕《廣韻・虞韻》引《纂文》云：「偛傗，小人兒。」〔註96〕又據郭錫良《漢字古音手冊》，「初」上古在初紐侯部，《廣韻》在初紐魚韻，「芻」上古在初紐侯部，《廣韻》在初紐虞韻，二字上古音同、中古雙聲準疊韻。于省吾（1896～1984）根據安陽小屯發現雞蛋認爲「甲骨文的生鷚當指雞子言之」〔註97〕，因雞子本身孕育雛雞，故小雞亦謂之「鷚（雛）」，人行事無經驗不老到亦謂之「雛兒」，故黃侃云：「雛之訓小者，及鰍生之『鰍』，本皆作『雛』。」〔註98〕。因之，人之妊娠即新生命之始，故亦作「媰」，段注《說文》：「媰，婦人妊娠也。」〔註99〕《辭通》並收「芻豢」、「犓豢」、「犓犡」、「蒭豢」，認爲「芻豢」是正字，其他都是俗體。〔註100〕實因義造形，而其中心義

〔註90〕〔宋〕朱熹：《孟子集注》，《仿古字四書集注》，上海：世界書局1936年版，第164頁。

〔註91〕〔唐〕孔穎達：《春秋左傳正義》，清阮元校刻《十三經注疏》，中華書局1980年影世界書局本，第1924頁上。

〔註92〕〔南朝宋〕范曄撰、〔唐〕李賢注：《後漢書》，北京：中華書局1965年點校本，第2536頁。

〔註93〕〔漢〕賈誼撰，本師方向東先生集解：《賈誼集匯校集解》，南京：河海大學出版社2000年版，第244頁。

〔註94〕〔南朝梁〕沈約：《宋書》，北京：中華書局1956年點校本，第2310頁。

〔註95〕徐中舒主編：《漢語大字典》，成都：湖北、四川辭書出版社1993年版，第204頁。

〔註96〕〔宋〕陳彭年等：《宋本廣韻》，第58頁。

〔註97〕李圃：《古文字詁林》第1冊轉引，上海教育出版社2004年版，第544頁。

〔註98〕黃侃：《說文段注小箋》卷四，見載於黃侃《說文箋識》，北京：中華書局2006年版，第183頁。

〔註99〕〔清〕段玉裁：《說文解字注》，上海古籍出版社1981年影經韻樓本，第614頁下。

〔註100〕朱九鳳：《辭通》，北京：警官教育出版社1993年版，第2006頁。

素則一。初生之物亦多形體不夠大、勢微，「雛」、「嫋」即形體不夠大、生命力亦弱，而「儌」、「毳輩」、「騆」則皆勢微。另外從「毳」得聲的「趨」，《說文》釋爲「走」，可是和眞正的「走」還是有區別的，我們現在釋作「小跑」。從這個角度上而言，所謂「毳」亦當是嫩草而非秋後乾草。

9・口部——呧，呧異之言，從口尼聲，一曰雜語，讀若尼。臣鍇按，《國語》曰：「四民雜處則其言呧。」呧，雜異也，免江反。
（卷三，第 29 頁）

【按】本條出〈齊語〉，四庫本、祁刻本同。陳瓘《國語翼解》即引《說文》以釋〈齊語〉此條。今傳《國語》各本並同。韋注：「呧，亂貌。」《宋本玉篇》引脫「其言」二字。《古今韻會舉要》引作：「呧，《說文》：呧，異之言，从口尼聲。一曰雜語。徐按：四民雜處則其言呧，呧，雜異。」漏脫《國語》二字。

10・走部——趄，趄田易居也。從走亘聲。臣鍇按，《春秋左傳》：「晉於是乎作爰田。」《國語》作「轅田」，皆假借。此乃正字也。謂以田相換易也。羽先反。（卷二，第 31 頁）

【按】本條出〈晉語三〉，祁刻本同。「口」與「ム」多通用，故從二字之字亦多混寫，如「強」與「强」、「員」與「負」、「充」與「尭」等，「晉」與「晉」理同。

今傳《國語》各本文作：「且賞以悅眾，眾皆哭，焉作轅田。」本語下復有「眾皆說，焉作州兵」一句。《左傳・僖公十五年》亦云：「眾皆哭，晉於是乎作爰田。……晉於是乎作州兵。」清乾隆間學者黃模《國語補韋》即引徐鍇說以釋《國語》。《札記》引惠棟云：「『焉』猶『於此』，言『於是作爰田』也。訓『焉』爲『於此』，見高誘注《呂覽・季春紀》『焉始乘舟』。『轅』與『爰』古文通。」〔註101〕李貽德《春秋左傳賈服注輯述》卷六：「爰、轅皆假借字，本當作趄。」〔註102〕楊愼（1488～1599）《升庵經說》卷七亦云：「爰田，《國語》作轅。皆假借字也。爰當作趄。許愼曰：趄田，易居也。

〔註101〕〔清〕黃丕烈：《校刊明道本韋氏解國語札記》，北京：商務印書館 1959 年《國語》後附，第 253 頁。

〔註102〕〔清〕李貽德《春秋左傳賈服注輯述》，上海：上海古籍出版社 2002 年輯印《續修四庫全書》第 125 冊，第 452 頁。

爰田之制，古者田三歲一易，以同美惡。商鞅始開阡陌，令民各復常業不復之易。」〔註103〕此皆本徐鍇之言。段注云：「爰、轅、𧤗、換四字，音義同也。」黃侃云：「爰田、爰書本皆作『𧤗』。」〔註104〕惠棟（1697～1758）據《左傳》文以解「焉」字，王引之《經傳釋詞》同。韋注引賈侍中云：「轅，易也，為易田之法，賞眾以田。易者，易疆界也。」又引或云：「轅田，以田出車賦。」韋注云：「此欲賞以悅眾，而言以田出車賦，非也。唐曰：『讓肥取磽也。』」王懋竑云：「當從或說『以田出車』。賈云：『轅，易也。』此從《內傳》，以『轅』為『袁』。『轅田』當是『增稅』，『州兵』當是『增兵』。『轅』、『袁』二字義則未可詳。」〔註105〕汪遠孫《國語發正》云：「賞眾是一時之事，爰田、州兵是當日田制、兵制改易之始。」〔註106〕凡此亦皆各自為說，未盡一致。

有學者把古代關於「轅／爰（𧤗）田」的觀點分成四類：（1）賞賜說。賈逵（30～101）、服虔（約公元168年前後在世）、晉五經博士孔晁等。（2）以田出車賦說。（3）換田說。張晏、孟康等。段注即引張、孟說為證。（4）輪耕說。孟康釋秦之「爰田」曰：「商鞅相秦，復立爰田，上田不易，中田一易，下田再易，爰自在其田，不復易居也。」至李隆獻則分八說：（1）換田賞眾：賈逵、服虔、孔晁主之；韋昭、洪亮吉從賈逵說；（2）以田出車賦：賈逵引『或說』主之；惠棟從之。王毓銓取其說而稍加變異；（3）分公田之稅以賞眾：杜預；（4）固定授田法：孟康、姚鼐、錢穆主之；張晏說亦可歸此類，略有不同；（5）歲休輪耕法：段玉裁、朱大韶、李貽德主之；李亞農、杜正勝說並同；（6）賞田：馬宗璉主之；王毓銓的說法也與此說相類；（7）作新田：齊思和；（8）開阡陌，易井田之法：竹添光鴻。〔註107〕李氏評述各家說法以竹添光鴻氏所言近似，但認為竹添光鴻氏沒有指出爰田的受眾，故

〔註103〕〔明〕楊慎《升庵經說》，上海：商務印書館1936年《叢書集成初編》本，第112、113頁。

〔註104〕黃侃：《說文段注小箋》卷三，見載於黃侃《說文箋識》，北京：中華書局2006年版，第174頁。

〔註105〕〔清〕王懋竑：《讀書記疑》卷一一，《續修四庫全書》第1146冊影同治十一年福建撫署本，第344頁上。

〔註106〕〔清〕汪遠孫：《國語發正》卷八，廣西師範大學圖書館藏道光振綺堂本，本卷第4頁。

〔註107〕李隆獻：《晉文公復國定霸考》，臺北：臺灣大學出版委員會1988年版，第88～91頁。

云：「晉惠時所作的爰田，與商鞅所制之轅田，基本上仍有相異之處：商鞅制轅田，開阡陌，乃全面廢除周朝的井田制，分田於民，農民分得的田，權利即屬於農民；而呂甥之作爰田，僅由於公田不足，故破井田之制，開阡陌以益田，受田者僅爲政治、軍事上有權力的『群臣』、『國人』而已，並未普及於農民，故亦未全面改革井田制。」〔註108〕二十世紀以還，大陸研究「轅／爰（趄）田」的文章比較多，根據筆者個人搜羅所得，有 31 篇之多。〔註109〕此外，尚有岳琛主編《中國土地制度史》、袁林《兩周土地制度新論》等專著也對「爰田」進行了討論〔註110〕。大體可以分爲這樣幾個觀點：（1）爰田是

〔註108〕 李隆獻：《晉文公復國定霸考》，同上，第 93 頁。

〔註109〕 這三十一篇論文分別爲：徐中舒〈試論周代田制及其社會性質〉（《四川大學學報》1955 年第 2 期）、王毓銓〈爰田（轅田）解〉（《歷史研究》1957 年第 4 期）、羅元貞〈晉國的爰田與州兵〉（《山西大學學報》1979 年第 1 期）、林劍鳴〈井田與爰田〉（《人文雜誌》1979 年第 1 期）、林鵬〈晉作爰田攷略〉（《晉陽學刊》1982 年第 5 期）、〈再論晉作爰田——答李孟存、常金倉二同志〉（《晉陽學刊》1982 年第 6 期）、彭益林〈晉作轅田辨析〉（《華中師範大學學報》1982 年第 1 期）、李孟存/常金倉〈對《晉作爰田攷略》的異議〉（《晉陽學刊》1982 年第 5 期）、〈爰田與井田——與林鵬同志商榷〉（《晉陽學刊》1984 年第 4 期）、楊善群〈「爰田」釋義辨正〉（《人文雜志》1983 年第 5 期）、張元勤〈作爰田探討〉（《晉陽學刊》1984 年第 4 期）、史建群〈試論晉「作爰田」及其影響〉（《河南大學學報》1984 年第 4 期）、羅元貞〈論晉國的爰田與州兵〉（《運城師專學報》1985 年第 1 期）、李民立〈晉「作爰田」析——兼及秦「制轅田」〉（《復旦學報》1986 年第 1 期）、于琨奇〈井田制、爰田制新探〉（《安徽師大學報》1986 年第 3 期）、王貴鈞〈釋「爰田」——讀史札記〉（《寧夏大學學報》1987 年第 2 期）、嚴賓〈商鞅轅田制研究〉（《河北學刊》1988 年第 6 期）、周自強〈晉作爰田的内容和性質〉（1989 年）、王恩田〈臨沂竹書《田法》與爰田制〉（《中國史研究》1989 年第 2 期）、沈長雲〈從銀崔山竹書《守法》、《守令》等十三篇論及戰國時代的爰田制〉（《中國社會經濟史研究》1991 年第 3 期）、葉茂〈「作爰田」辨〉（《中國經濟史研究》1992 年第 1 期）、張在義〈《左傳》「爰田」試析——兼談晉國土地制度〉（《古籍整理研究學刊》1994 年第 4 期）、陳奇猷〈也談「爰田」——兼談「國人」〉（《古籍整理研究學刊》1995 年第 1、2 期合刊）、楊作龍〈晉作爰田辨析〉（《農業考古》1995 年第 1 期）、祝中熹〈試論秦國的轅田制〉（《絲綢之路》）、屈友賢〈「作爰田」注釋新探〉（載《學術研究》1997 年第 8 期）、陳斯鵬〈「爰田」非即「援田」〉（《學術研究》1998 年第 8 期）、袁林〈「爰田（轅田）」新解〉（《中國農史》1998 年第 3 期）、楊兆榮〈「爰（趄、轅）田」新解〉（《思想戰線》2001 年第 2 期）、李偉〈論晉惠公〉（《四川大學學報》2002 年第 3 期）、趙偉艷〈晉作爰田再探〉（《長春師範學院學報》2005 年第 1 期）等。

〔註110〕 岳琛等認爲晉作爰田「從而改變了『三年一換土易居』的公社土地定期輪換制度，公開宣布讓勞動者『自爰其處』，不再定期更換耕地，承認了農民所耕

推廣牛耕，普及壟甽耕作制；（2）爰田是取消公田；（3）爰田就是賞田，有觸動疆界和不觸動疆界兩種；（4）爰田兼有「怨田」和「遠田」之義；（5）爰田是先秦發展著的分戶授田制度；（6）爰田是耕地與荒地的輪換耕作制度，更有學者提出「就是一畝地分成兩塊，輪流耕種」〔註111〕；（7）「轅田」是井田制度發展過程中的一個重要而且是一個不可缺少的階段，它是我國古代社會中後期公社所有制即井田制度；（8）「屯田」，即專門爲部隊耕種和產糧的田地；（9）爰田就是由子孫繼承的田。前八種主要從土地耕作制度上著眼，即把「轅／爰（趄）田」作爲一個合成詞；最後一種則是從土地繼承上著眼，即把「轅／爰（趄）田」看成一個偏正結構。爰田的目的是爲國家擴充兵、徭役和賦稅提供條件，在這一點上各家沒有任何異議。俞志慧云：「『作轅田』與下文『作州兵』二語與《今本竹書紀年・（周）宣王元年》所載的『復田賦，作戎車』逼似，當是一次有標誌性意義的制度安排。」〔註112〕此在〈晉語〉本文亦顯現明顯，不待言者，關鍵在於對於此種制度之具體方式則無一可供學者普遍信從之論。對於「轅」、「爰」、「趄」三字，陳奇猷、袁林等都從分析「爰」的字形入手，但是大多數學者認同段注「爰、轅、趄、換四字音義同」的說法，即「爰（轅、趄）」具有交換的意思。至於如何交換？由於歷史資料記載的缺乏和各家知識背景的差異，祇能根據許愼《說文》和文獻記載作一定程度上的推斷，恐難取得一致意見。僅就《晉語三》本文而言，則以李隆獻所說似稍近之。

11・彳部——微，隱行也。從彳散聲。《春秋傳》曰：「白公其從微之。」臣鍇曰，隱於物而行也。曹植《洛神賦》曰：「蘭之芳藹兮，步躊躇於山隅。」又《國語》曰：「晉公子駢脅，鄭伯設微薄觀之也。」尾希反。（卷四，第36頁）

【按】本條出〈晉語四〉，祁刻本改「鄭」爲「曹」、「簿」爲「薄」、「觀」爲「觀」，今傳《國語》俱作「曹」，《繫傳》誤，祁刻本改是。「觀」爲「觀」之俗體，《宋元以來俗字譜》收之。古由於竹是一種多年生禾本科木質常綠

土地的固定化，使農民得以長期占有和使用土地。」見該書第52頁，北京：中國國際廣播出版社1990年版。

〔註111〕 項觀奇：〈「作爰田」新解〉，《中國社會科學院院報》2009年2月10日第11版。這比以往的提法更爲具體，或可爲解釋「爰田」提供一角度。

〔註112〕 俞志慧：《〈國語・晉語三〉章注辨正》，《淮陰工學院學報》2007年第2期。

植物，與草本相類，古人多以爲草，如《說文‧竹部》：「竹，多生草也。」
〔註113〕《爾雅》「竹」字訓釋即在〈釋草〉一篇可爲明證。故古籍中從「竹」
與從「艹」之同聲符字形符多混同同，如本篇第3條「苔」又作「答」，《原
本玉篇殘卷‧水部》引〈晉語四〉「底著滯淫」，汪遠孫《攷異》云：「公序
本作『箸』，《舊音》同。」〔註114〕理並同。此是徐氏節略其事而言之，黃
刊明道本、崇文本、錦章書局本文作：「自衛過曹，曹共公亦不禮焉，聞其
骿脅，欲觀其狀，止其舍，諜其將浴，設微薄而觀之。」「謀」即「諜」字
譌寫，李慈銘引明道本作「謀其將浴」並云：「『謀』當作『諜』，此尚沿唐
人避諱缺筆之體。」〔註115〕今傳遞修本、《國語補音》、金李本、張一鯤本、
《百家類纂》本、閔《裁注》本、《國語評苑》、《四庫薈要》本、《國語正義》、
綠蔭堂本、秦鼎本、《國語詳注》、《國語集解》、《國學基本叢書》本、今上
古本、鮑校本並作「諜」，《原本玉篇殘卷‧言部》引亦作「諜」，而吳曾祺
（1852﹣﹣1929）《國語韋解補正》則作「謀」並加案云：「『謀』即『諜』字。」
〔註116〕《玉函山房輯佚書續編》「浴」誤作「洛」，胡吉宣《玉篇校釋》誤
「浴」作「落」。今傳《國語》各本字作「骿」不作「駢」。《左傳‧僖公二
十三年》：「及曹，曹共公聞其駢脅，欲觀其裸。浴，薄而觀之。」徐氏作「駢」
當自《左傳》。《舊音》云：「骿脅，諸本多作『軿』。《廣雅》云：『脅榦，謂
之肋，通稱謂之脅』。」《補音》云：「諸本及《內傳》並云『骿脅』，罕作『脅
骿』者，《內傳》又用此『駢』字。善本無從車之『軿』，惟此語從『骨』，
古字並通。」《補音》又云：「庠家舊藏此書，亦參差不一。天聖初有人同年
生緘假庠此書，最有條例。因取官私所藏，凡十五六本，校緘之書。其間雖
或魯魚，而緘本大體爲詳。」〔註117〕則「脅骿」本或緘本所有。「脅骿」是
主謂結構，說明的是一種狀態；「骿脅」是定中結構，說明一種性質，表示
當時人們已經把「骿脅」作爲一種經常現象。先秦兩漢傳世文獻中祇有《國

〔註113〕〔漢〕許慎：《說文解字》，北京：中華書局1963年影陳昌治覆刻平津館本，
　　　　　第95頁上。
〔註114〕〔清〕汪遠孫：《國語明道本攷異》，北京：商務印書館1959年版《國語》後
　　　　　附，第305頁。
〔註115〕〔清〕李慈銘撰、王利器輯纂：《越縵堂讀書簡端記》，天津：天津人民出版
　　　　　社1980年版，第29頁。
〔註116〕〔清〕吳曾祺：《國語韋解補正》，上海：商務印書館1915年版，本卷頁3。
〔註117〕〔宋〕宋庠：《國語補音》，北京：國家圖書館出版社2006年影宋刻宋元遞修
　　　　　本，敍錄第4頁、卷二第19頁。

語》、《呂氏春秋》、《列女傳》有用「骿脅」，皆述重耳之事。又鄭良樹云：「《淮
南子・人間篇》『駢脅』作『骿脇』，《論衡・骨相篇》作『仳脇』，《講瑞篇》
作『骿脅』，《金樓子》作『胼脅』；事又見左傳公二十三年《傳》、《呂氏春
秋・上德篇》、《淮南子・道應篇》、《史記・晉世家》及《列女傳》。《史記・
商君列傳》曰：『趙良曰：君之出也，後車十數，從車載甲，多力而駢脅者
為驂乘。』葢多力者肋間皆駢脅耳。《論衡・骨相篇》及〈講瑞篇〉並云：『張
儀仳脇。』宋孫奕《示兒篇》十七亦云：『晉文駢脇，張儀亦駢脇。』亦古
之駢脅者。」〔註118〕《漢語大詞典》收錄「駢脅」、「骿脅」二詞條，「骿脅」
詞條引《國語》韋注云：「骿，并幹。」《說文解字・馬部》：「駢，駕二馬也。」
段注云：「駢之引申，凡二物并曰駢。」《說文・骨部》：「骿，并脅也。」段
注云：「《左傳》、《史記》作駢，《國語》、《吳都賦》作骿，《論衡》作仳。駢、
仳假借字。」〔註119〕《左傳》杜預注云：「駢脅，合幹。」孔疏云：「脅是
腋下之名。其骨謂之肋，幹是肋之別名，駢訓比也。骨相比迫，若一骨然。」
〔註120〕《集韻・先韻》：「骿，或作駢。」〔註121〕另《百家類纂》本「脅」
作「脇」，陸德明《經典釋文》云：「脅，本又作脇。」〔註122〕《集韻・業
韻》亦云：「脅，或書作脇。」〔註123〕「骿」者言身體骨骼之正字，「駢」、
「軿」者言車馬之正字，語源可歸一，至於孰先孰後，則未可遽斷。韋注：
「微，蔽也。薄，迫也。」黃模《國語補韋》、吳曾祺《國語韋解補正》、徐
元誥《國語集解》並引《釋文》云：「薄，簾也。」〔註124〕沈鎔《國語詳注》
徑作：「薄，簾也。」〔註125〕朱駿聲《說文通訓定聲》云：「『微薄』連讀，
猶竹簾也。」〔註126〕洪亮吉（1746〜1809）《春秋左傳詁》曰：「韋昭訓義

〔註118〕鄭良樹：〈國語校證〉（中），《幼獅學誌》第 8 卷第 1 期，第 14 頁。
〔註119〕〔清〕段玉裁：《說文解字注》，上海古籍出版社 1981 年影經韻樓本，第 165
　　　　頁上、第 465 頁上。
〔註120〕〔清〕阮元校刻：《十三經注疏》，北京：中華書局 1980 年版，第 1815 頁。
〔註121〕〔宋〕丁度等：《集韻》，上海：上海古籍出版社 1985 年影述古堂本，第 159
　　　　頁。
〔註122〕〔唐〕陸德明：《經典釋文》，北京：中華書局 1981 年影通志堂經解本，第
　　　　80 頁上。
〔註123〕〔宋〕丁度等：《集韻》，同上，第 784 頁。
〔註124〕徐元誥著，王樹民、沈長雲點校：《國語集解》（修訂版），北京：中華書局
　　　　2006，第 327 頁。
〔註125〕沈鎔：《國語詳注》，上海：文明書局 1926 年版，本卷第 3 頁。
〔註126〕〔清〕朱駿聲：《說文通訓定聲》，武漢市古籍書店 1983 年影臨嘯閣本，第

較迂曲。《釋文》引《國語》云：『薄，簾也。』當係賈逵注，《國語》下脫『注』字耳。高誘《淮南王書》注云：『使袓而捕魚，設薄而觀之』，義亦同。」〔註127〕「當係賈逵注」者亦洪氏推測，並無實據，汪遠孫《三君注輯存》逕作「《國語》曰」不言誰氏。今上古本仍從韋注。實際韋訓「薄」為「迫」，「迫」即「近」義，亦通。孔穎達（574～648）疏云：「薄者，逼近之義。」張以仁云：「《補音》云：『《內傳》釋文訓迫，又引《國語》云：薄，簾也。今按韋注訓迫，無簾薄之說。恐是賈、唐所注。』查《左傳》杜注訓薄為迫，非《釋文》，《補音》失檢。朱駿聲《春秋左傳識小錄》云：『按薄，帷薄也，如今之簿。〈晉語〉設微薄而觀之可證。』然若訓帷薄，難以見無禮之義。似訓迫於義為長。」〔註128〕然就整個句子而言，訓簾似更近之，就「設微薄而觀之」而言，「設」、「觀」作謂語動詞，「微薄」為名詞作「設」的賓語，於義恰切。若訓作「迫」，則「薄」字作狀語，此等句式少見。陳偉云：「設簾以蔽己身，故云設微薄。」〔註129〕《繫傳》引作「簿」者，即是以之為名詞耳。

12．品部——品，眾庶也。從三口。凡品之屬皆從品。臣鍇按：《國語》曰：「天子千品萬官。」（卷四，第 40 頁）

【按】本條出〈楚語下〉，新安江氏藏版本、四庫本、祁刻本同，辨見本篇第 63 條。

13．言部——諏，聚謀也，從言取聲。臣鍇按：《詩》曰：「周爰諮諏。」又按：《國語》：胥臣曰：「文王詢於八虞而咨於二虢，慶於閎夭而謀於南宮，諏於蔡原而訪於辛尹。」雖一時之文辭有所互出，然大略亦盡如前解。煎吁反。（卷五，第 44 頁）

【按】本條出〈晉語四〉，祁刻本已改「慶」作「度」，因形近而譌，金李本、閔《裁注》本字形即作「度」，與「慶」近似。「諮諏」之「諮」，《繫傳校勘記》云：「今《詩》作『咨』。」〔註130〕「咨於」、「度於」、「謀於」、「諏

755 頁上。

〔註127〕〔清〕洪亮吉：李解民點校：《春秋左傳詁》，北京：中華書局 1987 年版，第 311 頁。

〔註128〕張以仁：《國語斠證》，臺北：臺灣商務印書館 1969 年版，第 234 頁。

〔註129〕〔清〕陳偉：《愚慮錄》卷一，上海古籍出版社 2002 年輯印《續修四庫全書》第 1165 冊影光緒二十二年耐安類稿本，第 687 頁下。

〔註130〕見載於丁福保編《說文解字詁林》，北京：中華書局 1988 年版，第 2931 頁。

於」、「訪於」之「於」，祁刻本作「于」。黃刊明道本文作：「文王……詢于八虞，而咨於『二虢』，度於閎夭而謀於南宮，諏於蔡、原而訪於辛、尹。」崇文本、會文堂本、錦章書局本、《國語韋解補正》、上古本、鮑校本同。遞修本、金李本、《四庫薈要》本「咨於」作「咨于」，張一鯤本、閔《裁注》本、《國語評苑》、秦鼎本「諮」作「咨」，張一鯤本、《國語評苑》、秦鼎本「訪」、「諏」、「謀」後字作「于」，《四庫薈要》本「詢」、「咨」後字作「于」，《國語正義》、《國語集解》字皆作「於」。「諮」、「咨」異體字，鄭良樹云：「《玉海》引『諮』亦作『咨』。」〔註131〕韋注云：「詢，謀也。」「諮，謀也。」「度，亦謀也。」「諏、訪，皆謀也。」「詢」、「咨」、「度」、「謀」、「諏」、「訪」皆同義詞。明人顧大韶《炳燭齋隨筆》云：「〈晉語〉『詢于八虞』賈逵云：『八虞，周八士，皆爲虞官。』或云：『八士皆南宮氏。』〈晉語〉『八虞』之下別云『謀于南宮』，則『八虞』非『八氏』。」〔註132〕楊寬云：「賈、唐之說不確。『咨於二虢』即然指文王之弟虢仲、虢叔，爲文王之同一輩，『詢於八虞』必然指文王之長一輩，當爲虞之八兄弟。若爲『八士皆在虞官』者，豈能列於二虢之上？」〔註133〕是賈、韋等以虞爲職官而楊氏以虞爲部族，皆可備一說，未可遽言是非者。

14．言部——諓，善言也。从言戔聲。一曰謔也。臣鍇按：《國語》范蠡曰：「吾安知是諓諓者乎？」（卷五，第45頁）

【按】本條出〈越語下〉，新安江氏藏版本、四庫本同，詳見《《原本玉篇殘卷》引《國語》斠證》第2條。

15．言部——誶，讓也，從言卒聲。《國語》曰：「誶申胥。」臣鍇按：《國語》曰：吳王還自伐齊，乃誶申胥，胥自殺也。星醉反。（卷五，第48頁）

【按】本條出〈吳語〉，平津館本《說文》「誶」作「誶」，瀚堂典藏所收新安江氏藏版本、祁刻本、四庫本改作「誶」，《類篇》引亦作「誶」，《說文詁林》引《校議》云：「今《吳語》作『訊』。」又引《校議議》云：「疑

〔註131〕鄭良樹：〈國語校證〉（中），《幼獅學誌》第8卷第1期，第17頁。
〔註132〕〔明〕顧大韶：《炳燭齋隨筆》，《續修四庫全書》第1133冊，第26頁上。
〔註133〕楊寬：《西周史》，上海：上海人民出版社2003年版，第615頁注。

此亦校者依篆改。」〔註 134〕《龍龕手鑑・言部》：「誶，俗，音信。」《字彙補・言部》：「誶，音信，義未詳。」徐鍇節略其事而言之。黃刊明道本作「誶」，「誶」即「誶」之俗字。〔註 135〕遞修本、金李本、張一鯤本、閔《裁注》本、穆文熙《國語評苑》、《四庫薈要》本、董增齡《國語正義》、綠蔭堂本、秦鼎本、吳曾祺《國語韋解補正》、沈鎔《國語詳註》、上古本俱作「訊」，《繹史》卷九六下、《左傳紀事本末》卷五一、《尚史》卷六三、《經濟類編》卷二一引俱作「訊」，《太平御覽》卷八二三引則作「誶」。汪遠孫《攷異》云：「案『訊』當作『誶』。字之誤也。《說文・言部》：『誶，讓也。《國語》曰：誶申胥。』《太平御覽・資產部》三引此亦作『誶』。」〔註 136〕則黃「誶」實即「誶」字，鮑校本亦誤作「訊」字，或《國語》各本「訊」字實「誶」字之誤。段注云：「今《國語》、《毛詩》、《爾雅》及他書『誶』皆譌『訊』，皆由轉寫形近而誤。」又段《詩經小學》云：「『誶』、『訊』義別，『誶』多譌作『訊』，如《爾雅》『誶告也』《釋文》云：『本作訊，音信。』《說文》引《國語》作『誶』，今《國語》作『訊』。《詩》『歌以誶止，誶予不顧』《傳》：『誶，告也，莫肯用誶。』《箋》：『誶，告也。』正用《釋詁》文而《釋文》誤作『訊』以音信為正，賴王逸《離騷注》及《廣韻》所引，可正其誤耳。」〔註 137〕土叔岷（1914～2008）亦以為「『訊』乃『誶』之形誤」，張以仁引陸心源（1834～1894）〈訊、誶互譌考〉云：「考凡聲、卒聲，古音絕遠，惟形相似。蓋形之譌，非聲之通也。」〔註 138〕與錢說同。張氏亦以為「說為形誤，較少問題」。「王引之、胡承珙則謂『訊』、『誶』二字聲近義同，非關譌誤。」〔註 139〕黃侃云：「『訊』亦『誶』之借。」〔註 140〕吳承仕（1884～

〔註 134〕見載於丁福保編《說文解字詁林》，北京：中華書局 1988 年版，第 3129 頁。

〔註 135〕陳瑑《國語翼解》引錢大昕云：「誶告、訊問，兩字形聲俱別，無可通之理。六朝人多習草書，以『卒』為『卆』，遂與『卂』相似。」曾良也認為，「誶」字既是「誶」的俗寫形式又是「訊」的俗寫形式，「一字兼表二詞，在古籍中到底是哪一個詞，必須依具體上下文而定。」（曾良《俗字與古籍文字通例研究》，南昌：百花洲文藝出版社 2006 年版，第 61 頁）此處語義環境即「誶告」義。另曾書第四章「古籍文字相通、相混述例」第四部分『誶』、『訊』相混例」論述頗詳，可以參看，見該書第 61～64 頁。

〔註 136〕〔清〕汪遠孫：《國語明道本攷異》，北京：商務印書館 1959 年版《國語》後附，第 335 頁。

〔註 137〕〔清〕段玉裁：《詩經小學》卷一，《皇清經解》卷六三三，本卷第 23 頁。

〔註 138〕張以仁：《國語斠證》，臺北：臺灣商務印書館 1969 年版，第 324 頁。

〔註 139〕吳承仕：《經籍舊音辯證》卷一，氏著《經籍舊音序錄・經籍舊音辯證》，北京：中華書局 1986 年版，第 98 頁。

1939）云：「誶屬隊部，訊屬眞部，隊、眞對轉，其例甚多，故二文得相通假。」〔註 141〕《國語》今注中唯黃永堂《國語全譯》因《攷異》定「訊」爲「誶」之譌，趙望秦等《白話國語》、尚學峰等譯注《國語》從之。

16．革部——韇，革繡也，從革貴聲。臣鍇按：《國語》齊罰輕罪者，韇盾一戟。謂繡革爲盾。《唐史》，戎狄婦人或能刺韋爲繡也。求位反。（卷六，第 52 頁）

　　【按】本條出〈齊語〉，祁刻本改「繡」作「繡」，異體字。今傳《國語》各本文作：「制重罪贖以犀甲一戟，輕罪贖以韇盾一戟。」韋注：「戟，車戟也，秘長丈六尺。」本爲名詞，此處之「戟」爲量詞。《國語·吳語》中出現了「水犀之甲」，當即此處的「犀甲」。根據出土文物，先秦的盾大都是表面蒙上皮革之類，「韇」當是蒙盾面的一種革，遜於犀。因爲盾的形制都有一定規格，故而盾面用多大尺寸的皮革來蒙也是有一定規格的，如同今人做衣服，往往說用布多少尺之類。古人車戰，戟的長度具有一定規則，故而用「戟」來做長度單位，如清代民國時期，土地丈量用「大竿」作爲長度單位一樣，另如「一箭之地」也是用習見的一箭射出去的距離作爲長度的量度單位。《管子·中匡》：「死罪以犀甲一戟，刑罰以脅盾一戟。」蕭旭《國語校補》據郭沫若《管子集校》、黎翔鳳《管子校注》引《管子》云：「制重罪入以兵甲犀脅二戟，輕罪入蘭盾鞈革二戟。」「制重罪贖以犀甲一戟，輕罪贖以韇盾一戟。」並引尹知章注云：「蘭即所謂蘭錡，兵架也。」注云：「脅盾也，既出盾又令出一戟也。」〔註 142〕是以「戟」爲名詞，不確。韋注云：「韇盾，綴革有文如繡。」《廣韻·至韻》：「韇，盾綴革也。」〔註 143〕《漢語大詞典》收錄「韇盾」釋之爲：「有紋的皮革製成的盾。」並用韋注。許慎、徐鍇解釋也與韋注相近。

17．鳥部——鷟，鸑鷟，鳳屬，神鳥也，從鳥獄聲。《春秋國語》曰：「周之興也，鸑鷟鳴於岐山。」江中有鸑鷟，似鳧而大，赤目。逆捉反。（卷七，第 71 頁）

〔註 140〕黃侃：《黃侃手批爾雅義疏》，北京：中華書局 2006 年版，第 97 頁。

〔註 141〕吳承仕：《經籍舊音辯證》卷一，同上。

〔註 142〕蕭旭：〈國語校補〉，見載於氏著《群書校補》，揚州：廣陵書社 2011 年版，第 126 頁。

〔註 143〕〔宋〕陳彭年等：《宋本廣韻》，北京：中國書店 1982 年影張氏澤存堂本，第 331 頁。

　　【按】本條出〈周語上〉，祁刻本同。此是徐鍇轉引自《說文》者。《一切經音義》、《類篇》並引用。韋注：「三君云：鷽鷟，鳳之別名也。《詩》云：『鳳皇鳴矣，于彼高岡。』其在岐山之脊乎？」《漢語大詞典》引《新編分門古今類事・夢兆門中》云：「鳳鳥有五色赤文章者，鳳也；青者，鷽也；黃者，鵷鶵也；紫者，鷽鷟也。」又引明李時珍（1518～1593）《本草綱目・禽一・鸀鳿》云：「又江中有鷽鷟，似鳧而大，赤目。據此則鸀鳿乃鷽鷟聲轉。蓋此鳥有文彩如鳳毛，故得同名耳。」〔註144〕則《繫傳》所言「江中有鷽鷟，似鳧而大，赤目」當為「鸀鳿」，與《國語》「鷽鷟」不同，段注云：「此言江中鷽鷟，別是一物，非神鳥。或許所記，或後人所增，不可定也。〈上林賦〉『屬玉』，〈吳都賦〉作『鸀鳿』，郭璞曰：『屬玉，似鴨而大，長頸赤目，紫紺色。』劉逵曰：『如鶩而大，長頸赤目，其毛辟水毒。』陳藏器曰：『鸀鳿主治沙蝨、短弧、蝦鬚等病，能唼病人身，出含沙躰人之沙箭。如鴨而大，眼赤觜斑。』《玄中記》曰：『水弧者，其形蟲也，其氣乃鬼也，鴛鴦、鷽鷟、蟾蜍好食之。』合是四說，知鷽鷟即鸀鳿。云似鴨眼赤者，亦正與許合。」〔註145〕吳承仕然段說並云：「李奇『屬玉即鷽鷟』一語，『鷽鷟』應作『鷟鷽』，傳寫誤耳。鷟、屬聲近，鷽、玉聲同。……鷽鷟、屬玉諸名本以疊韻成義，隨意呼之，不嫌倒置。」〔註146〕「於」，遞修本、金李本、閔本、穆文熙《國語評苑》、陳瑑、董本、黃刊明道本字並同，述古堂影宋鈔本《集韻》引《國語》亦作「於」。張以仁謂《廣韻・四覺》、《御覽》一六四、九一五引皆作「于」，言是。

18・月部——膄嘉，善肉也。從肉柔聲。臣鍇按：《國語》舅犯曰：「毋亦柔嘉是食，犯肉胜臊之也。安可食？」然尤反。（卷八，第80頁）

　　【按】本條出〈晉語四〉，祁刻本同，四庫本「曰」誤作「四」。今傳《國語》各本文作：「公子無亦晉之柔嘉，是以甘食。偃之肉腥臊，將焉用之？」

〔註144〕羅竹風主編：《漢語大詞典》第 12 卷，上海：漢語大詞典出版社 1997 年版，第 1127 頁。

〔註145〕〔清〕段玉裁：《說文解字注》，上海古籍出版社 1981 年影經韻樓本，第 148 頁下。

〔註146〕吳承仕：《經籍舊音辯證》卷五「漢書顏師古注」，北京：中華書局 1986 年版，第 201 頁。

黃丕烈《札記》云：「前〈周語中〉云：『無亦擇其柔嘉。』字亦不從『月』。」
〔註147〕汪憲《說文繫傳攷異》云：「傳引《國語》『犯肉胜臊之也』，『之也』
二字衍，今《國語》無。」〔註148〕《說文‧肉部》：「胜，犬膏臭也。」「腥，
星見食豕，令肉中生小息肉也。」〔註149〕則「腥」字實豬肉縧蟲之名。段
注云：「《論語》：『君賜腥，必孰而薦之。』字當作『胜』，今經典膏胜、胜
肉字通用腥爲之而胜廢矣，而腥之本義廢矣。」〔註150〕是《國語》字本當
作「胜」，後世傳刻習用「腥」字。〈周語上〉與〈晉語四〉章注俱作：「柔，
脆也。嘉，美也。」今《國語》各譯註本並依韋注釋「柔」爲「柔脆」、「脆
美」。《漢語大詞典》收錄「柔嘉」詞條因韋注釋之爲「美味、美食」。「柔
嘉」與「腥臊」對舉，則「柔嘉」確實是美味，「根據《詩經》和《國語》
的用語，知道『脺嘉』是古人常用的話，意思是善和美。據此推知《說文》
訓『脺，嘉善肉也。』當爲『脺，脺嘉，善肉也。』『脺』訓『脺嘉，善肉
也』就是指肥美的好肉。」〔註151〕李莉莉亦釋之爲「肥美的肉」並云「柔」
是「肉中柔軟易斷」，〔註152〕實際上並沒有解決韋何以釋「柔」爲「脆」而
有肥美之義。按「柔脆」，先秦傳世文獻中已經見用，《老子》第七十六章：
「人生之柔弱，其死堅強。萬物草木生之柔脆，其死枯槁。故堅強者死之徒，
柔弱者生之徒。是以兵強則不勝，木強則共。故堅強處下，柔弱處上。」《廣
雅‧釋詁》云：「脆，弱也。」「柔，弱也。」《詩‧小雅‧采薇》「薇亦柔止」
毛《傳》云：「柔，始生也。」〔註153〕「柔脆」實際上具有初生的意義蘊涵，
即「嫩」，肉柔嫩者是肉中之佳者。又戎輝兵引馬瑞辰（1782～1853）《毛詩
傳箋通釋》並云：「《說文》：『脺嘉善肉也。』此連篆文讀之，云脺嘉者，善
肉也。《內則》『柔其肉』，《國語》『無亦擇其柔嘉』，『無亦晉之柔嘉』，並同

〔註147〕〔清〕黃丕烈：《校刊明道本韋氏解國語札記》，北京：商務印書館1959年版
　　　　《國語》後附，第254頁。
〔註148〕〔清〕汪憲：《說文繫傳攷異》卷二，本卷頁3，文淵閣四庫本。
〔註149〕〔漢〕許慎：《說文解字》，北京：中華書局1963年影陳昌治覆刻平津館本，
　　　　第89頁下。
〔註150〕〔清〕段玉裁：《說文解字注》，上海古籍出版社1981年影經韻樓本，第175
　　　　頁下。
〔註151〕林銀生等編著：《上古烹食字典》，北京：中國商業出版社1993年版，第603
　　　　頁。
〔註152〕李莉莉：〈「柔嘉」新證〉，《綏化學院學報》2007年第5期。
〔註153〕〔清〕阮元校刻：《十三經注疏》，北京：中華書局1980年版，第413頁中。

義。肉之善者曰腬嘉，出話、威儀之善亦得謂之柔嘉。柔、嘉皆善也。《說文》：『犪，牛柔謹也。』《廣雅》：『犪，善也。』柔與犪亦聲近義同，故《史記・夏本紀》『犪而毅』，《集解》引徐廣《音義》曰：『犪一作柔。』皆柔當訓善之證。《箋》訓爲安，據〈晉語〉『君父所安也』，韋注『安猶善也』，則安與善同義。」並云：「『柔嘉』與下文之『令』相對，鄭箋：『令，善也。』故『柔嘉』皆亦當訓『善』。《呂氏春秋・審應覽・精諭》：『夫祈福於三塗，而受禮於天子，此柔嘉之事也。』『柔嘉』同義皆訓『善』甚明。」〔註154〕言甚是。

19・耒部——耤，帝耤千畝也。古者使民如借，故謂之耤，從耒昔聲。臣鍇曰：謂天子親耕籍田以供祭祀。《國語》曰：「宣王不耤于千畝。」《春秋左傳》曰：「千畝之戰，即周王所耕也。」名禮月令曰：「藏帝耤於禪倉。」疾辟反。（卷八，第84頁）

【按】本條出〈周語上〉，祁刻本改「籍」作「耤」，爲統一本字頭體例計。黃刊明道本文作：「宣王即位，不籍千畝。」崇文本、會文堂本、錦章書局本、《百家類纂》本、《國語正義》、《國語韋解補正》、《國語集解》、《國語詳注》、《國學基本叢書》本、《叢書集成初編》本與明道本同，《尚史》卷二六、《文獻通考》卷七、卷八七、《藝文類聚》卷三九、《太平御覽》卷五三七、《經濟類編》卷四一、《記纂淵海》卷七七引作「籍」。《百家類纂》本「畝」作「畞」。遞修本、《國語補音》、金李本、張一鯤本、閔《裁注》本、《國語評苑》、秦鼎本、綠蔭堂本作「藉」，《禮書綱目》卷六一、卷六二、《繹史》卷二七、《陝西通志》卷六〇、《潛邱箚記》卷二、《冊府元龜》卷一一五、卷三二五、《淵鑑類函》卷一五七、《文章正宗》卷四、《文章辨體彙選》卷五二、《古文淵鑒》卷五引亦俱作「藉」，又鄭良樹云：「《禮記・月令》疏、《事類賦》注、《北堂書鈔》九一、《初學記》十四、《白孔六帖》三六引『籍』咸作『藉』，《定本》亦作『藉』。《禮記・祭義》：『昔者天子爲藉千畝。』鄭注：『藉，藉田也。』左宣十五年《傳》：『穀出不過藉。』杜注：『借民力而治之。』字亦並作『藉』，藉與籍，並耤之借字也。《北堂書鈔》引此有賈注『天子躬耕藉田，民助力也；藉田，千畝也』十五字。」〔註155〕段注引鄭注《周禮》、《詩

〔註154〕戎輝兵：《國語集解》訂補，南京師範大學2007屆博士學位論文。
〔註155〕鄭良樹：〈國語校證〉（上），《幼獅學誌》第7卷第4期，第6頁。

序》云:「藉之言借也。借民力治之,故謂之藉田。」﹝註156﹞明道本韋注云:
「籍,借也,借民力以爲之。」又胡紹煐(1792～1860)引《後漢書・律曆
志》注引薛綜〈二京賦〉注曰:「爲天神借民力於此田,故名帝藉。」﹝註157﹞
是「籍」、「藉」用同,從「艹」從「竹」在於「艹」、「竹」每互混用。《說文・
耒部》:「耤,帝耤千畝也。古者使民如借,故謂之藉。」﹝註158﹞韋注與鄭注、
《說文》同。宋庠《補音》云:「今經典通作藉。」﹝註159﹞汪遠孫《攷異》云:
「《補音》『籍』作『藉』。案『籍』、『藉』錯出,《說文》作『耤』,當以『耤』
爲正字。」﹝註160﹞張以仁從汪說。〈令鼎〉:「王大耤農于諆田。」是字本作「耤」
﹝註161﹞,金文字形爲「 」、「 」、「 」,徐中舒(1898～1991)云:「像
人側立推耒,舉足刺地之形。」﹝註162﹞陳戌國《中國禮制史》(先秦卷)即作
「耤田禮」﹝註163﹞,字即作「耤」,金景芳(1902～2001)和沈文倬(1917
～2009)都認爲「耤」是集體耕作之義﹝註164﹞。楊寬(1914～2005)《西周史》
則用「籍」字,「籍」、「藉」當爲「耤」之後起字,非借字,錢玄同(1887～
1939)記章太炎(1869～1936)講《說文》云:「《說文》無借字,藉手=借

﹝註156﹞〔清〕段玉裁:《說文解字注》,上海古籍出版社1981年影經韻樓本,第175
頁下。

﹝註157﹞〔清〕胡紹煐:《文選箋證》卷三,蔣立甫點校,合肥:黃山書社2007年版,
第99頁。

﹝註158﹞〔漢〕許慎:《說文解字》,北京:中華書局1963年影陳昌治覆刻平津館本,
第93頁下。

﹝註159﹞〔宋〕宋庠:《國語補音》卷一,北京:國家圖書館出版社2006年影宋刻宋
元遞修本,本卷頁9。

﹝註160﹞〔清〕汪遠孫:《國語明道本攷異》,北京:商務印書館1959年版《國語》後
附,第269頁。

﹝註161﹞白冰云:「『耤』爲金文寫法,後作『籍』、『藉』。」見氏著《青銅器銘文研
究——白川靜金文學著作的成就與疏失》,上海:學林出版社2007,第147
頁。

﹝註162﹞《古文字詁林》第4冊引《金文編》,上海:上海教育出版社2004年版,第
593頁、594頁。

﹝註163﹞陳戌國:《中國禮制史》(先秦卷),長沙:湖南教育出版社2002年版,第292、
第293頁。

﹝註164﹞金景芳云:「藉之得名,當取於集體勞作。」(金著《論井田制度》,濟南:齊
魯書社1982年版,第54頁。)沈文倬云:「把大批奴隸趕到大面積的公田上
或私田上迫使其從事農業勞動,在卜辭裏叫作 (《後》下28.16)……余永
梁和郭沫若同志隸定爲耤,是也。」(沈著《宗周禮樂文明考論》,杭州:浙
江大學出版社1999年版,第556頁。)

手，耤田＝借田，古藉、耤通用。」〔註165〕張一鯤本、《國語評苑》、秦鼎本「畂」作「畝」。「畂」與「畝」實一字，《說文·田部》：「六尺爲步，步百爲畮。畮，畮或从十久。」〔註166〕段注：「十者，阡陌之制。久，聲也。每、久古音皆在一部。」〔註167〕「畂」爲俗字，《字彙》、《敦煌俗字典》等並見錄。

20·竹部——籚，積竹矛戟矜也，從竹盧聲。《春秋國語》：「朱儒扶盧。」論孤反。（卷九，第87頁）

【按】本條出〈晉語四〉，新安江氏藏版本、四庫本引《國語》與配補本同，「矜」作「拎」，祁刻本改「盧」作「籚」。「拎」當爲「矜」之誤，《繫傳校勘記》云：「拎，大徐作矜。」〔註168〕《校勘記》實未見宋本《繫傳》也。《繫傳》此例轉引自《說文》，平津館本《說文》「盧」即作「籚」，祁刻木或據《說文》改。《說文詁林》引《校議》云：「〈晉語〉作『侏儒扶盧』，疑此『籚』字亦校者依篆改。」又引《繫傳校勘記》云：「『朱儒』，今作『侏儒』；『扶籚』今作『扶盧』。」〔註169〕黃刊明道本作：「侏儒扶盧。」遞修本、金李本、張一鯤本、閔《裁注》本、《四庫薈要》本、《國語評苑》、《國語正義》、秦鼎本、綠蔭堂本並同。《國語補音》作「侏儒」並云：「《內傳》作『朱』。」〔註170〕王筠《說文句讀》云：「〈晉語〉作『侏儒扶盧』，《考工記》注引作『侏儒扶盧』，朱鈔汪刻皆作『盧』，與今《國語》合，或許君引之以明省借乎？」〔註171〕《禮部韻略·模韻》引《國語》「侏儒扶盧」並云：「亦與『籚』同。」〔註172〕《洪武正韻·盧韻》與《禮部韻略》同。又《國語》本句下文云：「童昏、囂瘖、僬僥，官師之所不材也。」韋注：「僬僥，長三尺，不能舉動。」

〔註165〕章太炎講，錢玄同、朱希祖、周樹人記錄：《章太炎說文解字講授筆記》，北京，中華書局2010年版，第48頁。

〔註166〕〔漢〕許慎：《說文解字》，北京：中華書局1963年影陳昌治覆刻平津館本，第290頁下。

〔註167〕〔清〕段玉裁：《說文解字注》，上海古籍出版社1981影經韻樓本，第696頁上。

〔註168〕見載於丁福保編《說文解字詁林》，北京：中華書局1988年版，第4897頁。

〔註169〕同上。

〔註170〕〔宋〕宋庠：《國語補音》卷二，北京：國家圖書館出版社2006年影宋刻宋元遞修本，本卷第23頁。

〔註171〕王筠：《說文句讀》卷九，北京：中國書店1983年影尊經書局刊本，本卷第10頁。

〔註172〕〔宋〕毛晃增注、毛居正重訂：《增修互注禮部韻略》，臺北：臺灣商務印書館1986年《景印文淵閣四庫全書》第237冊，第363頁下。

《山海經‧海外南經》「周饒國在其東，其爲人短小，冠帶。一曰焦僥國在三首東」袁珂（1916～2001）注云：「『周饒』、『焦僥』，並『侏儒』之聲轉。」〔註173〕然《國語》下謂之爲「八疾」，則「焦僥」與「侏儒」亦必不同，〈魯語下〉云：「僬僥氏長三尺，短之至也。」則是「焦僥」具有明確的身高尺度而侏儒無之，翁獨健（1906～1986）主編之《中國民族關係史綱要》云：「有人認爲（僬僥）是指南洋地區的小黑人。但若結合《後漢書》記載：僬僥在『永昌徼外』，即今雲南西南部瀾滄江和怒江流域，很可能是南亞語系孟高棉語族佤德語支的先民。」〔註174〕要之，其與「侏儒」不同則明甚。《一切經音義》卷五八「侏儒」注引《通俗文》云：「侏儒曰矬，謂極短人也。」〔註175〕《辭通》、《新編連綿詞典》並收。鄙意以爲「侏儒」非連綿詞，是偏義復合詞。《廣雅‧釋詁二》「侏儒，短也。」〔註176〕《故訓匯纂》引《廣雅‧釋詁二》云：「儒，短也。」〔註177〕引脫「侏」字。今以聲符爲「需」者做一個考察：（1）臑，《楚辭‧招魂》「臑若芳些」洪興祖（1090～1155）《補注》引一曰云：「臑，嫩奠貌。」《廣韻‧虞韻》云：「臑，嫩奠兒。」《荀子‧臣道》「臑而動」楊注：「臑，微動也，與〈勸學篇〉蝡同。」（2）蠕，「蝡」即「蠕」。《集韻‧虞韻》：「蠕，蟲行兒。」《荀子‧勸學》「蠕而動」楊注：「蠕，微動也。」又用爲「蠕蠕」，《素問‧三部九侯論》「蠕蠕然者不病」張志聰（1616～1674）《集注》並李賀（790～816）〈感諷〉「吳蠶始蠕蠕」王琦（1696～1774）注皆云：「蠕蠕，微動貌。」（3）襦，《說文‧衣部》：「襦，短衣也。」《急就篇》卷二「袍襦表裏曲領帬」顏師古注云：「短衣曰襦，自膝以上。」（4）擩，《說文‧手部》：「擩，染也。」段注云：「如染繪爲色也。」則動作比較輕微。《集韻‧薛韻》：「擩，捫也。」《儀禮‧士虞禮》：「尸取奠左執之，取菹擩于醢。」又：「尸左執爵，右取肝擩鹽。」又《特牲饋食禮》：「尸左執觶，右取菹擩于醢。」（5）孺，《說文‧子部》：「孺，乳子也。」《玉篇‧子部》：「孺，稚也，少也，乳子也。」《漢書‧張良傳》「孺子下取履」顏師古注：「孺，幼也。」《釋名》卷二：「兒始能行曰孺。孺，濡也，言濡弱也。」民國學者王

〔註173〕袁珂：《山海經校注》，成都：巴蜀書社1992年版，第243頁。

〔註174〕翁獨健主編：《中國民族關係史綱要》，北京：中國社會科學出版社2001年版，第79頁。

〔註175〕〔唐〕慧琳：《一切經音義》，上海：上海古籍出版社1983年版《正續一切經音義》，第2333頁。

〔註176〕徐復主編：《廣雅詁林》，南京：江蘇古籍出版社1992年版，第177頁下。

〔註177〕宗福邦等主編：《經籍籑詁》，北京：商務印書館2003年版，第166頁a欄。

廣慶（1889～1974）《河洛方言詮詁》云：「河洛謂人巽懦不任事曰『弱』，如謂女子或幼兒見人較避不敢言語曰『弱裏很』。」此可證《釋名》之說。（6）儒，《說文・人部》：「儒，柔也。」《廣韻・虞部》：「儒，柔也。」（7）麛，《廣韻・虞部》：「麛，鹿子也。」王念孫《廣雅疏證》云：「麛之言偄也，亦弱小之稱。」（8）懦，《說文・心部》：「懦，駑弱者也。」這幾個詞的共同意義蘊涵是「微」、「小」、「短」、「弱」，則「儒」的屬性義素也應該和上述幾個詞的屬性義素一致。當然這和「需」字本身的意義有關。《說文・雨部》：「需，𩓣也，遇雨不進止𩓣也。」徐鍇《繫傳》云：「遲疑𩓣待也。」〔註178〕「遲疑」亦非剛猛之貌也，《故訓匯纂》收「需」字四個讀音，其他三個讀音的訓詁亦與柔弱等義相近。因「需」從「而」得聲，王念孫更進一步云：「凡字之從而聲、耎聲、需聲者，聲皆相近。小栗謂之栭，小魚謂之鮞，小雞謂之雛，小兔謂之㕙，小鹿謂之麛。」〔註179〕又章太炎《新方言・釋言二》云：「《說文》：豎，豎立也。凡人初能立者謂之童豎，豎有短義。故《方言》H：襜褕，短者謂之裋褕。豎猶裋也。……在人則曰侏儒，亦曰焦僥、周饒。緯書言冠短周。周、朱聲通。……短人淺小，童子蒙昏，故罵人昏愚謂之豎儒。《漢書・張良

〔註178〕分別見〔漢〕許慎：《說文解字》，北京：中華書局1963年影陳昌治覆刻本，第172頁上、第254頁下、第310頁下、第162頁上、第220頁上、第242頁上。〔宋〕洪興祖撰、白化文等點校：《楚辭補注》，北京：中華書局2006年版，第207頁。〔宋〕陳彭年等：《宋本廣韻》，北京：中國書店1982年影張氏澤存堂本，第55頁。〔清〕王先謙：《荀子集解》，北京：中華書局1988年沈嘯寰、王星賢點校本，第256頁、第12頁。〔宋〕丁度：《集韻》，上海：上海古籍出版社1985年影述古堂影宋鈔本，第81頁、第710頁。〔清〕張志聰：《內經素問集注》卷四，上海：上海科學技術出版社1990年版，本卷第6頁。〔唐〕李賀著、〔清〕王琦等評注：《李賀詩歌集注》，上海：上海人民出版社1977年版，第155頁。〔漢〕史游撰、〔唐〕顏師古注：《急就篇》，上海：商務印書館1936年《叢書集成初編》本，第142頁。〔清〕段玉裁：《說文解字注》，上海：上海古籍出版社1981年影經韻樓本，第604頁上。〔清〕阮元校刻：《十三經注疏》，北京：中華書局1980年版，第1168頁下、第1169頁中、第1184頁上。〔宋〕陳彭年等：《宋本玉篇》，北京：中國書店1983年影張氏澤存堂本，第528頁。〔漢〕班固著、〔唐〕顏師古注：《漢書》，北京：中華書局1965年點校本，第2025頁。任繼昉：《釋名匯校》，濟南：齊魯書社2006年版，第147頁。王廣慶著、郭也生點校：《河洛方言詮詁》，鄭州：中州古籍出版社1993年版，第70頁。〔清〕王念孫：《廣雅疏證》，北京：中華書局1983年影王氏家刻本，第385頁上。（南唐）徐鍇：《說文解字繫傳通釋》，上海：商務印書館《四部叢刊》縮印本，第227頁上。

〔註179〕〔清〕王念孫：《廣雅疏證》，北京：中華書局1983年影王氏家刻本，第385頁上。

傳》：瞽儒，幾敗乃公事！瞽儒即侏儒也。」〔註180〕也可佐證「侏儒」乃合成詞而非連語。順著這個思路，我們再考察一下從「朱」得聲的字：（1）株，《說文·木部》：「株，木根也。」《集韻·虞韻》云：「株，株檽，短柱。」《慧琳音義》卷三「株杌」條引《考聲》云：「株，殺樹之餘也。」卷七九「株杌」條云：「株，殺樹之餘根。」（2）誅，《說文·言部》：「誅，討也。」《釋名·釋喪制》：「罪及餘人曰誅，誅，株也，如株木跟，枝葉盡落也。」（3）銖，《說文·金部》：「銖，權十分黍之重也。」《漢書·律曆志上》：「銖者，物繇忽微始，至於成著，可殊異也。」語云「錙銖必較」者即是此義。（4）渚，《釋名》曰：「小洲曰渚。」〔註181〕另外，像「豬」本亦昏聵之物，故罵人、侮辱人曰「豬」，此和章太炎謂「罵人昏愚謂之瞽儒」近似；「珠」亦是很小的，珍貴珍寶不可能大、多而是精、小；「竹」本身是柔弱之質；「蜘蛛」之「蛛」等皆是。則從「朱」得聲之字有柔、短、小之義甚明。則「侏儒」實同義複合詞而非連語。汪遠孫《國語攷異》云：「《禮記》疏、《周禮》注『盧』作『廬』，《說文》引《國語》作『籚』。」〔註182〕孫詒讓云：「《疏》引《國語》曰『侏儒扶盧』者，『盧』，舊本作『盧』，與今本《國語》同……〈王制〉孔疏引《國語》亦作『盧』又引舊注云：『盧，戟柄也。』《說文·竹部》引〈晉語〉又作『籚』，『籚』正字，『盧』、『盧』並同聲叚借字。」〔註183〕韋注云：「扶，緣也。盧，矛戟之柲，緣之以爲戲。」楊伯峻（1909～1992）《列子集釋》云：「《考工記》『秦無盧』注：『矛戟柄，竹欑柲也。』則盧盧一也。《吳越春秋》：『吳子柯盧。』《史記》『盧』作『盧』。《左傳·桓十三年》釋文：『盧戎如字，本或作盧，音同。』又《左傳·成十三年》釋文：『伯盧，力吳反，本一作盧。』則『盧』、『盧』通。」〔註184〕是「盧」、「盧」、「籚」並可通。

〔註180〕章太炎著、湯志鈞編：《章太炎全集》第七冊，上海：上海人民出版社1999年版，第43頁。

〔註181〕分別見〔漢〕許慎：《說文解字》，北京：中華書局1963年影陳昌治覆刻本，第118頁下、第57頁上、第296頁下。〔宋〕丁度：《集韻》，上海：上海古籍出版社1985年影述古堂影宋鈔本，第80頁。〔唐〕慧琳：《一切經音義》，上海：上海古籍出版社1983年版《正續一切經音義》，第122頁、第3116頁。任繼昉：《釋名匯校》，濟南：齊魯書社2006年版，第465頁、第64頁。

〔註182〕〔清〕汪遠孫：《國語明道本攷異》，北京：商務印書館1959年版《國語》後附，第311頁。

〔註183〕孫詒讓：《周禮正義》卷七四，清宣統楚學社本，本卷第30頁，本書第548頁。

〔註184〕楊伯峻：《列子集釋》，北京：中華書局1985年版，第32頁。

21・竹部——箙，弩矢箙也，從竹服聲。《周禮》：「仲秋獻矢箙。」臣
　　鍇曰：《詩》、《國語》借「服」字，「檿弧箕服」。伐六反。（卷
　　九，第 88 頁）

　　【按】本條出〈鄭語〉，四庫本、祁刻本同，今傳《國語》各本並同。《說
文繫傳斠異》云：「《傳》中《詩》、《國語》云云。案：『檿弧箕服』，〈鄭語〉
也。其在《詩》之借『服』為『箙』者，象弭魚服也。徐氏言《詩》而無所
引，恐是脫誤。」〔註185〕段注引《周禮・司弓矢》曰：「中秋獻矢箙。」注
曰：「箙，盛矢器也，以獸皮為之。」〔註186〕考古資料證明，至少在殷商時
期就已經有皮革製的箙了。〔註187〕段注又云：「按本以竹木為之，故字從竹。」
〔註188〕汪遠孫《斠異》云：「《漢書・五行志下之上》『箕』作『其』，劉向
以為：『其服，蓋以其草為箭服。』案『服』，古『箙』字。」〔註189〕段注
引《國語》「箕」作「其」，《漢書・五行志》亦作「其」，顏注云：「其，草，
似荻而細，織之為服也。」〔註190〕亦本劉向之義。《禮記・曲禮下》「梁曰
薌萁」陸德明《釋文》：「萁字又作箕。」〔註191〕或字本作「其」，因「艹」、
「竹」兩部字常混同而以「其」為「箕」。韋注云：「山桑曰檿。弧，弓也。
箕，木名。服，矢房。」則韋注與上各家訓詁不同，審《故訓匯纂》所收
48 條訓詁，唯韋注「箕」為木名，此或段注「本以竹木為之」之所本。又
鄭良樹云：「左昭二十六年《傳》疏、《北堂書鈔》一二六引『服』亦並作
『箙』，服、箙古今字。《太平御覽》三四七引此『箕』下有小注『音期』
二字，疑是賈注。《北堂書鈔》引賈注云：『箕，木名；箙，矢筒也。』《太
平御覽》亦引有賈注，唯『箙』字作『服』，蓋韋解之所本。《事類賦》注十
三引有注文『箕音期，木名；箙，矢筒』八字，與《北堂書鈔》、《太平御覽》

〔註185〕見載於丁福保編《説文解字詁林》，北京：中華書局 1988 年版，第 4911 頁。
〔註186〕〔清〕段玉裁：《説文解字注》，上海：上海古籍出版社 1981 年影經韻樓本，
　　　　第 196 頁上。
〔註187〕段清波：《中國古代兵器》，成都：四川教育出版社 1998 年版，第 192 頁。
〔註188〕〔清〕段玉裁：《説文解字注》，同上，第 196 頁上。
〔註189〕〔清〕汪遠孫：《國語明道本斠異》，北京：商務印書館 1959《國語》後附，
　　　　第 327 頁。
〔註190〕〔漢〕班固著、〔唐〕顏師古注：《漢書》，北京：中華書局 1965 年點校本，
　　　　第 1466 頁。
〔註191〕〔唐〕陸德明：《經典釋文》，北京：中華書局 1981 年影通志堂經解本，第
　　　　166 頁下左。

所引賈注合。」〔註192〕張以仁云:「《御覽》347 引『服』上有『音服』二小字注,疑『服』原亦作『篧』,注文『音服』誤倒其上。汪氏引仍作『服』。」〔註193〕今檢宋本、文淵閣《四庫》本《御覽》,「服」下並無「音服」二字,未知張氏何據。則章注固本賈注,審《說文·竹部》所收各字,無釋爲木名者,或賈注固有所本。

22·巫部——巫,……臣鍇曰:與工同,有規榘也。《國語》曰:「民之精爽不携貳者,則明神降之,在男曰覡,在女曰巫。」巫猶無也。……文區反。(卷九,第90頁)

【按】本條出〈楚語下〉,祁刻本「携」作「攜」,「携」是「攜」的俗寫形式,今則把「携」作爲「攜」的簡體形式。黃刊明道本文作:「民之精爽不攜貳者,而又能齊肅衷正,其智能上下比義,其聖能光遠宣朗,其明能光照之,其聰能聽徹之,如是則明神降之,在男曰覡,在女曰巫。」與徐鍇引同。崇文本、會文堂本、錦章書局本、《國語集解》、《國語詳注》並從黃刊明道本,《資治通鑑外紀》卷八、《冊府元龜》卷七八○、《經濟類編》卷九七引作「攜」,《太平御覽》卷七三五、卷八八一引作「携」。遞修本、金李本、張一鯤本、閔《裁注》本、《國語評苑》、《四庫薈要》本、《國語正義》、秦鼎本、綠蔭堂本「攜」作「擋」,《繹史》卷八九、《尚史》卷五七、《天中記》卷四○、《文章辨體彙選》卷五八引作「擋」。《六書故》引脫「攜(擋)」字。汪遠孫《攷異》云:「公序本作『擋』,《注》同。《舊音》作『擋』,云:『或爲攜。』」〔註194〕張以仁云:「《周禮·家宗人》注、《禮·檀弓下》疏、《尚書·伊訓》疏、《御覽》八八一、《永樂大典》二九二四引皆作『攜』(或携、携)。」〔註195〕韋注云:「攜,離也。」《左傳》襄二十九年「遠而不攜」杜預注云:「攜,貳。」《玉篇·手部》云:「攜,貳也。」《資治通鑑》「若見與無貳」胡注:「心持兩端爲貳。」又云:「貳,攜貳也。」〔註196〕是「攜」、

〔註192〕鄭良樹:〈國語校證〉(下),《幼獅學誌》第8卷第2期,第4頁。
〔註193〕張以仁:《《國語》舊注輯校》,見載於氏著《張以仁先秦史論集》,上海古籍出版社2010年版,第310頁。
〔註194〕〔清〕汪遠孫:《國語明道本攷異》,北京:商務印書館1959版《國語》後附,第331頁。
〔註195〕張以仁:《國語斠證》,臺北:臺灣商務印書館1969年版,第311、312頁。
〔註196〕分別見〔清〕阮元校刻:《十三經注疏》,北京:中華書局1980年版,第2007頁下。〔宋〕陳彭年等:《宋本玉篇》,北京:中國書店1983年影張氏澤存堂

「貳」同義。《說文・心部》「懱，有二心也」段注云：「懱，古多叚借攜爲之。」〔註197〕章太炎云：「攜爲懱之借字。……是懱訓二，即訓貳。」〔註198〕《說文通訓定聲・手部》：「攜，叚借爲懱。」〔註199〕《慧琳音義》卷十三「而攜」注、《集韻・齊韻》並云：「懱，俗作携。」〔註200〕則是表心理動作義之正字當作「懱」（或作「携」）。《漢語大詞典》收錄「攜貳」詞條立兩個義項：①離心，有二心；②有離心的人。其實義項②爲語境義，屬臨時用法，不必單立。〔註201〕《漢語大詞典》中往往有之。閱《裁注》本、《國語評苑》、《四庫薈要》本「爽」作「奭」，爲「爽」的俗寫形式。

23・木部——橰，崐崘河隅之長木也，從木繇聲。臣鍇按：《穆天子傳》曰：「天子乃釣于河水，觀姑繇之木。」注曰：「大木也。在崐崘哀淑人之丘。」齊謝莊《宣貴妃誄》曰：「涉姑繇而環囘，望樂池而顧墓。」或疑莊認「木」爲「水」。臣鍇按：潘岳《射雉賦》：「涉青林以游覽。」是亦木也。又《尚書》：「厥草惟繇。」又《國語》曰：「棋木不生危。」又《山海經》：「顓頊太子長琴居搖山尺。」言橰皆木高大之名。延秋反。（卷一一、第 109 頁）

【按】本條出〈晉語八〉。祁刻本根據《文選》改「囘」作「回」、「顧墓」作「顧慕」，《漢語大詞典》收錄「顧慕」詞條。祁刻本又根據公序本《國語》改「棋木」作「橰木」，又《說文詁林》引《繫傳校勘記》云：「顓頊，按〈大荒西經〉，當作『祝融』。」又引《繫傳考異》云：「天子乃鈞於河水，

本，第 115 頁。〔宋〕司馬光撰、〔元〕胡三省注：《資治通鑑注》，北京：中華書局 1956 年點校本，第 3502 頁、第 2960 頁。

〔註197〕〔清〕段玉裁：《説文解字注》，上海古籍出版社 1981 年影經韻樓本，第 510 頁下。

〔註198〕章太炎：《春秋左傳讀・閔公篇》，《章太炎全集》（二），上海：上海人民出版社 1982 年版，第 219 頁。

〔註199〕〔清〕朱駿聲：《説文通訓定聲》，武漢古籍書店 1983 年影臨嘯閣本，第 521 頁下。

〔註200〕〔唐〕慧琳：《一切經音義》，上海古籍出版社 1983 年版《正續一切經音義》，第 494 頁。〔宋〕丁度：《集韻》，上海：上海古籍出版社 1985 年影述古堂影宋鈔本，第 99 頁。

〔註201〕此亦見拙著《〈國語〉動詞管窺》，成都：四川大學出版社 2008 年版，第 76 頁。

今《穆天子傳》『水』作『以』，屬下爲句。」〔註202〕《六書故》卷二一、《古音略例》、《繹史》卷七八、《升庵集》卷六〇、《古詩紀》卷一五六引〈晉語〉即從公序本作「橇」，《喻林》卷一一九、《經濟類編》卷九七、《廣博物志》卷二二引作「搖」，「搖」或「橇」之誤。黃刊明道本、崇文本、錦章書局本作「拱木」，張以仁謂《永樂大典》二〇三一一作「拱木」，今查《永樂大典》卷二〇三一一引《國語》作「栱木」〔註203〕，張氏言誤。黃丕烈《札記》又謂《國語》作「栱木」而無任何說明，或當是所據本與《永樂大典》所據本用字同。段注云：「〈晉語〉一本作拱木，非。」〔註204〕由此知徐鍇所據本當爲和明道本有淵源關係的《國語》版本，然《繫傳》字頭作「橇」引《國語》正文例句卻作「栱」，後又云「言橇皆木高大之名」，實自亂例，祁刻本改是。又韋注云：「大木也。」《山海經・西山經》「橇木之有若」郭璞注亦云：「橇，大木也。」〔註205〕《文選・謝朓・酬王晉安詩》「南中榮橘柚」李善注：「列子曰：吳越之國有木焉，其名曰橇，碧樹而冬生。橇則柚字也。」〔註206〕桂馥（1736～1805）《說文解字義證・木部》：「橇，通作橇。」〔註207〕王力（1900～1986）《同源字典》引《說文》「搖，動也」、「橇，樹動也」以爲「『搖、橇』實同一詞。」〔註208〕《說文》釋「橇」恐非本義，段注云：「許謂橇爲長木，橇爲樹動。他書則橇爲橘柚，橇爲長木。用字之不同也。」〔註209〕今考《廣韻・宵韻》中以「䍃」爲聲符的詞語如「遙」（遠、疾行）、「嬈」（美好）、「瑤」（美玉）、「鷂」（大雉名）、「蘨」（草茂）、「䌭」（利弓）等，其共同的意義蘊涵即程度高，則「橇」字亦當如是，即其義爲「大木」而非《說文》所謂「樹動」。

〔註202〕見載於丁福保編《說文解字詁林》，北京：中華書局1988年版，第5869頁。
〔註203〕見《永樂大典》本卷第10頁。
〔註204〕〔清〕段玉裁：《說文解字注》，上海古籍出版社1981年影經韻樓本，第248頁下。
〔註205〕〔晉〕郭璞注、〔清〕郝懿行箋疏：《山海經箋疏》，成都：巴蜀書社1985年影《郝氏遺書》本，卷二第20頁。
〔註206〕〔南朝梁〕蕭統編、〔唐〕李善注：《文選》，北京：中華書局1977年影胡克家本，第370頁下。
〔註207〕〔清〕桂馥：《說文解字義證》，濟南：齊魯書社1987年影連筠簃本，第481頁上。
〔註208〕王力：《同源字典》，北京：商務印書館1982年版，第214頁。
〔註209〕〔清〕段玉裁：《說文解字注》，上海古籍出版社1981年影經韻樓本，第248頁下。

24・木部——枊，擊禾連枷也，從木弗聲。臣鍇按：《國語》管仲說農曰：「權節其用，耒耜芟枷。」注曰：「枷，枊也，所以擊草。」附弗反。（卷一一，第 114 頁）

【按】本條出〈齊語〉，祁刻本「節」誤作「即」，「耒耜芟枷」作「耒耜枷芟」。黃刊明道本作：「耒耜枷芟。」崇文本、會文堂本、錦章書局本、《國語發正》、《國語翼解》、《國語韋解補正》、《國語詳注》、《叢書集成初編》本、《國學基本叢書》本、上古本、李維琦點校本、焦傑點校本、鮑校本並與黃刊明道本同。遞修本、《國語舊音》、金李本、張一鯤本、《百家類纂》本、閔《裁注》本、《國語評苑》、《四庫薈要》本、《國語正義》、《國語三君注輯存》、《國語集解》、秦鼎木、綠蔭堂本「枷」作「枊」。徐鍇所引與今傳《國語》各本文字順序稍異而文字與公序本同。《國語發正》云：「當依《舊音》作『枊』。」〔註210〕《國語補音》云：「本或作『枊』，音義同。」〔註211〕韋注云：「枷，枊也，所以擊草也。」段注云：「草當作禾。」〔註212〕蒙靖江蕭旭告知云：「擊草、擊禾一也，今農村尚有此物，吾鄉謂之『連械』（械音蓋平聲），王氏《廣雅疏證》、孫錦標《南通方言疏證》作『連皆』。」《釋名》曰：「枷，加也。加杖於柄頭，以撾穗而出其穀也。」〔註213〕則「枊」為打穀工具，非耕地者，字當從木，不當從耒。徐鍇引「注曰」與韋注同。《國語三君注輯存》引賈注亦曰：「枊，所以擊也。」〔註214〕又王綸引《方言》「悆」郭璞注「今連枷所以打穀者」並云：「今歙縣曰掠枷，『掠』、『羅』、『連』俱一聲之轉。」〔註215〕韋注或本賈。

25・橐部——橐，囊也，從束圂聲，凡橐之屬皆從橐。臣鍇曰：束縛囊橐之名。《春秋國語》曰：「侯使於齊者，橐載而歸。」作「楇」。「稇」，假借也；橐之言溷也，物雜厠其中也。戶本反。

〔註210〕〔清〕汪遠孫：《國語發正》卷六，廣西師範大學圖書館藏道光振綺堂本，本卷第 5 頁。

〔註211〕〔宋〕宋庠：《國語補音》卷二，北京：國家圖書館出版社 2006 年影宋刻宋元遞修本，本卷第 6 頁。

〔註212〕〔清〕段玉裁：《説文解字注》，上海古籍出版社 1981 年影經韻樓本，第 260 頁上。

〔註213〕任繼昉：《釋名匯校》，濟南：齊魯書社 2006 年版，第 356 頁。

〔註214〕〔清〕汪遠孫：《國語三君注輯存》卷二，芝加哥大學圖書館藏道光振綺堂本，本卷第 10 頁。

〔註215〕王綸：《《新方言》雜記》，《制言》第 3 期，本文第 14、15 頁。

（卷一二，第 123 頁）

【按】本條出〈齊語〉，祁刻本改「侯」作「俟」，改「稛」作「櫑」。「侯使於齊者」非今傳《國語》本文，當是引用時敍述之言，疑徐鍇「侯」爲「諸侯」之省，並非「候」字之誤，不必改爲「俟」字，是祁刻未省徐氏原意。黃刊明道本「稛」作「稛」，《國語發正》、《國語翼解》、《國語章解補正》、《國語詳注》、《叢書集成初編》本、《國學基本叢書》本、焦傑點校本、鮑校本、《漢語大字典》「稛」字條引〈齊語〉並與黃刊明道本同。遞修本、《國語舊音》、金李本、張一鯤本、《百家類纂》本、閔《裁注》本、《國語評苑》、《四庫薈要》本、《國語正義》、秦鼎本、綠蔭堂本、《國語集解》、上古本、李維琦點校本作「稛」，《禮部韻略・軫韻》、《洪武正韻・窖韻》引《國語》亦作「稛」。《資治通鑑外紀》卷四、《左傳紀事本末》卷一八、《黃氏日抄》卷六〇引作「捆」，《六書故》卷二二、《皇王大紀》卷三七、《記纂淵海》卷七一、《經濟類編》卷一四、柳宗元《柳河東集》卷四四《非國語》、《文章辨體彙選》卷四九三、《古文淵鑒》卷六引作「稛」，《繹史》卷四四之一、《丹鉛餘錄》卷六引作「稛」，《管子・小匡篇》、《類說》卷六〇作「攟」，《管子補注》云：「攟，收拾也。」〔註216〕《能改齋漫錄》卷四「管子韓退之書不同」條云：「韓退之書云：『稛載而往，垂橐而歸。』今考《管子》，乃是『垂橐而入，稛載而歸』，二字不同，未知孰是。」〔註217〕《管子校釋》字作「櫑」並云：「俞云櫑當從禾，即稛字。」〔註218〕實際徐鍇「櫑」當作「稛」，祁刻本改誤。《類篇・禾部》：「稛，或作稛。」〔註219〕韋注：「稛，絭也。」亦是「束縛囊橐之名」，與「捆」義同。徐鍇言假借未必是。《說文・木部》：「櫑，梡木未析也。」段注云：「凡物渾大者皆曰櫑。」〔註220〕朱駿聲《說文通訓定聲・屯部》：「今蘇常俗語謂之或侖（囫圇）。或侖者，櫑之合音。」〔註221〕然〈齊語〉語境，強調的是捆束義而非混雜義，故以「稛」爲是。

〔註216〕〔明〕劉績：《管子補注》卷八，沔陽慎始基齋本，本卷第 18 頁。

〔註217〕〔宋〕吳曾：《能改齋漫錄》，上海古籍出版社 1979 年點校本，第 74 頁。

〔註218〕顏昌嶢：《管子校釋》，長沙：嶽麓書社 1996 年版，第 203、第 204 頁。

〔註219〕〔宋〕司馬光：《類篇》，上海：上海古籍出版社 1988 年影汲古閣影抄本，第 158 頁上。

〔註220〕〔清〕段玉裁：《說文解字注》，上海古籍出版社 1981 年影經韻樓本，第 269 頁下。

〔註221〕〔清〕朱駿聲：《說文通訓定聲》，武漢古籍書店 1983 年影臨嘯閣本，第 804 頁上。

26‧夕部——夤，敬惕也，從夕寅声，《易》曰：「夕惕若夤。」臣鍇曰：夕者，人意懈怠也，故孫武曰「晝氣歸」、《國語》公父文伯之母曰「事多而計過，無憾，而後即安」是也。翼真反。

（卷一三，第 137 頁）

【按】本條出〈魯語下〉，祁刻本改作「《國語》魯公父文伯之母曰：事夕而計過，無憾，而後即安」。黃刊明道木文作：「士朝受業，晝而講貫，夕而習復，夜而計過，無憾，而後即安。」《國學韋解補正》、《國學基本叢書》本、《叢書集成初編》本、《國語詳注》、上古本、鮑校本與黃刊明道本同，遞修本、金李本、張一鯤本、《百家類纂》本、閔《裁注》本、《國語評苑》、《四庫薈要》本、《國語正義》、秦鼎本、綠蔭堂本、《國語集解》「朝」後俱有「而」字。從其前後句的句式結構上來看，有「而」字是，汪遠孫《國語攷異》云：「徐幹《中論‧譴責篇》引《國語》有『而』字。」〔註222〕《繫傳》節略引用，江憲《說文繫傳攷異》云：「《傳》引《孫子》、《國語》俱有脫文。」〔註223〕祁刻本改「多」為「夕」是。然「事」字或當為「十」字之誤。《說文詁林》引《繫傳考異》云：「今《易》無『夤』字。」又引《繫傳校勘記》云：「『若夤』當作『若厲』，段氏玉裁、王氏念孫皆有辨。『事夕而計過』，按當作『士夕而習服，夜而計過』。」〔註224〕言是。又汪遠孫《攷異》云：「《列女傳》『計』作『討』，案是也。讀如『討軍實』之『討』。」〔註225〕徐元誥《國語集解》即依汪遠孫《攷異》改「計」作「討」。「討軍實」見《左傳‧宣公十二年》，文云：「其君無日不討國人而訓之……無日不討軍實而申儆之。」杜注云：「討，治也。軍實，軍器。」〔註226〕楊伯峻《春秋左傳注》以為：「軍實，此指軍中指揮員、戰士等。」〔註227〕〈魯語〉「計」若作「討」，則亦是「治」義，前為「受業」、「講貫」、「習復」，皆士日所當為者，言「治過」則不知所云，當以「計過」為是，也即「自省」，《漢語大

〔註222〕〔清〕汪遠孫：《國語明道本攷異》，北京：商務印書館 1959 年版《國語》後附，第 292 頁。

〔註223〕〔清〕汪憲：《說文繫傳攷異》卷二，《景印文淵閣四庫全書》第 223 冊，第 808 頁下。

〔註224〕見載於丁福保編《說文解字詁林》，北京：中華書局 1988 年版，第 7008 頁。

〔註225〕〔清〕汪遠孫：《國語明道本攷異》，北京：商務印書館 1959 年版《國語》後附，第 292 頁。

〔註226〕〔清〕阮元校刻：《十三經注疏》，北京：中華書局 1980 年版，第 1880 頁中。

〔註227〕楊伯峻：《春秋左傳注》，北京：中華書局 1981 年版，第 731 頁。

詞典》收錄「計過」詞條引〈魯語下〉此例釋作「計算、檢討過失」，張以仁云：「計謂慮也。思慮也。〈吳語〉：『以能遂疑計惡。』章注：『計，慮也。』夜而計過，謂夜而思慮過失也。亦即自省之意。《述聞》以爲『除過』，然過可改而（張書誤作『面』）不能除，且除過何待乎夜？夜亦非除過之時也。《攷異》訓爲『探討』，其義與思慮近。則不煩改字也。《烈女傳》之『討』，蓋『計』之誤。」〔註228〕張氏言是。蕭旭通過《孔子集語》、《皇王大紀》、《記纂淵海》等引文推定「宋代以前並作『計』字」〔註229〕，可從。

27·禾部——稇，絭束也，從禾囷声。臣鍇曰：絭，繩也，今束禾也。《國語》曰「諸侯之使于齊，稇載而歸」是也。若衮反。（卷一三，第 141 頁）

【按】本條出〈齊語〉，與本篇第 25 條引同。祁刻本改「于」作「於」，四庫本改「声」作「聲」。詳見本篇第 25 條。

28·网部——罠，罶，或從婁。《春秋國語》曰：「講罠罶。」（卷一四，第 155 頁）

【按】本條出〈魯語上〉，祁刻本引同。此是許愼《說文》原文，袛是《說文》以「罶」爲字頭而《繫傳》以「罠」爲字頭，《說文詁林》引《繫傳校勘記》云：「『講罠罶』當作『講眾罶』。『講』，徐鉉作『溝』，非是。『罠』，今《國語》作『罶』。」又引《引經考》云：「國語本作『講眾罶，取名魚』，講謂講習也。今本《說文》皆作『溝』，誤。」〔註230〕汪憲《說文繫傳攷異》云：「講罠罶，今《說文》作『溝眾罠』。案今《國語》云：『水虞於是乎講眾罠，取名魚。』」〔註231〕段注云：「〈魯語〉文。溝疑誤，古本葢作冓，冓猶交加也。今〈魯語〉作講。」〔註232〕王引之以爲「溝蓋草書講字之譌」〔註233〕，或是。

〔註228〕張以仁：《國語斠證》，臺北：臺灣商務印書館 1969 年版，第 164 頁。

〔註229〕蕭旭：〈《國語》校補（一）〉，《東亞文獻研究》第 2 輯（2008 年 6 月）。

〔註230〕見載於丁福保編《說文解字詁林》，北京：中華書局 1988 年版，第 7740 頁、第 7742 頁。

〔註231〕〔清〕汪憲：《說文繫傳攷異》卷二，文淵閣《四庫全書》第 223 冊，第 813 頁下。

〔註232〕〔清〕段玉裁：《說文解字注》，上海古籍出版社 1981 年影經韻樓本，第 355 頁下。

〔註233〕〔清〕王引之：《經義述聞》卷二○，南京：江蘇古籍出版社 2000 年版《高郵王氏遺書》，第 490 頁下。

汪憲所引與今傳《國語》各本不同，今傳《國語》各本「窶」作「罶」。鄧廷楨（1776～1846）云：「眾罶。网之屬也。（《國語》曰：『水虞於是乎講眾罶。』）雙聲也。亦為眾窶。（《說文》曰：『罶，曲梁寡婦之笱，魚所畱。罶或从婁。』引《國語》作眾窶。）」〔註234〕鄧氏之言倒可以為「窶」、「罶」之異作一合理說明，「罶」、「罶」、「罶」皆異體。《繹史》卷八〇、《尚史》卷三三、《歷代名臣奏議》卷一九三、《太平御覽》卷二一、卷八三四、《冊府元龜》卷七四一、《經濟類編》卷二八、《天中記》卷五、卷五六、《廣博物志》卷四九、《淵鑑類函》卷一四、《文章正宗》卷五、《文編》卷三、《文章辨體彙選》卷五三、《古文淵鑒》卷五引並與今傳《國語》同。董增齡云：「〈釋器〉又云：『寡婦之笱謂之罶。』郭注引毛詩《傳》曰：『罶，曲梁也，謂以薄為魚笱。』邵晉涵曰：『今南方排竹水中，疏節相維謂之魚薄，設門焉，隨潮為啓閉。』故《淮南·兵畧訓》『發笱門』高注：『笱，竹笱，所以捕魚，其門可入而不得出。』是其制也。」〔註235〕黃丕烈《札記》「眾」作「罟」並云：「段云：《說文》『罶』或作『窶』，《春秋國語》曰：『溝罟窶。』丕烈案，『溝』字誤也。」汪遠孫《攷異》云：「《說文》引《國語》『罶』作『簍』。」〔註236〕張以仁云：「《札引》引明道本及段氏《說文》『眾』誤作『罟』。《考異》引《說文》『窶』復誤『簍』。《說文》『罶』下云：『窶，罶，或从婁。《春秋國語》曰：溝眾窶。』是許氏所見本不同也。」〔註237〕朱希祖記章太炎語云：「『眾』、『罟』實一字，此《說文》未了處。」〔註238〕「古」、「瓜」上古音同，皆在見紐魚部，章氏言是。「水虞於是乎講眾罶，取名魚」韋注云：「水虞，漁師也，掌川澤之禁令。講，習也。眾，漁網。罶，笱也。名魚，大魚也。」《禮記·月令》、《呂氏春秋·孟冬紀》並云：「乃命水虞漁師收水泉池澤之賦。」「水虞」、「漁師」同出，顯非一職。又〈月令〉云：「命漁師伐蛟，取鼉，登龜，取黿。」此處則祇言「漁師」不言「水虞」，更可證明「水虞」、「漁師」職分非一，韋注釋「水虞」為「掌川澤之禁令」者則是。從黃刊明道本〈魯語上〉本句下文「鳥

〔註234〕〔清〕鄧廷楨：《雙研齋筆記》卷三，光緒丙申刻本，本卷第28頁。

〔註235〕〔清〕董增齡：《國語正義》卷四，成都：巴蜀書社1985年影式訓堂本，本卷第33頁。

〔註236〕黃、汪之說並見北京商務印書館1959年版《國語》後附，第248頁、第289頁。

〔註237〕張以仁：《國語斠證》，臺北：臺灣商務印書館1969年版，第142頁。

〔註238〕章太炎講、錢玄同、朱希祖、周樹人記錄：《章太炎說文解字講授筆記》，北京：中華書局2010年版，第322頁。

獸孕，水蟲成，獸虞於是乎禁罝羅，矠魚鱉以爲夏犒，助生阜也。鳥獸成，水蟲孕，水虞於是禁罝罜麗，設穽鄂，以實廟庖，畜功用也」可以看出，「講」和「禁」是相對而言的，韋注：「禁，禁不得施也。」則這裏的「講」應該就是「施」之義。又王引之引王念孫曰：「取魚之事，無待於講習，講讀爲構。《小雅・四月》箋曰：『構，猶合集也。』謂合集眾罜以取魚也。講字古讀若構。」〔註239〕按「講」本有謀劃、謀議之義，且亦從「冓」字得聲，則具備交合、集合之義。且水虞爲掌握禁令而非具體負責取魚之人，則起政令推行作用，則此「講」字即是倡謀合集之義，不必改讀爲「構」字也。

29・巾部——帣，幡幟也，從巾前声。臣鍇按：《國語》曰：「戎車侍遊車之帣。」則千反。（卷一四，第 156 頁）

【按】本條出〈齊語〉，四庫本、祁刻本、新安江氏藏版本引同。「侍」爲「待」字之誤。《說文詁林》引《繫傳校勘記》云：「帣，今《國語》作裂，古《國語》當作劋，按許書帣篆即劋篆之譌也。劋字見〈魏都賦〉，而帣字無所見。」〔註240〕「帣」字，黃刊明道本作「褻」，遞修本、金李本、張一鯤本、閔《裁注》本、《國語評苑》、《百家類纂》本、《四庫薈要》本、《國語正義》、秦鼎本、綠蔭堂本「遊」作「游」、「褻」作「裂」，《詩經通義》卷三、《太平御覽》卷六二五作「遊」、「裂」，《讀詩質疑》卷八、《惠氏春秋左傳補注》卷二、《左傳紀事本末》卷一七、卷一八、《通志》卷九二、《經濟類編》卷一四、《具茨集》卷二〈防邊議〉、《文章辨體彙選》卷四九三、《古文淵鑒》卷五、《經子法語》引作「游」、「裂」，《黃侃手批爾雅義疏》引《國語・齊語》「戎車待游車之裂」注：「裂，殘也。」〔註241〕亦作「游」、「裂」。又王太嶽《四庫全書考證》卷三三《史部・通志上》云：「齊管敬仲傳『戎車待游車之裂』，刊本『裂』訛『劋』。」〔註242〕則《通志》刊本或即因「褻」作「劋」耳。黃丕烈《札記》云：「《補音》、公私本正文皆曰『褻』，《舊音》作『裂』，云：『諸本爲褻誤。』丕烈案，《舊音》非也。韋《解》：『褻，殘也。』『褻』當讀『劋滅』之『劋』。褻殘，以聲音爲訓詁也。」汪遠孫《國語攷

〔註239〕〔清〕王引之：《經義述聞》卷二〇，同上，第 490 頁下。

〔註240〕見載於丁福保編《說文解字詁林》，北京：中華書局 1988 年版，第 7813 頁。

〔註241〕黃侃：《黃侃手批爾雅義疏》，北京：中華書局 2006 年版，第 356 頁。

〔註242〕〔清〕王太嶽：《四庫全書考證》，上海：商務印書館《叢書集成初編》本，第 1347 頁。

異》云：「公序本『遊』作『游』。『遊』、『游』古今字。『褻』作『裂』，《注》
同。《舊音》作『裂』音例，云：『諸本爲褻者誤。』」案宋公序從《舊音》作
『裂』是也。《御覽》作『裂』，『裂』乃形近作『褻』耳。《內傳》昭元年云：
『裂裳帛而與之。』與此『裂』字義同。《管子》作『槧』。」〔註243〕洪邁
《經子法語》云：「『戎車待游車之裂』注：『殘也，音例。』」〔註244〕上古
本引《攷異》以『裂』爲是。韋注：「戎車，兵車也。遊車，遊戲之車也。裂，
殘也。」「戎車待游車之裂」和下文「戎士待陳妾之餘」連言，「裂」和「餘」
當同義，不當解作「幡幟」，《說文》之解於〈齊語〉本文則未爲妥當，其字
亦固不同。「褻」字，《漢語大字典》、《中華字海》均未見錄。「裂」即「裂」
字，《說文‧衣部》：「裂，繒餘也。」〔註245〕正與韋注「餘」義同。要之，
或正如苗夔所云，「前」之古文字形與「列」之古文字形近似，故謂「剙」爲
「帒」，「巾」、「衣」通，故「帒」與「褻」、「剙」與「裂」及「裂」實皆異
體，其正字本當從「列」。

30‧人部——伿，惕也，從人式声。《春秋國語》曰「於其心伿然」是
也。臣鍇曰：伿然，矜惕之皃也。暢涉反。（卷一五，第161頁）

【按】本條出〈吳語〉，祁刻本引同，四庫本作「从人式聲」。此是《說
文》原引，《宋本玉篇》引同。今傳《國語》各本作「戚」。汪遠孫《攷異》
云：「『戚』當爲『伿』字之誤也。《說文》『伿，惕也』引《國語》『於其心
伿然』。」〔註246〕今上海師範大學古籍整理研究所點校本《國語》據《攷異》
改作「於其心也伿然」，《說文》、《繫傳》、《宋本玉篇》引俱無「也」字。《類
篇‧心部》收「忕」字並云：「《說文》：『惕也。』引《春秋國語》『於其心
也伿然』。或從心。」〔註247〕王引之引王念孫云：「諸書無訓戚爲惕者，《說

〔註243〕黃、汪之說並見北京商務印書館1959年版《國語》後附，第250頁、第294
頁。
〔註244〕〔宋〕洪邁：《經子法語》卷一九，濟南：齊魯書社1997年輯印《四庫存目
叢書》子部第119冊，第466頁下。
〔註245〕〔漢〕許慎：《說文解字》，北京：中華書局1963年影陳昌治覆刻本，第172
頁下。
〔註246〕〔清〕汪遠孫：《國語明道本攷異》，北京：商務印書館1959年版《國語》後
附，第335頁。
〔註247〕〔宋〕司馬光：《類篇》，上海：上海古籍出版社1988年影汲古閣影抄本，第
388頁下。

文》：『忕，惕也。《春秋國語》曰：於其心也忕然。』則今本戚乃忕字之誤。」〔註 248〕張以仁云：「《舊音》及《補音》於『戚』字皆無音釋。蓋已不知其為『忕』字之誤矣。」〔註 249〕按其義即表示心理行為，則字從「心」勝於從「人」。韋注云：「戚猶惕也。」蕭旭謂：「許本自作『忕』，韋本作『戚』未必誤，戚讀為慽，《說文》：『慽，憂也。』字或作感，《廣雅》：『感，憂也。』《廣韻》：『感，懼也。』故韋注訓惕，義亦相合。」〔註 250〕忕、戚音近，義亦可通。

31・人部——候，伺望也。從人矦声。臣鍇曰：候，守封疆吏也。《周禮》：「郊有候館。」《國語》：「候不在疆。」（卷一五，第 162頁）

【按】本條出〈周語中〉，祁刻本同，今傳《國語》各本同。

32・人部——侊，小皃，從人光聲。《春秋國語》曰：「侊飰不及一食。」是侊侊然小也。骨庚反。（卷一五，第 163 頁）

【按】本條出〈越語下〉，四庫本、祁刻本引同。徐元誥《國語集解》作「觥飯不及壺飧」，《文獻通考》卷一〇〇引同，遞修本、金李本、張一鯤本、穆文熙《國語評苑》、閔《裁注》本、文淵閣四庫本及《薈要》本、高嵣《國語鈔》、董增齡《國語正義》、秦鼎本、綠蔭堂本作「觥飯不及壺飧」，《國語補音》亦作「觥飯」，《六書故》卷二八、《繹史》卷九六下、《左傳紀事本末》卷五一、《尚史》卷六四、《景定建康志》卷四八、《白孔六帖》卷一六、《太平御覽》卷八五〇、《冊府元龜》卷七四三、《經濟類編》卷一四、《古詩紀》卷一〇、《古樂苑》卷四三、《文章辨體彙選》卷四九五、《古文淵鑒》卷六引即作「飧」，《記纂淵海》卷四四、《喻林》卷三四引作「餐」；黃刊明道本、崇文本、會文堂本、錦章書局本、陳瑑《國語翼解》「飯」作「飲」，《至大金陵新志》卷一三上之下即引作「觥飲不及壺飧」，《太平御覽》卷七六一、宋人鄒浩《道鄉集》卷二一《上范相國書》引作「觥飲不及壺湌」，《經子法語》

〔註 248〕〔清〕王引之：《經義述聞》卷二一，南京：江蘇古籍出版社 2000 年版《高郵王氏遺書》，第 518 頁。
〔註 249〕張以仁：《國語斠證》，臺北：臺灣商務印書館 1969 年版，第 322 頁。
〔註 250〕蕭旭：〈國語校補〉（三），韓國《東亞文獻研究》第 5 輯（2009.12），第 57頁。

卷二一作「觥飯不及壺飧」。許慎《說文》各本引作「侊飯不及一食」，徐鍇所引則如上，實是《說文》原文，祇是《說文》作「飯」不作「飰」，「飰」實即「飯」字，《宋本玉篇·食部》：「飰，同飯。〔註251〕」四庫本《集韻·庚韻》云：「《說文》：『小貌。』引《春秋國語》『侊飲不及一餐』。」〔註252〕《宋本玉篇》引作「侊飯不及壺飧」，《類篇》亦引作「侊飲不及一餐」。所引與今《說文》所引不同。陳瑑並云：「『飲』則『飯』之誤。『壺飧』者，左僖二十五年《傳》云：『趙、衰以壺飧從。』蓋當時有此語也。《說文》誤為『壹食』，形相涉也。今刻本又省『壹』作『一』。」〔註253〕《類篇》釋「侊」為「盛」，《宋本玉篇》引注云：「侊，大也。」〔註254〕朱駿聲《說文通訓定聲·壯部》云：「當訓大皃。」〔註255〕遞修本韋注云：「觥，大也。大飯，謂盛饌也。盛饌未具，不能以虛待之，不及壺飧之救飢疾也。」《太平御覽》卷八五○引韋注亦云：「觥，大也。大飯，盛饌也。盛饌未具，不能以虛待之，不及壺飧之救飢疾也。己欲滅吳，取快意得之而已，不能待有餘力。」〔註256〕又卷七六一引有注云：「言志在觥飲，慮不至壺食。喻已德小，不能遠圖。」〔註257〕鄭良樹疑《御覽》卷七六一所引或是賈注。明人彭大翼《山堂肆考》卷二三五「觥飯」條云：「《國語》『觥飯不及壺飧』，觥，大也，謂盛饌也，言盛饌

〔註251〕〔宋〕陳彭年等：《宋本玉篇》，北京：中國書店1983年影澤存堂本，第181頁。

〔註252〕〔宋〕丁度等：《集韻》，臺北：臺灣商務印書館1986年《景印文淵閣四庫全書》第236冊，第537頁上左。

〔註253〕〔清〕陳瑑：《國語翼解》卷六，廣雅書局刻本，本卷第13頁。

〔註254〕〔宋〕陳彭年等：《宋本玉篇》，北京：中國書店1983年影澤存堂本，第52頁。

〔註255〕〔清〕朱駿聲：《說文通訓定聲》，武漢市古籍書店1983年版，第905頁。

〔註256〕《經子法語》卷一九引韋注「饑」亦作「飢」，見《四庫存目叢書》子部第119冊第470頁上。今審《國語》各本韋注。遞修本、金李本、張一鯤本、四庫本、董增齡《國語正義》、綠蔭堂本、黃刊明道本、蜚英館石印本、博古齋影黃刊明道本、崇文本、錦章書局本、四部備要本、《叢書集成初編》本、吳曾祺《國語韋解補正》、徐元誥《國語集解》韋注字亦作「飢」，穆文熙《國語評苑》、《四庫薈要》本、秦鼎本作「饑」。又公序本系列「未具」前無「盛饌」二字，此已為汪遠孫《考異》指出者。秦鼎《定本》則有「盛饌」二字並云：「注舊脫『盛饌』二字，今以明本補之。」（見本卷第6頁）「飢」、「饑」本不同，前者指乏食，後者指穀物不熟，此處以「飢」字為是。秦鼎本與穆文熙《國語評苑》用字一致，或亦可為秦鼎本覆刻自穆文熙本做一註腳。

〔註257〕〔宋〕李昉等編纂：《太平御覽》，《四部叢刊》影宋本，皆見本卷第8頁。

未具，不若壺殮之救饑。」〔註258〕彭氏所引與公序本同。張自烈（1597～1673）
《正字通》云：「《國語》『侊飯不及壺食』，侊飯謂盛饌也，本作佭。《說文》
小貌引《國語》『侊飯』訓小，誤。」〔註259〕各本所引訓「觥」（「侊」）爲「大」
則同。又《說文引經考》卷下亦云：「盛饌未具，不能虛以待之，不及壺殮之
救飢疾也。《太玄經》『觥羊之毅』註：『觥，大也。』《說文》侊訓小貌而引
《國語》，語意相戾，疑誤。」〔註260〕《說文》「小兒」實不確，徐鍇云「侊
侊然小」亦誤，《廣韻》、《集韻》因襲沿誤。另辨見〈《廣韻》引《國語》斠
證〉第 10 條。

33・比部——比，密也，二人爲从，反从爲比，凡比之屬皆從此。臣鍇曰：相與周密也。《國語》司馬侯曰：「罔與比而事吾君矣。」又曰：「君子亦比平。」并止反。（卷一五，第 165 頁）

【按】本條出〈晉語八〉，祁刻本無「平」字。今傳《國語》各本文作：
「叔向見司馬侯之子，撫而泣之，曰：『自此其父之死，吾蔑與比而事君矣。
昔者此其父始之，我終之，我始之，夫子終之，無不可。』籍偃在側，曰：
『君子有比乎？』叔向曰：『君子比而不別。比德以贊事，比也；引黨以封
己，利己而忘君，別也。』」《繹史》卷七八、《左傳紀事本末》卷三三、《尙
史》卷四二、《春秋臣傳》卷二〇、《山西通志》卷一〇八、《冊府元龜》卷七
九二引與今傳《國語》同，《藝文類聚》卷三五、《太平御覽》卷四八八、《淵
鑑類函》卷二六七引作「自其父死也，吾蔑與比而事君也」，《通志》卷九〇
引作「自此其父之死也，吾無與比而事君者矣」。汪遠孫《攷異》云：「《文
選・劉孝標・廣絕交論》李善注引《國語》作『自此父之死也，吾蔑與比事
君也』，《羣書治要》作『自其父之死，吾莫與比而事君矣』，並與今本各異。」
〔註261〕李善注引或脫「其」字，此語境中當用「矣」字煞尾，「也」字未允。
「罔」、「蔑」、「莫」、「無」同義。徐鍇「君子亦比平」當即「君子有比乎」，
「乎」、「平」形近而誤，祁刻本去掉「平」字，亦未當。審叔向答籍偃之語，
則「有」、「亦」俱可通，未可遽言是非。

〔註258〕〔明〕彭大翼：《山堂肆考》，《景印文淵閣四庫全書》第 978 冊，第 652 頁上。
〔註259〕〔明〕張自烈《正字通》子集中「人部」，清康熙清畏堂本，本卷第 29 頁。
〔註260〕〔清〕吳玉搢：《說文引經考》，咫進齋叢書本。
〔註261〕〔清〕汪遠孫：《國語明道本攷異》，北京：商務印書館 1959 年版《國語》後
　　　　附，第 319 頁。

34·似部——眾，多也。從乑從目，眾意。臣鍇按：《國語》曰：「人三
為眾。」眾數成於三。（卷一五，第 165 頁）

【按】本條出〈周語上〉，新安江氏藏版本「為」作「爲」，今傳《國語》
各本同。

35·衣部——裻，新衣声，一曰背縫，從衣叔声。臣鍇按：《春秋左傳》
及《國語》曰：「衣之偏裻。」《史記·佞幸傳》亦云作「督」，
假借也。得酷反。（卷一六，第 168 頁）

【按】本條出〈晉語一〉，祁刻本引同。今傳《國語》各本並同。韋注：
「裻在中，左右異，故曰偏。」杜注云：「偏衣左右異色，其半似公服。」
孔穎達云：「下云『服其身則衣之純』，言此偏衣不純，知其左右異色也。」
〔註262〕汪遠孫《攷異》云：「《文選·魏都賦》注引韋注作『左右異色，故曰偏
裻』。《左傳·閔公二年》杜注：『偏衣左右異色，其半似公服。』」〔註263〕黃丕
烈《札記》云：「此許叔重所謂『一曰背縫者』字，亦借用『督』。」〔註264〕
上古本云韋注「此處當脫『色』、『裻』二字」〔註265〕，未必是也。朱希祖
記章太炎筆記云：「裻，衣之背縫也；督，背中脉也。引申為中。」〔註266〕
「引申為中」者，亦用段注之說也。「裻」在中，偏裻則左右異，至於是否
左右異色，〔註267〕徐元誥云：「《補音》：『裻音篤。』汪遠孫謂：『裻與督同。
《莊子·養生主》「緣督以為經」，《釋文》引李頤云：「督，中也。」據此，
裻在中明矣。又按《內傳》作：『衣之偏衣。』杜注云：『偏衣，左右異色，
其半似公服。』又『佩之金玦』注云：『玦如環而不連，為偏衣之佩飾。』
宋庠曰：『上衣，於既反；下衣如字。』」〔註268〕《史記集解》引服虔曰：「偏

〔註262〕〔清〕阮元校刻：《十三經注疏》，北京：中華書局 1980 年版，第 1788 頁下。
〔註263〕〔清〕汪遠孫：《國語明道本攷異》，同上，第 299 頁。
〔註264〕〔清〕黃丕烈：《校刊明道本韋氏解國語札記》，北京：商務印書館 1959 年版《國語》後附，第 252 頁。
〔註265〕上海師範大學古籍整理組校點：《國語》，上海古籍出版社 1978 年版，第 278 頁。
〔註266〕章太炎講、錢玄同、朱希祖、周樹人記錄：《章太炎說文解字講授筆記》，北京：中華書局 2010 年，第 352 頁。
〔註267〕〔清〕吳曾祺：《國語韋解補正》第二冊，上海：商務印書館 1916 年版，本卷第 6 頁。
〔註268〕徐元誥撰，王樹民、沈長雲點校：《國語集解》（修訂版），北京：中華書局 2006 年版，第 266 頁。

裻之衣,偏異色,駁不純,裻在中,左右異,故曰偏衣。」〔註269〕裁布爲衣,則必有縫,這個縫一定是在衣服的後背,到今天依然如此,而且這個背縫一定位居整個衣服圓周的正中,此其常理,「偏裻」,也就是本來應該在衣服正中的背縫卻沒有在正中,不在正中也就不符合常理,那麼晉獻公賜給申生的這個衣服的背縫也就偏離了其正中位置,所以下文纔有僕人贊「君賜之奇,奇生怪,怪生無常,無常不立。使之出征,以先觀之,故告之以離心」,「離心」恰恰和「偏裻」相呼應。王煦云:「《禮記・深衣》『負繩及踝以應直』注:『繩謂裻與後幅相當之縫。』《正義》曰:『衣之背縫與裳之背縫上下相當,如繩之直也。』曰偏裻,則左右異矣。《史記・佞幸傳》『顧見其裻』注:『裻,衫襦之橫者。』與〈深衣〉不合,非也。」〔註270〕可以爲證。

36・尺部——咫,中婦人手長八寸謂之咫,周尺也。從尺祇声。臣鍇曰:《國語》:「楛砮矢實之,其長尺有咫。」長短適中。真彼反。
(卷一六,第 171 頁)

【按】本條出〈魯語下〉,祁刻本改「實」作「貫」、「声」作「聲」(下皆同),「實」、「貫」形近而譌,「声」、「聲」正俗字,今以「声」爲「聲」的簡化字。《繫傳校勘記》校祁刻云:「『楛砮矢實之』當作『楛矢貫之石砮』。」〔註271〕今傳《國語》各本字俱作「貫」,文作「楛矢貫之,石砮,其長尺有咫」。汪遠孫《攷異》云:「〈鄉射禮〉注引《國語》作『枯』,《說文》『枯』下:《夏書》作『枯』,木名也。不作『楛』。」〔註272〕段注以爲「楛當作枯」並云:「木名,未審何木。《周易・大過》之『枯』,鄭音姑,謂無姑山榆。《周禮・壺涿氏》杜子春讀『樟』爲『枯』,云:『枯榆,木名。』疑當是枯榆也。而馬云可以爲箭,或謂枯乃楛之假借,未知其審。〈考工記〉注引《尙書》『箘簵枯』音義曰:『枯,《尙書》作楛。』〈鄉射禮〉注引《國語》『肅愼貢枯矢』,音義曰:『枯,字又作楛。』然則鄭所據《尙書》、《國語》皆作『枯』,與許所據合也。」〔註273〕王筠云:「可織可屈之木必不可爲矢,《國語》之『楛

〔註269〕〔漢〕司馬遷撰、〔南朝宋〕裴駰集解、〔唐〕司馬貞索隱、〔唐〕張守節正義:《史記》,北京:中華書局 1959 年點校本,第 1644 頁。

〔註270〕〔清〕王煦:《國語釋文》卷三,淅圖藏觀海樓刊本,本卷第 6 頁。

〔註271〕見載於丁福保編《說文解字詁林》,北京:中華書局 1988 年版,第 8563 頁。

〔註272〕〔清〕汪遠孫:《國語明道本攷異》,北京:商務印書館 1959 年版《國語》後附,第 293 頁。

〔註273〕〔清〕段玉裁:《說文解字注》,上海古籍出版社 1981 年影經韻樓本,第 251

矢』，乃『枯』之譌。」〔註274〕張以仁云：「諸書引《國語》皆作『楛』，未有作『枯』者。」〔註275〕《法言義疏》卷四云：「韋弘嗣〈博弈論〉云：『枯棋三百。』李注引邯鄲淳《藝經》云：『白、黑棋子各一百五十枚。』此明謂奕棋，而云枯棋者，是用枯木為之。《說文》：『枯，木名也。』《夏書》曰：『惟箘、輅、枯。』今書作『楛』，馬注云：『楛，木名，可以為箭。』鄭注云：『肅慎氏貢楛矢，知楛中矢幹。』蓋楛之質堅，可以為矢，故斷以為棋，猶箘、路性勁，故以為矢。」〔註276〕此皆無確鑿證據，輾轉為說，難得確解。「砮」，《書‧禹貢》「礪砥砮丹」孔疏引〈魯語〉賈逵曰：「砮，矢鏃之石也。」〔註277〕〈魯語〉本文是以木為箭身，以石為箭鏃。「楛矢」、「石砮」本為兩物，〈魯語下〉亦云：「於是肅慎氏貢楛矢、石砮。」今人專門討論「楛矢石砮」者共有三篇論文，分別為孫秀仁〈「楛矢石砮」新解〉、施立學〈關東文化的象徵——楛矢石砮〉和張雷軍〈試論楛矢石砮文化〉，孫秀仁通過滿蒙語以及筆記史料合考古資料認為：「『楛矢石砮』即古代黑龍江流域肅慎族及其後裔在漫長的原始社會時期所使用的以樺木為桿、以石為鏃的箭。」張雷軍則具體認為所謂石砮就是「黑曜石壓制的石鏃」，而施立學則總結史料，認為楛矢石砮各有三說，「楛矢」之「楛」為：（1）松花江特產的明條灌木，堅如石材；（2）杞柳；（3）灌木入水石化。「石砮」之「石」為：（1）松脂化石；（2）木化石；（3）黑龍江江口石。〔註278〕後兩者立足於地方物產及民俗，前者則立足考古、比較語言等，相對更可信一些。蕭旭〈國語校補〉云：「砮，《類聚》卷60、《御覽》卷926引作弩，借字。」〔註279〕《說苑》亦作「弩」。又鄭良樹云：「《北堂書鈔》一二五、《藝文類聚》六十、《太平御覽》九二六引此『砮』皆作『弩』，引下文『於是肅慎氏貢楛矢、石砮』，

頁下、第252頁上。

〔註274〕〔清〕王筠：《說文句讀》卷一一，北京：中國書店1983年影尊經書局本，本卷第8頁。

〔註275〕張以仁：《國語斠證》，臺北：臺灣商務印書館1969年版，第172頁。

〔註276〕汪榮寶撰、陳仲夫點校：《法言義疏》，北京：中華書局1987年版，第65頁。

〔註277〕〔清〕阮元校刻：《十三經注疏》，北京：中華書局1980年版，第149頁中。

〔註278〕孫秀仁：〈「楛矢石砮」新解〉，《社會科學戰線》1979年第1期，第209頁。
張雷軍：〈試論楛矢石砮文化〉，《黑龍江民族叢刊》2002年第1期，第97頁。
施立學〈關東文化的象徵——楛矢石砮〉，《滿語研究》2002年第1期，第74頁。

〔註279〕蕭旭：〈國語校補〉（一），韓國《東亞文獻研究》第2輯，第47頁。

亦皆作『弩』。此當以『帑』字爲正。」〔註280〕言是。又查「漢籍全文檢索系統（二）」中的先秦秦漢其他傳世文獻 112 種中有 9 種文獻共出現 9 次「楛矢」結構，無「楛帑矢」結構出現。則徐鍇引《國語》衍一「帑」字，亦或誤倒。「其長尺有咫」，《札記》引惠棟云《說苑》「矢長尺而咫」，張以仁云涵芬樓影本《說苑・辨物篇》作「矢長尺有咫」，並云《初學記》、《御覽》等引〈魯語〉皆作「有」字不作「而」。鄭良樹云：「《事類賦注》十三、《太平御覽》三四九引『其』皆作『矢』，《史記・孔子世家》、《說苑・辨物篇》同。」〔註281〕作「矢」者爲明確語義計也。

37・面部——覠，面見也，從面見亦声，《詩》曰：「有覠面目。」臣鍇曰：凡人所視瞻心實見之，故有別識無耻之人，面見之而已，心實否也。《國語》范蠡曰：「雖覠然人面，實禽獸也。」會意，聽銑反。（卷一七，第 178 頁）

　　【按】本條出〈越語下〉，祁刻本改「面」作「面」，「面」爲「面」之俗，陳新雄（1935～2012）云：「面爲面之俗字，故定作『面』之異體。」〔註282〕張一鯤本、秦鼎本字皆從「面」，四庫薈要本唯「覠」作「覣」，《國語》他本正文皆作「余雖覠然而人面哉，吾猶禽獸也」。《繫傳》蓋約略其義引之。韋注：「覠，面目之貌。」《漢語大詞典》因韋注釋「覠然」爲「面目具備之貌」。蕭旭〈國語校補〉引焦竑《俗書刊誤》卷一一《俗用雜字》云：「面慚曰覠，音腆。」〔註283〕《國語》此處當是「面目具備」之義，非「慚」義，王念孫《讀書雜志》云：「是覠爲人面目之貌，故禽獸言之。若以覠爲無耻，則與覠然人面之文不合矣。」〔註284〕言是。

38・山部——嵎，封嵎之山，在吳楚之間，從山禺声。臣鍇按：《國語》孔子曰「防風氏守封嵎之山」者也。元無反。（卷一八，第 183 頁）

〔註280〕鄭良樹：〈國語校證〉（上），《幼獅學誌》第 7 卷第 4 期，第 40 頁。

〔註281〕同上。

〔註282〕陳新雄：「面」字研訂說明，《異體字字典》網絡版，http://dict.variants.moe.edu.tw/yitia/fra/fra04506.htm。

〔註283〕蕭旭：〈國語校補〉（三），韓國《東亞文獻研究》第 5 輯，第 81 頁。

〔註284〕見王念孫《讀書雜志》卷一六「餘編上」「有覠面目」條，北京：中國書店 1985 年版，本卷第 6 頁。

【按】本條出〈魯語下〉，祁刻本同。《原本玉篇殘卷・山部》引作「防風氏，住苞氏之君，守封嵎之山者也」並引賈逵曰：「山在吳越之間也。」與今傳《國語》各本異。韋注：「封，封山。嵎，嵎山。今在吳郡永安縣也。」比《原本玉篇殘卷》引賈注具體而詳，辨詳見〈《原本玉篇殘卷》引《國語》斠證〉第 77 條。

39・广部——麿，廣也，從广侈声。《春秋國語》曰：「俠溝而麿我。」
　　　臣鍇曰：麿我，牽曳之使勢分廣也。昌妓反。（卷一八，第 185
　　　頁）

【按】本條出〈吳語〉，祁刻本同。此是《說文》原文。《鉅宋廣韻》、《類篇》、《禮部韻略》、《古今韻會舉要》、《洪武正韻》引並同。今傳《國語》各本字俱作「麿」，無作「麿」者。「俠」，《國語》各本作「夾」，《攷異》云：「《說文》「麿」下引《國語》『夾』作『俠』，段注云：『夾，古書通作俠。』」〔註285〕《宋本廣韻・上聲・紙韻》引「夾」作「狹」。詳見〈《廣韻》引《國語》斠證〉第 15 條。

40・石部——砮，石，可以為矢鏃，從石奴声。《夏書》曰：「梁州貢砮丹。」《春秋國語》曰：「肅慎氏貢楛矢石砮。」內都反。（卷一八，第 187 頁）

【按】本條出〈魯語下〉，祁刻本同。此是《說文》原文。今傳《國語》各本同。《類篇》引脫「氏」字。「肅慎」又作「息慎」、「稷慎」，見潘光旦（1899～1967）《中國民族史料彙編》（《史記》、《左傳》、《國語》、《戰國策》、《汲冢周書》、《竹書紀年》、《資治通鑑》之部），崔廣彬認爲是「『肅慎』一詞應來源於女眞語，即女眞語 zhul（東方之義）shen（海青之義）的合成，是『東方之鷹（海東青）』之義」〔註286〕，可備一說。另見本篇第 36 條。

41・馬部——驥，千里馬也，孫陽所相者，從馬冀声。天水有驥縣。
　　　臣鍇曰：孫陽即伯樂也，亦曰五良。《國語》謂之郵無恤善
　　　御馬者。舊多云：驥長鳴于蒲坂，伯樂見而識之也。訖示反。

〔註285〕〔清〕汪遠孫：《國語明道本攷異》，北京：商務印書館 1959 年版《國語》後附，第 336 頁。
〔註286〕崔廣彬：〈「肅慎」一名之我見〉，《北方文物》1987 年第 3 期，第 76～77 頁。

（卷一九，第 192 頁）

【按】祁刻本「五」改作「王」、「于」改作「於」，改「王」字是。《國語》無「郵無恤」，〈晉語九〉有「郵無正」，共出現 2 次，其一云：「簡子如晉陽，見壘，怒曰：『必殺鐸也而後入。』大夫辭之，不可，曰：『是昭余讎也。』郵無正進。」韋注云：「無正，晉大夫郵良伯樂也。」其二云：「郵無正御，曰：『吾兩鞁將絕，吾能止之。今日之事，我上之次也。』」韋注云：「無正，王良。」黃丕烈《札記》云：「惠云：『《呂覽》作孫明。高誘曰：孫明，簡子臣。孫無政郵良也。』丕烈案，群籍記『郵無卹』姓名多不同，當各依本書耳。」〔註287〕段注云：「孫陽字伯樂，秦穆公時人，其所與有九方皋，即九方歅。按：小徐說伯樂即王良，即郵無恤，大繆。」〔註288〕《繫傳》所云「孫陽即伯樂也，亦曰王良」或即本《國語》二處韋注而合言之者。

42·鹿部——麑，狻猊獸，從鹿兒声。臣鍇曰：即今獅子。《國語》曰：「獸長麑麋。」應作「麛」。擬西反。（卷一九，第 194 頁）

【按】本條出〈魯語上〉，四庫本、祁刻本同。「麋」，今傳《國語》各本作「麎」。「麋」即「麎」，因《說文》作「麎」，楷化作「麋」，《管子·地員篇》云：「既有麋麎，又且多鹿。」又《史記·孝武本紀》「郊雍，獲一角獸，若麎然」裴駰《集解》引韋昭云：「楚人謂麋為麎。」〔註289〕段注引韋昭云：「蓋麎似麋而無角。」〔註290〕明「麎」、「麋」非一物。又此處為〈魯〉文，不當有楚聲。〈魯語〉韋注云：「鹿子曰麑，麋子曰麎。」是「麑」、「麎」並不同也。當以今傳《國語》為是。徐鍇言《國語》之「麑」應作「麛」，各家亦多言之，《爾雅·釋獸》云：「鹿，其子麛。」段注云：「《釋獸》曰：鹿子麛。字亦作麑。《論語》『麑裘』即『麛裘』。《國語》注曰：『鹿子曰麑，麋子曰麎。』按麎，〈王制〉祇作夭。注云：『少長曰夭。』」〔註291〕《廣雅·

〔註287〕〔清〕黃丕烈：《校刊明道本韋氏解國語札記》，北京：商務印書館 1959 年版《國語》後附，第 259 頁。

〔註288〕〔清〕段玉裁：《說文解字注》，上海古籍出版社 1981 年影經韻樓本，第 463 頁上。

〔註289〕〔漢〕司馬遷撰、〔南朝宋〕裴駰集解、〔唐〕司馬貞索隱、〔唐〕張守節正義：《史記》，北京：中華書局 1959 年點校本，第 485 頁。

〔註290〕〔清〕段玉裁：《說文解字注》，上海古籍出版社 1981 年影經韻樓本，第 471 頁上。

〔註291〕同上，第 470 頁下。

釋獸》「麛，麠也」王念孫疏證云：「麛直言兒也，弱小之種。」〔註292〕實兩字可通。

43‧夭部——幸，吉而免凶也，從屰從夭。夭死之事，故謂死之不幸。臣鍇曰：《國語》曰：「偷居幸生。」《春秋左傳》曰：「幸而不死猶可悅。」屰，反也；反夭，不夭也，故曰幸。屰吾屰，會意。恨庚反。（卷二○，第203頁）

【按】本條出〈晉語三〉，祁刻本改「之」爲「爲」、改「吾」爲「音」，皆是。黃刊明道本作「偷居倖生」，崇文本、會文堂本、錦章書局本、《國語韋解補正》、《國語詳注》、《國語集解》、《國語基本叢書》本、《叢書集成初編》本、今上古本從之，《通志》卷一八一、明嘉靖刻本《曲沃縣志》卷五、光緒刻本《全上古三代秦漢三國六朝文》全上古三代文卷十二引同，《資治通鑑外紀》卷五、《冊府元龜》卷八九四引作「偷居幸生」。遞修本、金李本、張一鯤本、閔《裁注》本、《國語評苑》、文淵閣四庫本、《四庫薈要》本、《國語正義》、秦鼎本、綠蔭堂本作「婾居幸生」，洪邁《經子法語》、《國語補音》「偷」俱作「婾」，《繹史》卷五一上、《左傳紀事本末》卷二四、《尚史》卷四六、《古詩紀》卷三、《古樂苑》卷四二、《皇霸文紀》卷六引同。閔《裁注》本旁注「偷」字。「偷」字《說文》未收，〈周語上〉「守固不偷」韋注云：「偷，苟且也。」《玉篇‧人部》：「偷，盜也。《爾雅》曰：佻偷也，謂苟且也。」〔註293〕《說文‧女部》：「婾，巧黠也。」段注云：「偷盜字當作此婾。」〔註294〕從求本字的角度看，當以「婾」爲是，因先秦傳世文獻中「偷」非「偷盜」之義。《說文‧夭部》：「幸，吉而免凶也。」〔註295〕《爾雅‧釋言》「庶，幸也」邢昺（932～1010）疏云：「倖與幸通用之。」〔註296〕是《繫傳》引「偷」字與明道本同，引「幸」字與公序本同。

〔註292〕〔清〕王念孫：《廣雅疏證》，北京：中華書局1983年影王氏家刻本，第385頁上。

〔註293〕〔宋〕陳彭年等：《宋本玉篇》，北京：中國書店1983年影澤存堂本，第52頁。

〔註294〕〔清〕段玉裁：《說文解字注》，同上，第623頁上。

〔註295〕〔漢〕許慎：《說文解字》，北京：中華書局1963年影陳昌治覆刻本，第214頁上。

〔註296〕〔清〕阮元校刻：《十三經注疏》，北京：中華書局1980年版，第2583頁上。

44．立部——竱，等也，從立專声。《春秋國語》曰：「竱本肇末。」職件反。（卷二○，第 205 頁）

【按】本條出〈齊語〉，新安江氏藏版本、四庫本同，祁刻本改「肇」作「肈」。此是《說文》原文。述古堂影宋鈔本《集韻》所引「肈」作「肇」，為「肇」字之誤。黃丕烈《札記》云：「惠云《管子》『原』。惠云《管子》『窮』。《舊音》云：『《字統》為厙。』謂此宋公序誤讀在『竱』字下，且訛其字為『厙』，遂不可曉。」〔註297〕洪邁《經子法語》、金李本、汪遠孫《國語發正》字作「肈」，而遞修本、閔《裁注》本、張一鯤本、穆文熙《國語評苑》、《百家類纂》本、陳瑑《國語翼解》、董增齡《國語正義》、秦鼎本、綠蔭堂本、黃刊明道本、崇文本、會文堂本、錦章書局本等作「肇」，《春秋分記》卷三九、《六書故》卷九、《繹史》卷四四之一、《左傳紀事本末》卷一八、《經濟類編》卷一四、《文章辨體彙選》卷四九三、《古文淵鑒》卷五引亦作「肇」。汪遠孫《攷異》云：「『肈』，俗『肇』字。」〔註298〕黃侃云：「《說文》『肈』、『肇』為二字，『肇』云擊也，從攴；『肈』省聲，治小切。」〔註299〕《古文字詁林》引高田忠周云：「戈、攴當通用，又金文攴、又通用，故肇亦作肈。……肇、肈同字。」〔註300〕《爾雅·釋詁》云：「肇，始也。」郝懿行云：「肇者，開戶之始。」《說文·攴部》云：「肇，擊也。從攴肈省聲。」《玉篇·攴部》云：「肈，俗肇字。」《集韻·小韻》云：「肈，通作肇。」〔註301〕是二字可通之證。

45．立部——竣，偓竣也，從立夋声。《國語》曰：「有司已事而竣。」臣鍇曰：退立也。七賓反。（卷二○，第 205 頁）

〔註297〕〔清〕黃丕烈：《校刊明道本韋氏解國語札記》，北京：商務印書館 1959 年版《國語》後附，第 250 頁。

〔註298〕〔清〕汪遠孫：《國語明道本攷異》，同上，第 294 頁。

〔註299〕黃侃箋識、黃焯編次：《廣韻校錄》，上海：上海古籍出版社 1985 年版，第 345、346 頁。

〔註300〕李圃主編：《古文字詁林》第 9 冊，上海：上海教育出版社 2004 年版，第 941 頁。

〔註301〕分別見郝懿行：《爾雅義疏》卷一，上海古籍出版社 1983 年影郝氏家刻本，本卷第 1 頁。〔漢〕許慎：《說文解字》，北京：中華書局 1963 年影陳昌治覆刻本，第 67 頁下。〔宋〕陳彭年等：《宋本玉篇》，北京：中國書店 1983 年影澤存堂本，第 331 頁。〔宋〕丁度：《集韻》，上海：上海古籍出版社 1985 年影述古堂影宋鈔本，第 394 頁。

　　【按】本條出〈齊語〉，祁刻本改「賓」作「賓」，「賓」、「賓」異體字。今傳《國語》各本並作「有司已於事而竣」。《集韻》、《類篇》引並同，述古堂本《集韻》云：「或作踆、夋。」《管子・小匡》作「已事」，《禮部韻略》引《國語》作「已事而竣」，《六書故》卷九引有「於」字。《六書故》卷九、《皇王大紀》卷三七、《繹史》卷四四之一、《左傳紀事本末》卷一八、《通志》卷九二、《文獻通考》卷二八、《格物通》卷五九、《冊府元龜》卷二三九、《經濟類編》卷一四、《管子・小匡篇》並與今傳各本同。黃丕烈《札記》引惠棟云：「《說文》引作『已事』。」〔註302〕洪邁《經子法語》卷十九亦作「已事」，並云：「竣，伏退也。音悛、逡。」〔註303〕汪遠孫《攷異》云：「《爾雅・釋言》郭璞注引《國語》作『逡』，《文選・東京賦》李善注作『踆』。『踆』、『竣』、『逡』、『踆』並同。」〔註304〕「『竣』、『逡』、『踆』並同」語出王念孫《廣雅疏證》。《文選・東京賦》「千品萬官，已事而踆」李善注引《國語》亦作「已事」，云：「踆與竣同也。」〔註305〕韋注云：「竣，退伏也。」而徐鍇云「退立」，《經子法語》作「伏退」，《玉篇》「竣」字釋作「退伏」而「夋」字釋作「伏退」，「伏退」或「退伏」之倒。李鼎超（1894～1931）云：「今謂已畢曰『算了』，即『竣』字。」〔註306〕此或隴右之言，今漢語中「竣」為完成之義，事畢曰「完了」。「於」字有無，無礙文義，然起延緩音節、強調語氣的作用。

46・心部——憝，怨也，從心對声。臣鍇按：《國語》曰：「以我為憝怨乎？」銜怨也。徒對反。（卷二○，第 209 頁）

　　【按】本條出〈周語上〉，祁刻本改「爲」為「為」。今傳《國語》各本作「以我爲憝而怒乎」，與徐引異。「憝」字韋祇有語境義，未出常用義。《說文・心部》：「憝，怨也。」段注云：「今與憞音義皆同，謂為一字。」〔註307〕

〔註302〕〔清〕黃丕烈：《校刊明道本韋氏解國語札記》，同上，第 250 頁。
〔註303〕〔宋〕洪邁：《經子法語》卷一九，濟南：齊魯書社 1997 年輯印《四庫存目叢書》子部第 119 冊，第 466 頁下。
〔註304〕〔清〕汪遠孫：《國語明道本攷異》，同上，第 294 頁。
〔註305〕〔南朝梁〕蕭統編、〔唐〕李善注：《文選》，北京：中華書局 1977 年影胡克家本，第 58 頁。
〔註306〕李鼎超：《隴右方言》，蘭州：蘭州大學出版社 1988 年版，第 87 頁。
〔註307〕〔清〕段玉裁：《說文解字注》，上海古籍出版社 1981 年影經韻樓本，第 512 頁上。

又本句下文有「夫事君者險而不懟，怨而不怒」，知「懟」、「怒」並舉，非「懟」、「怨」同義並列。《繫傳》引誤「怒」為「怨」且脫「而」字。

47・水部——漅，順流也，一曰水名也，從水巢声。臣鍇按：《爾雅》又漅渌渌出次沫也。《國語》曰：「龍亡而漅在。」巢，仕淄反。仕甾反。（卷二一，第 217 頁）

【按】本條出〈鄭語〉，祁刻本改「又」作「注」、「渌」作「灖」、「亡」作「凵」。《韻會舉要》引同。今傳《國語》各本與徐引同。查《十三經注疏》，《爾雅・釋言》「漅，盉也」郭注云：「灖灖出涎沫。」《校勘記》云：「《經》作『盉』，《注》作『灖』。《釋文》：『哑字當作次，又作涎。』《字林》云：『口液。』」〔註308〕段注云：「〈釋言〉曰：『漅，盉也。』『盉』同『灖酒』之『灖』。《國語》、《史記》『龍漅』。韋昭曰：『漅，龍所吐沫。』按龍沫必徐徐灖下，故亦謂之漅。」〔註309〕則徐引《爾雅》當本《爾雅》郭注。《說文・水部》：「渌，灖，或从彔。」〔註310〕明言「渌」、「灖」二字為異體，「亡」、「凵」異體。

48・水部——湖，大陂也，從水胡声。揚州浸有五湖。浸，川澤所仰以溉灌。臣鍇曰：湖猶都也。五湖一名具區，其派有五，故曰五湖。或云：以其周行五百里，故曰五潮。此失之甚。夫雲夢澤方五百里，可言五澤乎？或引《國語》吳越戰于五湖直在一湖中戰，故曰太湖自名五湖。蓋五湖其都數，若言兩京、五都、三秦、百越，但舉南都亦可言五都，豈便謂其總舉太湖哉？在三之中，故云王湖，復可爽乎？塊徒反。（卷二一，第 219 頁）

【按】本條引《國語》以證五湖得名，出自〈越語下〉。祁刻本改「具」為「具」、「于」為「於」、「便」為「傻」、「總」為「總」、改「在三之中，故云王湖」之「三」、「王」並作「五」。「具」是「具」的譌字，祁改是。「便」、

〔註308〕〔清〕阮元校刻：《十三經注疏》，北京：中華書局 1980 年版，第 2585 頁中、第 2589 頁上。

〔註309〕〔清〕段玉裁：《說文解字注》，同上，第 546 頁下。

〔註310〕〔漢〕許慎：《說文解字》，北京：中華書局 1963 年影陳昌治覆刻本，第 236 頁上。

「傻」同，「傻」是篆書「𧷿」的直接楷化。「總」、「總」異體，亦同。《風俗通・山澤》云：「湖者，都也，言流瀆四面所猥都也，川澤所仰以溉灌也。」徐鍇「湖猶都也」之說當本此。今傳《國語》原文提到吳越戰爭的文字有 2 處，為「果興師而伐吳，戰於五湖，不勝，棲於會稽」和「遂興師伐吳，至於五湖」，徐云當指前者。韋注云：「五湖，今太湖。」則「吳越戰于五湖直在一湖中戰」之說實本韋昭。另汪遠孫《三君注輯存》引虞翻云：「太湖有五道，故曰五湖。」〔註311〕徐說「其派有五，故曰五湖」與虞同，《後漢書・馮衍傳》「沈孫武於五湖兮，斬白起於長平」章懷太子（652～684）注引虞翻此注並云：「隔湖、洮湖、射湖、貴湖及太湖為五湖，並太湖之小支，俱連太湖，故太湖兼得五湖之名，在今湖州東也。」〔註312〕似稍近之。韋注云：「今太湖也。」《永樂大典》卷二千二百六〇引張勃《吳錄》：「五湖者，太湖之別名，以其周行五百餘里，故曰五湖。」〔註313〕又錢穆（1895～1990）《師友雜憶》云：「蠡湖俗稱五里湖，與太湖相連。」〔註314〕或可為此以一湖為五湖之說提供一佐證歟？

49・門部——闛，闛門也，從門為声，《國語》曰：「闛門而與之言。」
（卷二三，第 232 頁）

【按】本條出〈魯語下〉，新安江氏藏版本「闛」作「闛」，仍因「為」、「爲」之別。辨詳見《《廣韻》引《國語》斠證》第 3、4 條。

50・耳部——聆，國語曰：「回祿信于聆遂。」闕。（卷二三，第 233 頁）

【按】本條出〈周語下〉，祁刻本同，四庫本「聆」作「聆」。辨詳見《《宋本玉篇》引《國語》斠證》第 14 條。

51・手部——挑，撓也，從手兆声。一曰：撻，爭也。《春秋國語》曰：「郤至挑天。」土彫反。（卷二三，第 235 頁）

【按】本條出〈周語中〉，祁刻本同，四庫本、新安江氏藏版本「天」

〔註311〕〔清〕汪遠孫：《國語三君注輯存》卷四，芝加哥大學圖書館藏道光振綺堂本，本卷第 15 頁。
〔註312〕〔南朝宋〕范曄撰、〔唐〕李賢等注：《後漢書》卷三六，北京：中華書局 1965 年點校本，第 997 頁。
〔註313〕《永樂大典》卷之二千二百六十，本卷第 1 頁。
〔註314〕錢穆：《師友雜憶》，北京：三聯書店 2004 年版，第 267 頁。

字類「禾」，《禮部韻略・蕭韻》引作「挑天之功」。此是《說文》原文，然平津館本《說文》無「爭」字。段注云：「撟者，拘擊也。小徐撟下有爭。」〔註315〕黃刊明道本《國語》全句作「而郤至佻天之功以爲己力，不亦難乎」，崇文本、會文堂本、錦章書局本、《國語集解》、《國語詳注》、《國語韋解補正》、上古本並從之，遞修本、金李本、張一鯤本、閔《裁注》本、《國語評苑》、四庫本、《四庫薈要》本、《國語正義》、秦鼎本、綠蔭堂本無「之功」二字。段注云：「韋本作『佻天』，注云：『佻，偷也。』今按：『佻天之功，以爲己力』與《左傳》『天實置之，而二三子以爲己力』語意正同。」〔註316〕黃丕烈《札記》引段云：「今《說文》云：『挑，撓也。』唐玄應三引皆作『抌』也。『抌』字是。『挑天之功』謂抌取天之功也。」汪遠孫《攷異》云：「公序本無『之功』二字。案此疑依《內傳》有『貪天之功以爲己力』之文，韋注據《內傳》作解，因誤增耳。《說文・手部》：『挑，撟也。』引《國語》『郤至挑天』，許所據與韋本異，亦無『之功』二字。」〔註317〕或非韋誤增，後世刊刻抄錄以韋注爲正文而誤增。

52・手部——籍，刺也，從手籍省声。《春秋國語》曰：「籍魚鱉。」助責反。（卷二三，第237頁）

【按】本條出〈魯語上〉，祁刻本同。今傳《國語》各本俱作「獵魚鱉」，《類篇》、《集韻》引與今傳《國語》同。桂馥《義證》引作「羅籍魚」，不辭；朱駿聲《說文通訓定聲》作「周語」，誤。唐寫本《唐韻》第三十七葉引作「籍魚鱉」，《攷異》謂《說文》引《國語》作「籍」，平津館本《說文》作：「《周禮》曰：『籍魚鱉。』」並云：「从手、籍省聲。」〔註318〕非引自《國語》，清人邵瑛《說文解字羣經正字》云：「今經典《周禮》作『籍鱉』。」〔註319〕是其脫一「魚」字。《繫傳》與寫本《唐韻》同，段注《說文》、《說文詁林》引

〔註315〕〔清〕段玉裁：《説文解字注》，上海古籍出版社1981年影經韻樓本，第601頁下。
〔註316〕同上。
〔註317〕黃、汪之説並見北京商務印書館1959年版《國語》後附，第245頁、第278頁。
〔註318〕〔漢〕許慎：《説文解字》，北京：中華書局1963年影陳昌治覆刻本，第257頁上。
〔註319〕〔清〕邵鍈：《説文解字羣經正字》，《續修四庫全書》第211冊影民國六年邵啓賢影清嘉慶二十一年桂隱書屋刻本，第310頁上。

《引經證例》並從徐作「《春秋國語》」，《說文詁林》引《校錄》云：「《繫傳》『《周禮》』作『《春秋國語》』蓋後人改。」《說文詁林》引《二徐箋異》亦以爲《繫傳》作《春秋國語》乃「淺人所易，非是」。〔註320〕王筠《句讀》、桂馥《義證》、朱駿聲並本《說文》作「《周禮》」。宋本《廣韻》引作「籍魚鼇」，《札記》引段云：「徐鍇《說文》引《國語》『籍魚鼇』。」〔註321〕《舊音》云：「犕或作籍。」〔註322〕劉台拱《國語補校》云：「籍、犕字同，掬字義同而字異。」〔註323〕段注亦云：「皆音近義同。」〔註324〕另見《廣韻》引《國語》斠證〉第25條、〈《類篇》引《國語》斠證〉第32條。

53·手部——捲，气勢也，從手卷声。《春秋國語》曰：「予有捲勇。」一曰：捲，收也。衢負反。（卷二三，第237頁）

【按】本條出〈齊語〉，祁刻本同。此亦《說文》原文，《慧琳音義》亦見引用，見前。今傳《國語》各本作「有拳勇」，黃丕烈《札記》云：「《說文》引《國語》『有捲勇』，《集韻》、《類篇》同，捲、拳字一耳。《玉篇》、《廣韻》載《說文》『予有捲勇』，『予』字蓋衍。」〔註325〕韋注云：「大勇爲拳。」並引《詩》「無拳無勇」爲證，《禮部韻略·僊韻》云：「用力貌。《壯子》『捲捲乎后之爲人』。」又氣勢也，《國語》『予有捲勇』，亦作『拳』，《詩》『無拳無勇』。」〔註326〕先秦至明代傳世文獻中無「捲勇」，多見用「拳勇」。《中文大辭典》因韋注「大勇爲捲」釋「捲勇」爲「大勇」，又「拳勇」詞條亦錄〈齊語〉本條，唯字作「拳」，並引注云「大勇爲拳」。〔註327〕《漢語大詞典》並收錄「拳勇」、「捲勇」詞條並釋「捲勇」云：「武勇。《說文·手部》：

〔註320〕見載於丁福保編《說文解字詁林》，北京：中華書局1988年版，第11968頁。
〔註321〕〔清〕黃丕烈：《校刊明道本韋氏解國語札記》，北京：商務印書館1959年版《國語》後附，第248頁。
〔註322〕見載於〔宋〕宋庠：《國語補音》卷一，北京：國家圖書館出版社2006影宋刻宋元遞修本，本卷第30頁。
〔註323〕〔清〕劉臺拱：《國語補校》，南京：鳳凰出版集團《續皇清經解》，第985頁。
〔註324〕〔清〕段玉裁：《說文解字注》，上海古籍出版社1981年影經韻樓本，第609頁下。
〔註325〕〔清〕黃丕烈：《校刊明道本韋氏解國語札記》，同上，第251頁。
〔註326〕〔宋〕毛晃增注、毛居正重訂：《增修互注禮部韻略》，《文淵閣四庫全書》第237冊，第390頁下。
〔註327〕林尹等主編：《中文大辭典》（普及本），臺北：中國文化研究所1990年第八版，第5823頁中、第5748頁中。

『捲，氣埶也……《國語》曰：有捲勇。』段玉裁注：『謂作氣有勢也。』今本《國語·齊語》作『有拳勇』。」〔註 328〕或《說文》時〈齊語〉本文有字作「捲」者。

54·女部——姦，三女為姦。姦，美也。從女歺声。臣鍇按：《國語》：「人三為眾，女三為姦。姦，美物也。」今借「粲」字。七贊反。（卷二四，第 241 頁）

　　【按】本條出〈周語上〉，祁刻本同。〔註 329〕徐鍇節略引用《國語》文字，今傳《國語》文實為：「夫獸三為羣，人三為眾，女三為粲。王田不取羣，公行下眾，王御不參一族。夫粲，美之物也。」「姦」、「粲」同源詞，其本字或當為「姦」，說詳見拙文《試說「三女為粲」之「粲」本字為「姦」》〔註 330〕。「一族」注，公序系本作「一族，一父子也」，黃刊明道本作「一族，父子也」，汪遠孫云：「『父子』上，公序本有『一』字。」〔註 331〕秦鼎在「子」上復加「之」字，並云：「『一父之子』，舊脫『之』字，今從陳臥子本。」〔註 332〕按公序本本同，「一父子」者，本即一父之子之義。秦鼎所云陳臥子不知云何？陳臥子為陳子龍（1608～1647）之字，查《明史》陳氏傳以及今人所為陳子龍年譜等，皆未著陳氏有《國語》刊刻本行世，頗疑秦鼎「陳臥子本」之「陳臥子」為陳仁錫（1581～1636）之誤記，因世有陳仁錫、鍾惺（1574～1624）評本《國語》二十一卷行世〔註 333〕。後見陳臥子本，如下圖：

〔註 328〕羅竹風主編：《漢語大詞典》第 6 卷，上海：漢語大詞典出版社 1997 年版，第 711 頁。

〔註 329〕張秋霞、劉黎：〈論徐鍇《說文解字繫傳》中的引文〉（《河南紡織高等專科學校學報》2005 年第 2 期）亦及本條，唯文字有誤。

〔註 330〕拙稿〈試說「三女為粲」之「粲」本字為「姦」〉，見刊於《東南文化》2006 年第 2 期。

〔註 331〕〔清〕汪遠孫：《國語明道本攷異》，北京：商務印書館 1959 年版《國語》後附，第 268 頁。

〔註 332〕〔日〕秦鼎：《春秋外傳國語定本》卷一，明治十七年（1884）岡本仙助翻刻本，本卷第 5 頁。

〔註 333〕《中國善本書目·史部》云：「國語二十一卷，明陳仁錫、鍾惺評，明崇禎刻本，九行十八字，小字雙行。同白口左右雙邊。」見北京：線裝書局 2005 年版，第 304 頁。

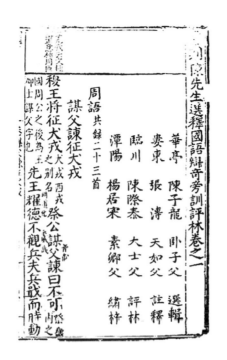

是知世有陳臥子本。

55・匸部——医，盛弓弩矢器也。從匸矢，矢亦声。《春秋國語》曰：
「兵不解医。」臣鍇曰：會意，「殹」從此。伊閉反。（卷二
四，第 246 頁）

【按】本條出〈齊語〉，祁刻本同，四庫本改「声」作「聲」。此是《說
文》原文。《補音》、《經子法語》並今傳《國語》各本字皆作「翳」。韋注云：
「翳，所以蔽兵也。」《經子法語》引韋注作「所以蔽也」，脫一「兵」字。
段注云：「今《國語》作翳。叚借字。韋曰：『翳，所以蔽兵也。』按古『翳
隱』、『翳薈』字皆當於医義引申。不當借華薈字也。翳行而医廢矣。」「盛」，
段注改作「臧」並云：「臧各本作盛。今依《廣韵》。此器可隱藏兵器也。」
〔註334〕

56・虫部——蝄，蝄蜽，山川之精物也。《淮南王說》：「蝄蜽，狀如三
歲小兒，赤黑色，赤目長耳美髮。」從虫网声。《國語》曰：
「木石之怪夔蝄蜽。」文兩切。（卷二五，第 255 頁）

〔註334〕並見〔清〕段玉裁：《說文解字注》，上海古籍出版社 1981 年影經韻樓本，第
635 頁下。

　　【按】本條出〈魯語下〉，祁刻本同。此是《說文》原文，後世小學書引同。今《國語》各本俱作「木石之怪曰夔蝄蜽」。《類篇》引「怪」作「恠」，《說文·土部》：「𡎚，汝穎之間謂致力於地曰圣，从土从又。讀若兔窟。」「在，存也，从土才聲。」是「圣」、「在」音義皆異。《說文·心部》：「怪，異也。从心圣聲。」〔註335〕「恠」則「怪」之俗體，以「在」示聲效果優於「圣」也。汪遠孫《攷異》云：「公序本作『罔兩』。案《內傳》宣三年疏及《周禮·方相氏》注、《文選·思玄賦》注、《續漢書·禮儀志》注引《國語》並作『罔兩』，《說文》引作『蝄蜽』。」〔註336〕平津館本《說文》、徐鍇《通釋》、段注「蝄」字條引《國語》字俱作「怪」不作「恠」、作「蝄蜽」不作「蝄蜽」。又《史記·孔子世家》作「罔閬」。或本作「罔兩」，以音記詞。後世囿於漢字形體示義之則，或從「虫」，以其雖「狀如三歲小兒」而非人；或從「鬼」，馬敘倫（1885〜1970）云：「怪異之怪本字即鬼。」〔註337〕以奇異於人，故從「鬼」。故趙帆聲云：「罔兩見諸經史子集者，別體甚多，但於音皆略同。其為字初時或簡，以其為怪，後又加之以虫旁、鬼旁，為形聲字，當屬後起。」〔註338〕《漢語大詞典》並收「罔兩」、「罔閬」、「蝄蜽」、「魍魎」詞條。〔註339〕蕭旭以為「罔兩」等一系詞其本義為「虛妄」、「無根據」，可謂得其本旨。另見〈《慧琳音義》引《國語》斠證〉第 8 條。

57·土部——垓，兼垓八極地也，從土亥声。《春秋國語》曰：「天子居九垓之田。」茍孩反。（卷二六，第 258 頁）

　　【按】本條出〈鄭語〉，祁刻本改「入」為「八」、改「曰」為「田」，是。四庫本仍作「入」字，改「曰」為「田」。此亦《說文》原文。《類篇》、《集韻》引同。今傳《國語》各本作「故王者居九畡之田」。黃丕烈《札記》引惠云：「《說文》引作『垓』，云：『兼該八極。』」〔註340〕宋庠《補音》云：

〔註335〕〔漢〕許慎：《說文解字》，北京：中華書局 1963 年影陳昌治覆刻本，第 288 頁上、第 287 頁下、第 220 頁上。

〔註336〕〔清〕汪遠孫：《國語明道本攷異》，北京：商務印書館 1959 年版《國語》後附，第 291 頁。

〔註337〕馬敘倫：《說文解字六書疏證》卷二〇，上海書店影印本，本卷第 92 頁。

〔註338〕趙帆聲：《古史音釋》，開封：河南大學出版社 1995 年版，第 424 頁。

〔註339〕分別見羅竹風主編《漢語大詞典》（縮印本），第 5156 頁、第 5157 頁、第 5113 頁、第 7315 頁。

〔註340〕〔清〕黃丕烈：《校刊明道本韋氏解國語札記》，同上，第 261 頁。

「畡，本或作『垓』，通。」〔註341〕段注云：「『畡』者，『垓』字之異也。」〔註342〕《風俗通》曰：「十千謂之萬，十萬謂之億，十億謂之兆，十兆謂之經，十經謂之垓。」字或作「姟」，《集韻》、《類篇》並云：「姟，柯開切，數也。十兆曰經，十經曰姟。」〔註343〕《龍龕手鑑》：「姟，古哀反，數也。十經曰姟也。」〔註344〕方以智（1611～1671）《通雅》卷四○云：「智謂垓、姟、畡一字也。」〔註345〕「畡」、「姟」字皆不見於《說文》，從「田」、從「土」命意同，唯從「女」者則不可解。

58・土部——墣，塊也，從土業声。臣鍇按：《國語》：「楚靈王出亡，野人枕之以墣。」披岳反。（卷二六，第258頁）

【按】本條出〈吳語〉，祁刻本同。今傳《國語》各本作：「王親獨行，屏營仿偟於山林之中，三日乃見其涓人疇。王呼之曰：『余不食三日矣。』疇趨而進，王枕其股以寢於地。王寐，疇枕王以墣而去之。」實是「涓人疇」，非「野人」，徐鍇引誤，或因《左傳・僖公二十三年》「野人與之塊，公子怒，欲鞭之」而誤《國語》中「涓人」為《左傳》中「野人」。《說文・土部》：「墣，塊也。」〔註346〕韋注與《說文》同。又鄭良樹云：「《太平御覽》三七引『墣』作『璞』，並有賈注『璞，瑰也』三字。『璞』當是『墣』之譌，『瑰』亦當是『塊』之誤。此賈注，蓋亦韋解所本者也。」〔註347〕審宋本《太平御覽》「塊」字不誤，唯「墣」譌作「璞」，「賈逵」誤作「賈遠」，如此則《說文》、韋解並用賈注。

〔註341〕〔宋〕宋庠：《國語補音》卷三，北京：國家圖書館出版社2006年影宋刻宋元遞修本，本卷第11頁。

〔註342〕〔清〕段玉裁：《說文解字注》，上海古籍出版社1981年影經韻樓本，第682頁下。

〔註343〕〔宋〕丁度等：《集韻》，上海：上海古籍出版社1985年影述古堂本，第112頁。〔宋〕司馬光：《類篇》，上海：上海古籍出版社1988年影汲古閣影抄本，第452頁下。

〔註344〕遼）行均：《龍龕手鑑》，《續古逸叢書》之十五，本卷第38頁。

〔註345〕〔明〕方以智：《通雅》，北京：中國書店1990年影浮山此藏軒刻本，第485頁上。

〔註346〕〔漢〕許慎：《說文解字》，北京：中華書局1963年影陳昌治覆刻本，第286頁下。

〔註347〕鄭良樹：〈國語校證〉（下），《幼獅學誌》第8卷第2期，第19頁。

59・田部——㽵，和田也，從田柔，柔亦聲也。鄭有㽵，地名也。臣鍇
按：《國語》曰：「依㽵歷華。」四色名也。然尤反。（卷二六，
第 261 頁）

【按】本條出〈鄭語〉，四庫本、祁刻本改「色」作「邑」，的是。黃刊
明道本作「㽛」，汪遠孫《國語發正》、《國語韋解補正》、《國語詳注》、《國
語集解》、《國學基本叢書》本、《叢書集成初編》本、上古本、李維琦點校
本、焦傑點校本並與黃刊明道本同。《舊音》作「㽵」云：「音柔，《說文》
曰：『鱻田也。』或爲『㽛』者誤。」〔註 348〕《四庫》本《舊音》「㽛」誤
作「國」。遞修本、金李本、張一鯤本、閔《裁注》本、《國語評苑》、《四庫
薈要》本、《國語正義》、秦鼎本、綠蔭堂本等並作「㽵」。汪遠孫《攷異》
云：「案《說文》『田』部：『鄭有㽛，地名也。』虞翻作『㽵』，《詩譜》又
作『疇』。」〔註 349〕平津館本《說文》無「鄭有㽛，地名也」語，段注《說
文》有之。汪遠孫《發正》引《路史・國名紀》：「㽛，殷侯伯國。」〔註 350〕
字從田者，張希峰謂「㽵」字本作「柔」，「㽵」是後起區別字〔註 351〕，言
是，從「田」以示其義類；字從黑，則或從其土地肥沃程度上命意，如今俗
謂之「黑土地」然。另「華」，遞修本、《國語舊音》、金李本、張一鯤本、
閔《裁注》本、《國語評苑》、《四庫薈要》本、《國語正義》、秦鼎本、綠蔭
堂本等並作「莘」，黃丕烈《札記》引王應麟（1223～1296）《困學紀聞》云：
「《史記・鄭世家》注『莘』作『華』，《水經注》『黃水逕華城西』，『史伯曰：
華君之土也。』韋昭曰：『華國名。』『秦白起攻魏，拔華陽』司馬彪曰：『華
陽在密縣。』《括地志》：『華陽城在鄭州管城縣南，』可以證今本之誤。」
汪遠孫《攷異》云：「公序本作『莘』，《舊音》同。案《詩譜》及《御覽》
皆作『華』，《水經・洧水注》引此亦作『華』。」〔註 352〕「華」俗體作「華」、
「莗」等，或因其形似「莘」而譌。

〔註 348〕見〔宋〕宋庠：《國語補音》卷三，北京：國家圖書館出版社 2006 影宋刻宋
元遞修本，本卷第 10 頁。
〔註 349〕〔清〕汪遠孫：《國語明道本攷異》，北京：商務印書館 1959 年版《國語》後
附，第 325 頁。
〔註 350〕〔清〕汪遠孫：《國語發正》卷一六，廣西師範大學圖書館藏振綺堂本，本卷
第 1 頁。
〔註 351〕張希峰：《漢語詞族續考》，成都：巴蜀書社 2002 年版，第 335 頁。
〔註 352〕黃、汪之說並見北京商務印書館 1959 年版《國語》後附，第 260 頁、第 325
頁。

60・金部──銑，金之澤者也，从金先声。一曰小鑿；一曰鐘下兩角
其間謂之銑。臣鍇按：《國語》曰：「玦之以金者，銑寒甚矣，
胡可恃也？」注曰：「銑猶洒也，洒然寒皃，言無和潤也。」
思典反。（卷二七，第264頁）

【按】本條出〈晉語一〉，祁刻本同，《爾雅》郭注云：「銑即美金，言
最有光澤也。《國語》曰『玦之以金銑』者，謂此也。」〔註353〕黃刊明道本
作：「而玦之以金銑者，寒之甚矣，胡可恃也？」遞修本、金李本、張一鯤
本、閔《裁注》本、《國語評苑》、《四庫薈要》本、《國語正義》、秦鼎本、
綠蔭堂本等無「寒之甚矣」中「之」字，汪遠孫《攷異》云：「公序本無『之』
字，是也。《太平御覽・服章部九》引《國語》同。」〔註354〕汪遠孫以《御
覽》所引無「之」字定公序本無「之」字爲是，稍嫌證據不足，因古書引
用，往往節略，尤其對於一些虛字更是如此。就語氣上而言，此處有「之」
字亦未嘗不可，延緩音節起強調作用。黃刊明道本韋注：「玦，猶離也。銑，
猶洒。洒，寒也。言於太子無溫潤也。」金李本韋注：「玦，猶決也。銑，
猶洒也。洒洒，寒皃。言於太子無溫潤也。」「銑，猶洒也」之「也」字，
《國語正義》誤作「之」，就「玦」字之釋而言，公序本系本更勝，因「玦」
與「決」音同。則徐引《國語》及韋注所用本與公序近。汪遠孫《國語發
正》云：「《禮記・聘義》論玉之德溫潤而澤仁也，而以金，故云無溫潤也。」
〔註355〕《故訓匯纂》收有「銑」字訓詁12條，唯韋釋作「洒」，其他各條
皆釋作名物，其中4見釋作金之美者，《爾雅》郭注云：「銑即美金，言最有
光澤也。《國語》曰『玦之以金銑』者，謂此也。」〔註356〕依此，則「銑」
爲最有光澤之金，有光澤則令人生寒氣，〈晉語一〉「佩之以金玦」韋注引傳
云：「金寒，玦離。」即是此意。按《說文・水部》：「洒，滌也。从水西聲。」
《玉篇・水部》：「洒，今爲洗。」《學林》卷一云：「洒與洗同，洒亦有潔淨
之意。」《國語補音》引《舊音》云：「洒或爲洗。」《莊子・山木》「洒心去
欲」陸德明釋文云：「洒，本亦作洗。」《說文・水部》：「洗，洒足也。」《玉

〔註353〕〔晉〕郭璞：《爾雅注》卷中，周祖謨《爾雅校箋》用1931年故宮博物院《天
祿琳琅叢書》宋刻本，南京：江蘇教育出版社1984年版，第71頁。
〔註354〕〔清〕汪遠孫：《國語明道本攷異》，北京：商務印書館1959年版《國語》後
附，第300頁。
〔註355〕〔清〕汪遠孫：《國語發正》卷七，廣西師範大學圖書館藏振綺堂本，本卷第
8頁。
〔註356〕〔晉〕郭璞：《爾雅注》卷中，同上，第71頁。

篇・水部》：「洗，今以爲洒。」《後漢書・陳元傳》「洮汰學者之累或」李賢注：「洮汰猶洗濯也。洗與洒同。」《集韻・銑韻》：「洗，通作洒。」又《說文・广部》「痹，寒病也」段注云：「古多借洒爲痹。〈晉語〉狐突曰：玦之以金銑，寒之甚矣。韋注：玦猶離也，銑猶洒也。洒洒，寒皃。唐人《舊音》云：洒或爲洗。《本艸》：爲色洗洗是寒皃。玉裁謂：凡《素問》、《靈樞》、《本艸》言洒洒、洗洗者，其訓皆寒，皆痹之段借。古辛聲、先聲、西聲同在眞文一類。國語注洒音銑，不誤。」〔註357〕今按「洗」、「洒」、「銑」上古音在心紐文部，《廣韻》音在心紐銑韻，〔註358〕音同。又「寒」上古音在匣紐元部，《廣韻》音在匣紐寒韻，「洒洒」在今江蘇常州話中音[ɕiɪ]，仍狀寒冷之貌，如《漢語方言大詞典》引作「冷洒洒格」。〔註359〕「金銑者」結構是一個中心詞＋修飾性成份的組合方式，即金之銑者。

61・𠂤部——官，吏事君也，从宀从𠂤，𠂤猶眾也，此與師同意。臣鍇曰：按《國語》：「天子千品萬官也。」宀，在屋下也。師从𠂤，亦取意于眾也。會意。古安反。（卷二八，第 272 頁）

【按】本條出〈楚語下〉，祁刻本改「宀」爲「宀」，是；「意于」作「義於」，「意」、「義」同義。今傳《國語・楚語下》各本「千品萬官」相連者二處，其一爲：「是以先王之祀也，以一純、二精、三牲、四時、五色、六律、七事、八種、九祭、十日、十二辰以致之，百姓、千品、萬官、億醜，兆民經入畡數以奉之，明德以昭之，和聲以聽之，以告徧至，則無不受休。」另一爲：「所謂百姓、千品、萬官、億醜、兆民經入畡數者，何也？」皆無徐引「天子」二字，亦當是節略引用，增之以明義。又《太平御覽》亦引《楚

〔註357〕分別見〔漢〕許慎：《說文解字》，北京：中華書局 1963 年影陳昌治覆刻本，第 236 頁下、第 237 頁上。〔宋〕陳彭年等：《宋本玉篇》，北京：中國書店 1983 年影張氏澤存堂本，第 352 頁。〔宋〕王觀國《學林》，北京：中華書局 1988 年點校本，第 23 頁。〔宋〕宋庠：《國語補音》卷二，北京：國家圖書館出版社 2006 影宋刻宋元遞修本，本卷第 13 頁。〔清〕段玉裁：《說文解字注》，上海古籍出版社 1981 年影經韻樓本，第 349 頁上。〔唐〕陸德明：《經典釋文》，北京：中華書局 1985 年影通志堂經解本，第 386 頁下左。〔宋〕丁度等：《集韻》，上海：上海古籍出版社 1985 年影述古堂本，第 378 頁。

〔註358〕郭錫良：《漢字古音手冊》（增訂本），北京：商務印書館 2010 年版，第 331 頁、第 332 頁。

〔註359〕許寶華、〔日〕宮田一郎：《漢語方言大詞典》，北京|：中華書局 1999 年版，第 4381 頁。

語下》前段文字，且有注云：「純，心純一也。二精，玉帛也。三牲，牛羊豕也。四時，春秋冬夏也。五色，五采服也。六律，黃鍾、太簇、姑洗、蕤賓、夷則、無射也。七事，天、地、人、四時之物也。八種，八音異種也。九祭，九州之助祭也。十日，甲至癸也。十二辰，子至亥也。百姓，百官受民姓也。千品，姓有徹品十為千品，五物之官陪屬萬為萬官，官有十醜為億醜。天子之田九畡，以養兆民，王取經入以食萬官也。」〔註360〕汪遠孫《三君注輯存》收之，鄭良樹疑為賈注而為韋解所本，張以仁亦備引汪輯而云「韋注所無」〔註361〕，然此注自「百姓」後文字實約略〈楚語下〉本文之義，〈楚語下〉文云：「民之徹官百。王公之子弟之質能言能聽徹其官者，而物賜之姓，以監其官，是為百姓。姓有徹品，十於王謂之千品。五物之官，陪屬萬為萬官。官有十醜，為億醜。天子之田九畡，以食兆民，王取經入焉，以食萬官。」李平心（1907～1966）云：「品不能言徹，『十於王』不辭。疑徹十二字互倒，當作『姓有十品，徹於王謂之千品。』蓋謂姓可分庶品（品與魏九品中正之品義近），『姓有十品』，百姓自是千品。百姓及諸品皆上與王通，故云『徹於王謂之千品』，猶下文『官有十醜為億醜』也。」〔註362〕叼備一說。

62・辰部——辱，恥也，从寸在辰下。失耕時，于封畺上戮之。辰者，農之時也，故房星為辰，田候也。臣鍇按：《國語》曰：「農祥晨正，民于是耕。」農祥，房星，為大辰也。儒曲反。（卷二八，第279頁）

【按】本條出〈周語上〉，祁刻本改「于」為「於」。今傳《國語・周語上》各本並無「民于是耕」四字，徐鍇當是節略其義言之。韋注：「農祥，房星也。晨正，謂立春之日，晨中於午也。農事之候，故曰農祥也。」

63・酉——酋，繹酒也，从酉水，半見于上。《禮》有大酋，掌酒官也。

〔註360〕〔宋〕李昉等：《太平御覽》卷五二五，《四部叢刊》影宋本，本卷第5～6頁。

〔註361〕〔清〕汪遠孫：《國語三君注輯存》卷四，芝加哥大學圖書館藏道光振綺堂本，本卷第8頁。鄭良樹：〈國語校證〉（下），《幼獅學誌》第8卷第2期，第13～15頁。張以仁：《國語》舊注輯校，見載於氏著《張以仁先秦史論集》，上海古籍出版社2010年版，第321頁。

〔註362〕李平心：〈曙樓學記四則〉，見載於氏著《李平心史論集》，北京：人民出版社1983年版，第295頁。

> 凡酉之屬皆从酉。臣鍇按：《國語》曰：「毒之酋腊，其傷人也
> 必甚。」然則酋，久酒也；酒久則水上見，謂糟少也。字宙反。
>
> （卷二八，第 281 頁）

【按】本條出〈鄭語〉，祁刻本改「于」爲「於」、改「字宙反」爲「字由反」。今傳《國語》各本作「毒之酋腊者，其殺也滋速」，韋注云：「精熟爲酋腊，極也。滋，益也。」段注酉部云：「繹之言昔也。昔，久也。許云繹酒，葢兼事酒、昔酒言之。事酒謂繹酒，昔酒謂舊繹之酒也。酋之義引申之，凡久皆曰酋。」日部云：「鄭注〈腊人〉云：『腊之言夕也。』此可證《周禮》故作昔字……〈周語〉『厚味實腊毒』韋云：『腊，亟也。』讀若酋昔酒焉。味厚者其毒亟也。韋意久與亟義相成，積之久則發之亟。」〔註363〕則「酋腊」是相承結構，「腊」是「酋」的一個結果，「酋」則「腊」之條件。徐節略〈鄭語〉原文之義引之。《漢語大詞典》收「酋腊」詞條據韋注訓爲「極熟的陳酒」，是誤解韋注，且先秦至清傳世文獻中唯《國語》出現 1 例，似不當以復合詞視之。

〔註363〕〔清〕段玉裁：《說文解字注》，上海古籍出版社 1981 年影經韻樓本，第 752 頁上、第 307 頁下。